Anatoli Karpow

Wie spielt man

offene

Eröffnungen?

Der weltberühmte Autor
zeigt den besten Zug

RAU

Übersetzung aus dem Russischen:
Dagobert Kohlmeyer (Vorwort) und Bernd Feustel (Partien)
Redaktionelle Bearbeitung: FIDE-Meister Bernd Feustel

1. Auflage 1989

Umschlaggestaltung: Arnfried Haupt
Satz: Schach-Spezialsatz, Bernd Feustel, Bamberg
Druck: Druckerei Rasch, Bramsche
Printed in Germany
ISBN 3-7919-0287-3

Inhalt

Vorwort zur vierbändigen Ausgabe

Dem Leser wird eine Veröffentlichung angeboten, die aus vier Büchern besteht: „Wie spielt man offene Eröffnungen?", „Wie spielt man halboffene Eröffnungen?", „Wie spielt man geschlossene Eröffnungen?", „Wie spielt man halbgeschlossene Eröffnungen?"

Welchem Genre sind diese Bücher zuzurechnen? Wahrscheinlich läßt sich ihr Inhalt nicht auf ein einzelnes Genre begrenzen. Ich würde sogleich drei anführen wollen.

1) Die Bücher enthalten die in eröffnungstheoretischer Hinsicht wertvollsten und interessantesten Partien der letzten Jahre (im großen und ganzen des Zeitraums 1984 – 1987). Diese Partien wurden in der Regel von namhaften Großmeistern gespielt, insbesondere sind die wichtigsten Begegnungen aus den Weltmeisterschaftskämpfen Kasparow – Karpow berücksichtigt und auch Wettkämpfe, in denen neue, von uns entwickelte Eröffnungsideen zum ersten Mal angewendet wurden.

Also könnte man das erste Genre der Ausgabe so nennen:

Sammelband ausgewählter Großmeisterpartien, die in jüngster Zeit gespielt wurden und in eröffnungstheoretischer Hinsicht interessant sind.

2) Wie wir schon bemerkten, sind die Partion für die vorliegenden Bücher nach dem Eröffnungsprinzip ausgewählt worden. Dies beschränkt sich aber nicht nur auf die Auswahl, sondern es geht auch um die Form der Wiedergabe. Denn jede der wesentlichen kommentierten Partien (ihr Text wird des bequemeren Lesens wegen in vollständiger Notation angeführt) stellt im Grunde eine kleine Eröffnungsnotiz dar, manchmal sogar einen ganzen Artikel, der eine Vielzahl von Anmerkungen, auch zu anderen Partien enthält, die ebenfalls mit Kommentaren versehen sind. Die Erzählung über eine wesentliche Partie wird oft auch begleitet von Vorgängerpartien und von nachfolgenden Begegnungen, das heißt die gegebene Eröffnungsidee wird in ihrer Entwicklung vorgestellt, es wird gezeigt, wie sie vervollkommnet und präzisiert wurde. Beim Kommentieren der einen oder anderen Partie schweifte ich oft ab und erinnerte an andere Großmeister-Beispiele oder eigene Begegnungen. Ich hoffe, daß die angeführten „lyrischen Abschweifungen" den Leser nicht verwirren. ...

Das zweite Genre der Ausgabe also wäre ein Sammelband von Eröffnungsdialogen, die den aktuellsten Eröffnungen und Varianten gewidmet sind, welche in Großmeisterkämpfen der vergangenen Jahre vorkamen.

3) In die Veröffentlichung sind viele Partien einbezogen, die vom Autor selbst gespielt wurden. Darin liegt nichts Verwunderliches, habe ich doch in weniger als zehn Jahren sechs Wettkämpfe um die Schachweltmeisterschaft (zwei mit Kortschnoi und vier mit Kasparow) bestritten. In den Duellen um die Krone werden bekanntlich auf der einen Seite die besten Erkenntnisse der Eröffnungstheorie verwendet, auf der anderen Seite entstehen neue Ideen, die allgemeine Aufmerksamkeit finden und eine gewaltige Popularität gewinnen.

Wie ich schon sagte, sind natürlich in der Ausgabe alle theoretisch wichtigen Partien der Wettkämpfe mit Kasparow enthalten. Daneben fügte ich eine Reihe meiner Partien ein, die ich in der Zeit zwischen den Weltmeisterschaften spielte (nicht eine von ihnen mit meinen Kommentaren erschien bisher in deutscher Sprache).

Das dritte Genre des Buches könnte als Ergänzung zu den Sammelbänden der Partien des 12. Schachweltmeisters (1974 – 1987) bezeichnet werden.

Ein Grundanliegen des Buches besteht darin, unter Benutzung der Großmeisterpraxis der vergangenen Jahre über den gegenwärtigen Zustand der Eröffnungstheorie und über die populärsten Varianten zu berichten, die in Turnieren und Wettkämpfen Mitte der 80er Jahre vorkamen. Wenn Sie sich mit den Partien dieses oder jenes Bandes beschäftigt haben, erhalten Sie eine ausreichende Vorstellung über die aktuellsten Eröffnungen, Varianten und Abspiele, die die ständige Aufmerksamkeit von Theoretikern und Praktikern auf sich ziehen. Sie können auf die Entwicklung der Eröffnungsideen, auf ihre Kontinuität und auch ihre Realisierung auf höchster Großmeisterebene achten.

In diesem Sinne werden die dem Leser angebotenen vier Bücher ihrer Bezeichnung vollkommen gerecht.

Indem Sie die in den Bänden enthaltenen Partien nachspielen, erhalten Sie zahlreiche nützliche Empfehlungen, wie diese oder jene Eröffnung zu behandeln ist und lernen den modernen Entwicklungsstand von ihnen kennen. Dabei ist es natürlich schwer, die Garantie zu geben, daß Sie in einer bestimmten Eröffnung einen beliebigen Großmeister bezwingen können. Solche Bücher „für alle Fälle des Lebens" sind noch keinem zu schreiben gelungen, und es erhebt sich die Frage, ob man dies überhaupt tun kann. Das um so mehr, da ein erfolgreiches Abschneiden in Turnieren nicht nur davon abhängt, welche Information auf dem Gebiet der Partieanfänge Sie beherrschen und wieviele Varianten Sie kennen, sondern eher von Ihrem Vermögen, neue Eröffnungsideen zu finden

und sie am Brett zu verwirklichen sowie auch von der Kunst im Mittelspiel und Endspiel.

Obwohl sich in meinen Büchern die Aufmerksamkeit auf das Eröffnungsstadium konzentriert, sind alle grundlegenden Partien (und auch viele in den Anmerkungen zu ihnen) vollständig angeführt. Ich bin der Meinung, daß das Betrachten der ganzen Partie sehr nützlich ist, denn es gestattet, auf den Zusammenhang zwischen ihren einzelnen Stadien zu achten. In vielen Eröffnungsbüchern, in denen Tausende und Abertausende Varianten enthalten sind, werden die Partien meistens wie im Kino an der „interessantesten Stelle" abgebrochen. Man spielt eine spannende Wettkampfpartie nach, und plötzlich hört sie auf mit der Einschätzung „Weiß besitzt Übergewicht" oder „Schwarz hat Initiative", obwohl man sie so gern bis zu ihrem logischen Ende verfolgt hätte. In der vorliegenden Ausgabe wird dem Leser eine solche Enttäuschung nicht bereitet, zumindestens beim Bekanntmachen mit grundsätzlichen Partien.

Und noch eine Überlegung dieser Art. Man mag uns beim Abbruch einer Partie mitteilen, daß, sagen wir, die Chancen von Weiß in der entstandenen Stellung größer sind. Die Frage aber, wie das Übergewicht zu realisieren ist, bleibt offen. Indessen hat das Studium des Zusammenhangs zwischen Eröffnung und Mittelspiel für die Vervollkommnung des Schachspielers erstrangige Bedeutung. Eben darum erscheint mir das Anliegen dieser Ausgabe sinnvoll – einerseits kann der Leser sein Eröffnungsrepertoire festigen und erweitern, andererseits gestaltet sich die Lektüre der Bücher für ihn nicht als langweiliges Einprägen einer unendlichen Vielzahl von Eröffnungsvarianten. Der Wert der Arbeit erhöht sich für alle Schachspieler beträchtlich bei der Turniervorbereitung, wenn Sie sich nicht auf die Bekanntschaft mit der Eröffnung beschränken, sondern die Großmeisterduelle bis ganz zum Schluß analysieren. Das Ausnutzen eines kleinen Eröffnungsvorteils, die Kunst des Übergangs von der Eröffnung ins Mittelspiel, die Technik der Verteidigung einer schwierigen Eröffnungsstellung – alle diese Methoden des Kampfes haben große Bedeutung, in den Partiekommentaren wird ihnen gebührende Aufmerksamkeit gewidmet. Und schließlich bin ich der Ansicht, daß das Kennenlernen interessanter Großmeisterauseinandersetzungen schon allein Vergnügen bereitet.

Im Unterschied zu den speziellen Eröffnungsmonographien und -enzyklopädien werden in meinen Büchern nur die verbreitetsten Eröffnungen beleuchtet und außerdem auch unter den ausgewählten nur die beliebtesten Varianten und Systeme betrachtet. Das ist auch verständlich, denn die moderne Eröffnungstheorie ist so weit ausgearbeitet, daß eine ausführliche Analyse vieler Varianten keinen geringeren Umfang erfordern würde als jeder der vier Bände. Gleichzeitig sind die von mir kommentierten Partien, wie schon gesagt, mit der Absicht ausgewählt worden, um die Mehrzahl moderner Varianten erfassen zu können, die auf den verschiedensten Ebenen vorkommen, darunter in der Wettkämpfen um die Schachweltmeisterschaft.

Nun einige Worte über den Aufbau des vierbändigen Werkes. Bekanntlich werden in den Eröffnungsmonographien alle Partieanfänge im Schach in drei Typen untergliedert – offene, halboffene und geschlossene. Diese Einteilung erfolgte schon im vergangenen und zu Beginn unseres Jahrhunderts, als der Zug 1. e2–e4 quasi als Pflicht galt. Antwortete Schwarz mit 1. ... e7–e5, war von einer offenen Eröffnung die Rede, bei einer anderen Erwiderung als 1. ... e7–e5 sprach man von einer halboffenen, und alle anderen Partieanfänge (ihre Anzahl war gering) wurden zu den geschlossenen gezählt. In der Folgezeit änderte sich die Situation wesentlich, die Beliebtheit der geschlossenen Eröffnungen wuchs ständig, und heute übertrifft ihre Häufigkeit wohl die Anzahl der gespielten offenen und halboffenen Partieanfänge zusammen. So reifte die Notwendigkeit heran, auch die geschlossenen Eröffnungen in zwei Gruppen einzuteilen – bedingt in geschlossene und halbgeschlossene. Dabei müssen zu den geschlossenen (im neuen Sinne) natürlich die symmetrischen Partieanfänge gerechnet werden: 1. d2–d4 d7–d5 oder 1. c2–c4 c7–c5 und zu den halbgeschlossenen die asymmetrischen: 1. d2–d4 Sg8–f6. Obwohl eine solche Terminologie sich bislang noch nicht eingebürgert hat, denke ich, daß sie in naher Zukunft legitim wird. So oder so, wir stützen uns auf die angegebene Klassifikation, die auch in der dem Leser vorgeschlagenen vierbändigen Ausgabe zugrunde gelegt wird.

Hier nun die Statistik der Eröffnungen in den drei ersten Weltmeisterschaftskämpfen Kasparow gegen Karpow:

Offene Eröffnungen	– 12 Partien
Halboffene Eröffnungen	– 14 Partien
Geschlossene Eröffnungen	– 41 Partien
Halbgeschlossene Eröffnungen	– 29 Partien

Insgesamt wurden in den drei Wettkämpfen 96 Partien gespielt. Wie Sie sehen, führen die geschlossenen Eröffnungen (in der Mehrzahl Damengambit) auch hinsichtlich der neuen Klassifikation deutlich, bei Anwendung der alten Terminologie wäre das Übergewicht noch imponierender.

Etwas zu meinem Eröffnungsrepertoire. Dazu gehören die grundlegenden offenen Eröffnungen (Spanische Partie,

Russisch und Italienisch), halboffene (Sizilianische und Französische Verteidigung, die Verteidigungen Caro-Kann und Pirc-Ufimzew), geschlossene (Damengambit, Slawische Verteidigung und Englische Eröffnung) sowie halbgeschlossene (Nimzowitsch-Indische Verteidigung, Grünfeld-Indische Verteidigung und Damenindische Verteidigung). Von den beliebten Eröffnungen ist in meiner Praxis eigentlich nur die Königsindische Verteidigung selten anzutreffen. Mit Schwarz spiele ich sie nicht, und mit Weiß ergab sie sich auch äußerst selten.

Was die übrigen modernen Partieanfänge angeht, so sind sie alle, wie Sie sehen, in mein Eröffnungsrepertoire eingeschlossen, wobei ich die meisten von ihnen sowohl mit Weiß als auch mit Schwarz spiele. Somit muß man wohl oder übel zu einem Eröffnungsspezialisten mit breitem Profil werden. ...

Nach dem Gesagten wird sich der Leser, so hoffe ich, nicht wundern, warum in den Büchern so viele Partien enthalten sind, die vom Autor gespielt wurden. Es ist klar, daß es nicht immer leicht ist, sich beim Erörtern des gegenwärtigen Zustands dieser oder jener Eröffnung von seinen eigenen Partien zu lösen. Ich möchte aber bemerken, daß ich in den Kommentaren zu ihnen in der Regel eine Reihe anderer anführe, die nicht weniger wertvoll sind und die dann innerhalb des Textes der Stammpartie ausführlich behandelt werden.

Jedes Buch der vierbändigen Ausgabe enthält 30 Hauptpartien, und in den Kommentaren dazu gibt es längere oder kürzere Texte zu nicht weniger als 150 Partien. Auf diese Art und Weise umfaßt das Material insgesamt mehr als 600 Partien, von denen die meisten zur Periode 1984 – 1988 gehören.

Fast alle Großmeisterduelle, besonders aus den Wettkämpfen um die Schachweltmeisterschaft, wurden in vielen Veröffentlichungen kommentiert. In meinen Anmerkungen bemühte ich mich insbesonders, die bekannten Glossierungen zusammenzufassen und zu präzisieren. Unsere Ausgabe ist keine „wissenschaftliche", sie ist, das kann man sagen, in freier Form, mit lyrischen Abschweifungen und Erinnerungen geschrieben. Deshalb nenne ich bei der Auswahl des Materials nicht immer die Autoren aller vorgeschlagener Varianten, um so mehr, da nicht selten ein und dieselben Züge von verschiedenen Kommentatoren empfohlen wurden.

Schließlich bleibt anzumerken, daß eine solche literarische Arbeit – die Beleuchtung des gegenwärtigen Zustands der Eröffnungstheorie und -praxis – vom Autor zum ersten Male verwirklicht wurde. In den vier Bänden ist die Periode 1984 – 1987 erfaßt – zwischen dem ersten und vierten Zweikampf Kasparow – Karpow. Wenn meine Bücher sich als interessant und nützlich für den Leser erweisen sollten, kehre ich vielleicht nach einigen Jahren zu dieser Arbeit zurück, um zu erzählen „Wie spielt man...?" mit dem Material des folgenden „Zyklus", sagen wir der Jahre 1988 – 1990.

A. Karpow

Vorwort zum ersten Band

In Eröffnungslehrbüchern und -monographien werden die »Offenen Spiele« noch weiter aufgeteilt, und es tauchen dabei Unterabteilungen auf, die ich bei meiner Aufzählung nicht erwähnt habe; so z.B. das Königsgambit, die Wiener Partie, die Philidor-Verteidigung, das Zweispringerspiel usw.

Diese Eröffnungssysteme trifft man in der heutigen Großmeisterpraxis äußerst selten an, weswegen sie auch in den vorliegenden Band keinen Eingang gefunden haben.

Im Augenblick dominieren in der Gruppe der »Offenen Spiele« die Spanische und die Russische Partie, wobei die letztere etwas an Popularität aufholen konnte. Diese beiden Eröffnungen bilden auch den Kernpunkt der Betrachtungen im ersten Band. Erst am Ende werde ich Ihnen einige interessante Partien aus anderen Eröffnungssystemen vorstellen: der Schottischen und der Italienischen Partie sowie dem Vierspringerspiel.

Zweifellos ist die Spanische Eröffnung die am häufigsten angewendete aus der Gruppe der Offenen Spiele, mit deutlichem Abstand gefolgt von der Russischen Partie. Vielleicht verwundert es Sie also, daß in diesem Band das Verhältnis von 16:11 bei den Hauptpartien für die Spanische Partie untypisch knapp ausgefallen ist. Dies läßt sich dadurch erklären, daß die Theoriediskussion in der Russischen Partie zur Zeit eine außerordentlich stürmische Entwicklung erlebt, wozu eben auch meine Partien gegen Kasparow beigetragen haben.

In der Spanischen Partie demhingegen verlagert sich das eigentliche Kampfgeschehen immer mehr in das Mittelspiel hinein, so daß es sich hier nicht nur um Eröffnungs-, sondern schon um Mittelspieltheorie handelt.

Eine Bemerkung noch verdient eine Schwachstelle der Russischen Partie aus der Sicht des Nachziehenden: Falls nämlich Weiß die altertümliche Variante mit Damenabtausch wählt, d.h. 1. e4 e5 2. Sf3 Sf6 3. Se5: d6 4. Sf3 Se4: 5. De2 De7 6. d3 Sf6 7. Lg5 De2:+ 8. Le2: spielt, in der Absicht, möglichst schnell zu einem Remis zu gelangen, so besitzt der Nachziehende wenig Chancen, diesen Partieausgang zu vermeiden.

Beim Streben nach „lebendigem Spiel" sollte man sich mit Schwarz nach 1. e4 e5 dessen bewußt sein oder auf halboffene Spiele ausweichen. Allerdings ist das möglichst schnelle Erreichen des Remishafens für Weiß bestimmt nicht als große Errungenschaft zu bezeichnen.

Das Buch beginnt also mit Partien der Spanischen Eröffnung, wobei natürlich nicht alle Varianten und Systeme besprochen werden können. Vor allem geht es hier um die Diskussionen, die im Zusammenhang mit meinen Partien gegen Kasparow geführt wurden. Hierbei ging es vor allem um die offene Variante, aber auch um die moderne Form des scharfen Marshall-Angriffs sowie um seltenere Fortsetzungen wie 3. ... g6 und 3. ... Sd4.

Abschließend noch eine Bemerkung zum Verhältnis zwischen der Spanischen und der Russischen Partie. In den 12 Partien aus dem Bereich der offenen Spiele, gespielt in den ersten drei WM-Wettkämpfen, kamen die beiden Eröffnungen jeweils sechsmal vor! Also ist das ungefähre Gleichgewicht der hier insgesamt vorgestellten Partien gerechtfertigt.

Anatoli Karpow

Spanische Partie

Kasparow – Karpow
Wettkampf um die
Weltmeisterschaft
5. Partie
Moskau 1985

4.	Lb5–a4	Sg8–f6
5.	0–0	Lf8–e7
6.	Tf1–e1	b7–b5
7.	La4–b3	d7–d6
8.	c2–c3	0–0
9.	h2–h3	Lc8–b7
10.	d2–d4	Tf8–e8

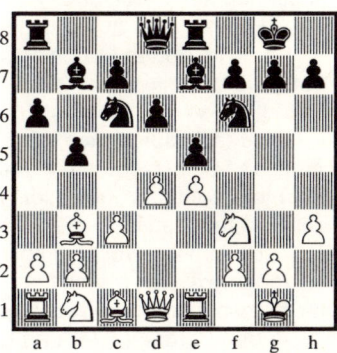

Beide Partner sind große Anhänger der Spanischen Partie, aber in jedem unserer ersten drei Wettkämpfe kam die Spanische Partie dennoch nur zweimal vor. In allen diesen sechs Partien spielte ich mit Schwarz. Der Vorrang wurde anderen Eröffnungen eingeräumt. Das erste „spanische Zusammentreffen" gab es in unserem Repertoire unmittelbar am Ende des ersten Matchs, genauer in der 44. und 46. Partie. Obgleich beide Begegnungen friedlich endeten, war ich nicht damit zufrieden, wie sie sich gestalteten, und für das folgende Match bereitete ich mich besser vor. Die hier vorliegende Partie erwies sich als die erfolgreichste und gelungenste in diesem Spanischen Partien-Sextett...
Ich möchte vorausschicken, daß ich im Rahmen der Betrachtung der vorliegenden Partie Eröffnungsnuancen dreier Matchpartien erwähnen will, nämlich (1,44), (1,46) und (2,5), während in den nachfolgenden Partiebesprechungen ausführlich die Rede sein soll von den Partien (2,9), (2,14) und (3,16).
[Anmerkung des Übersetzers: Gerade im vierten Weltmeisterschaftsmatch zwischen Karpow und Kasparow im spanischen Sevilla kam „Spanisch" nicht vor].

1. e2–e4   e7–e5
2. Sg1–f3   Sb8–c6
Vom Gesichtspunkt eines zielstrebigen Kampfes um Remis aus gesehen wäre der Zug 2. ... Sf6 sicherer. Allerdings entschloß ich mich nach dem Sieg in der vorausgegangenen vierten Matchpartie dazu, einem angespannten Kampf im Spanischen nicht auszuweichen.

3. Lf1–b5   a7–a6

An dieser Stelle gibt es nicht nur die Züge 10. ... Dd7, 10. ... Sa5, 10. ... ed und 10. ... h6. Ich hielt mich an eine Variante, die vor Jahren von meinem Trainer Saizew entwickelt worden ist. Danach hat sich diese Figurenaufstellung auf Dauer in der Turnierpraxis eingebürgert. Schwarz verstärkt das Zentrum, ohne Zeit für den prophylaktischen Zug h7–h6 zu verlieren. Natürlich liegt eine „Gefahr" darin, daß Weiß nun die Züge wiederholen könnte – 11. Sg5 Tf8 12. Sf3 Te8 13. Sg5 usw., aber Großmeister beenden den Kampf selten auf so geradlinige Art und Weise. Freilich gab es inzwischen einen Fall im Turnier, welches ich unmittelbar nach meinem Revanchematch spielte (Tilburg 1986), wo gerade auf diese Art Hübner in seiner Partie gegen mich ein Remis forcierte, und nach einem weiteren Jahr folgte Ljubojevic seinem Beispiel (Brüssel 1987).

11. Sb1–d2
In der Partie (1, 44) spielt Kasparow sofort 11. a4, und nach 11. ... h6 12. Sbd2 ed 13. cd Sb4 14. De2 Lf8 15. e5 Lc6 er-

reichte er ein ernstzunehmendes Übergewicht. Der letzte schwarze Zug war fehlerhaft — die Kommentatoren empfahlen 15. ... de 16. Se5: Sfd5!?. Ich denke allerdings, daß bereits der Tausch der Bauern im Zentrum voreilig war. Die Stellung nach dem Zug 12. ... Lf8 ergab sich in der neunten Partie unseres zweiten Matchkampfs und auch in der 14. und 16. Partie im dritten Match.

| 11. | ... | Le7–f8 |
| 12. | a2–a4 | Dd8–d7 |

In der Partie (2,9) spielte ich 12. ... h6 13. Lc2 Sb8. Dies nicht etwa darum, weil ich nicht zufrieden gewesen wäre mit der Eröffnungsbilanz des fünften Treffens, sondern ich wollte einfach die Breyer-Variante ausprobieren (man vergleiche die nachfolgende Partiebesprechung). In den Partien (3,14) und (3,16) wählte ich nach 12. ... h6 13. Lc2 anstelle des Springerrückzuges nach b8 einen anderen Plan: 13. ... ed 14. cd Sb4 15. Lb1 c5 16. d5 Sd7 17. Ta3 c4. Ich denke, daß es mir in der Eröffnung in beiden Fällen gelungen ist, ein vollwertiges Spiel zu erreichen. Bei dieser Gelegenheit sei erwähnt, daß Kasparow ungeachtet des glücklichen Ausgangs der beiden Begegnungen in seinen verbleibenden Weißpartien nicht ein einziges Mal mehr zu dieser Eröffnung zurückgekehrt ist. Ausführlicher auf diese Partien werden wir noch im folgenden zurückkehren.

13. a4×b5

Man trifft auch den Zug 13. Lc2 an. In der Partie Hübner – Portisch (Brüssel 1987) bewegte Weiß sogleich den d-Bauern zum Wechsel auf den Damenflügel: 13. d5 Se7 14. c4 Sg6 15. Lc2, und Weiß hatte die übliche spanische Initiative.

| 13. | ... | a6×b5 |
| 14. | Ta1×a8 | Lb7×a8 |

Jetzt gibt es auf 15. Sg5 die Antwort 15. ... Te7 nebst h7–h6. Im Falle von 14. ... Ta8: 15. Sg5 ist der schwarze

Springer zur Rückkehr nach d8 gezwungen, und Weiß ergreift die Initiative im Zentrum.

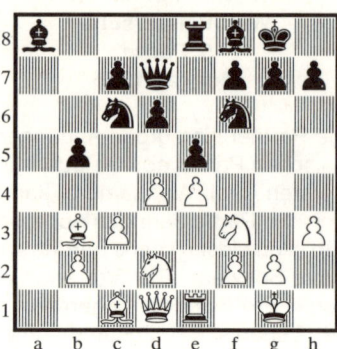

15. d4–d5

Die vorliegende Eröffnungsvariante mag nicht nach jedermanns Geschmack sein, aber, wie dem auch sei, sie hat bereits ihren angestammten Platz in der Eröffnungsklassifikation. Erstmals begegnete man dieser Stellung in der Partie (1,46), wo ich den Rückzug 15. ... Sd8 wählte, und nach 16. Sf1 h6 17. S3h2 Sb7 18. Lc2 Sc5 19. b4 Sa6 20. Sg4 Sh7 21. Sg3 c6 22. dc Lc6: 23. Lb3 Sc7 24. Df3 Se6 25. h4 Dd8 26. Td1 erhielt Weiß ein beträchtliches Übergewicht.

Für den schwarzen Springer gibt es noch vier weitere Möglichkeiten des Rückzuges, und drei davon sind in der Praxis vorgekommen. Ein Jahr später wurde die Partie Popović – Smejkal (Zagreb 1985) gespielt, in welcher sich der Springer nach e7 zurückzog, und im Ergebnis der Zugfolge 15. ... Se7 16. c4 Tb8 17. Te3 c6 18. dc Sc6:! 19. cb Sd4 20. Lc4 Sb5: 21. b3 Da7 22. Lb2 h6 23. Te1 Lc6 erhielt Weiß ein kleines Übergewicht. Smejkal verlor diese Partie, und offensichtlich deshalb wählte er in seiner Begegnung mit Kasparow (Schacholympiade Dubai 1986) den Zug 15. ... Sb8. Im weiteren verlief diese Partie folgendermaßen: 16. Sf1 Sa6 17. Lg5

Le7 18. Sg3 g6 19. Dd2 Lb7 20. Ta1 Ta8 21. Lc2 c6 22. dc Lc6: 23. Td1 Td8 24. De3 Db7 25. Lh6 Sc7 26. Sf5 – Weiß hat eine deutliche Überlegenheit, und Smejkal erlebte ein neuerliches Fiasko. Was nun die zu kommentierende Hauptpartie anbetrifft, so wählte ich für den Springer einen ganz anderen Standplatz.

15. ... Sc6–a5

Dies gewinnt ein Tempo im Vergleich mit den anderen Springerzügen; im jedem Fall gegenüber dem Springerzug in der Partie (1,46).

16. Lb3–a2 c7–c6
17. b2–b4 Sa5–b7

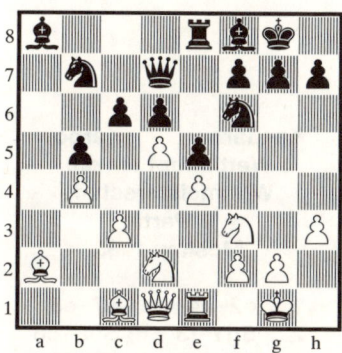

Noch während des Zeitraums des ersten Wettkampfes untersuchten die Großmeister bei der Analyse der 46. Partie hier das Manöver 17. ... Sc4, aber in diesem Falle hätte nach 18. Sc4: bc 19. Lg5 (19. Lc4: cd 20. ed Tc8 21. Db3 Dc7 22. Sd2 mit einem kleinen Übergewicht für Weiß) 19. ... cd 20. Lf6: de 21. Se5 Da7 22. Sg4 Da2: 23. Sh6+ Kh8 24. Dh5 gf 25. Df7: Lh6: 26. De8:+ Kg7 27. De7+ Weiß die Überlegenheit, da die gegnerischen Läufer einer Perspektive entbehren.

Es scheint jetzt so, als ob Schwarz kaum atmen könnte aufgrund der Eingrenzung seines Lebensraumes. Aber dieser Eindruck ist trügerisch. Großmeister Taimanow hat bei der Kommentierung

dieser Begegnung, eine Aussage von Nimzowitsch zitiert, daß Figuren, die sich lange Zeit eingeschlossen quasi in einem Kerker befinden nach der Wiedererlangung der Freiheit ungeahnte Kräfte entwickeln können. Und in der Tat stimmt das und findet sich in dieser Partie bestätigt. Hier ist es mein Läufer auf a8, welcher in die Brettecke abgedrängt und für einige Zeit durch den eigenen Springer b7 und den Bauern c6 eingemauert ist, und der sobald er befreit wird aus seiner Lage eine stürmische Geschäftigkeit entwickelt und dem es zu verdanken ist, daß Schwarz die Oberhand zu gewinnen vermag.

18. c3–c4

Im Falle des Standardzugs 18. Sf1 wäre 18. ... c5 möglich oder auch 18. ... cd 19. ed h6 20. S3h2 Sd8 21. Sg4 Sh7, mit dem Bestreben ein Gegenspiel mittels f7–f5 zu erlangen.

18. ... Te8–c8

Vor dem Wegzug des Springers nach d8 ist es sinnvoll, mit dem Turm eine aussichtsreichere Linie zu besetzen.

19. d5×c6

Die Preisgabe des Zentrums erlaubt es Schwarz, sofort ein vollwertiges Spiel zu erlangen. Zu mitreißenden Ereignissen führte 19. De2 (andere Wege sind etwa 19. Lb2 oder 19. c5) 19. ... Sd8 20. Lb2 bc 21. Sc4: Da7! 22. Ta1 cd 23. ed Ld5: 24. Sd6: Ld6: (24. ... Lf3: 25. Sc8: Da2: 26. gf mit unklarem Spiel) 25. Ld5: Da1:+ 26. La1: Tc1+ 27. Kh2 (27. Se1 Lb4:) 27. ... Ta1: (oder 27. ... e4+ 28. Le5), und Schwarz hat hinreichende Kompensation für den kleinen materiellen Nachteil.

19. ... Dd7×c6
20. c4–c5

Ein wenig wie ein Hasardspiel; besser war 20. Lb2. Die Drohung gegen den Punkt f7 (20. ... dc 21. Lf7:+) läßt sich leicht abwehren, und Schwarz kann die Initiative übernehmen.

20. ... Sb7–d8
21. Lc1–b2 d6×c5!

22. b4×c5

Gute Aussichten hat Schwarz auch nach 22. Se5: Da6! 23. Da1 c4 24. Lc3 Da3 25. Te3 Lb4: 26. Sec4: bc 27. Lf6: c3! 28. Tg3 Se6 oder 22. Le5: Sd7 23. Lb2 c4.

22. ...   Dc6×c5
23. Lb2×e5   Sf6–d7
24. Le5–b2   Dc5–b4!

Genauer als 24. ... Dc2 25. Da1 Da4 26. Sd4 Sc5 27. Te3 mit scharfem Spiel.

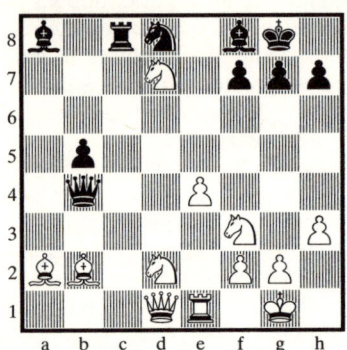

25. Sd2–b3?

Nach 25. Db1 war die weiße Stellung noch verteidigungsfähig. Der Wunsch nach eigenen aktiven Handlungen bringt Weiß in eine schwerige Lage.

25. ...   Sd7–c5
26. Lb2–a1

Ein praktisch schon erzwungenes Bauernopfer. Nach 26. Sc5: Db2:! 27. Te2 Da3 28. Sd3 Le4: 29. Lf7:+ Sf7: 30. Te4: b4 hat Schwarz ein deutliches Übergewicht.

26. ...   La8×e4
27. Sf3–d4

Effektvoll würde Schwarz im Falle von 27. Sg5 Lc2! 28. Dc2: Te1:+ 29. Kh2 Ld6+ 30. g3 Se4 gewonnen haben.

27.	...	**Sd8–b7**
28.	Dd1–e2	Sb7–d6
29.	Sb3×c5	Db4×c5
30.	De2–g4	Tc8–e8
31.	Te1–d1	Le4–g6
32.	Dg4–f4	Dc5–b4!
33.	Df4–c1	Lg6–e4
34.	Td1–e1	Db4–a5
35.	La2–b3	Da5–a8
36.	Dc1–b2	b5–b4
37.	Te1–e3	Le4–g6
38.	Te3×e8	Da8×e8
39.	Db2–c1	Sd6–e4
40.	Lb3–d5	Se4–c5
41.	Sd4–b3	Sc5–d3
	0:1	

Der letzte Zug war der Abgabezug. In der Abbruchstellung garantiert der Freibauer Schwarz den Sieg. Kasparow überzeugte sich davon, daß es keine Chancen auf Rettung mehr gibt und gab die Partie ohne Wiederaufnahme auf.

Kasparow – Karpow
Wettkampf um die
Weltmeisterschaft
9. Partie
Moskau 1985

1.	e2–e4	e7–e5
2.	Sg1–f3	Sb8–c6
3.	Lf1–b5	a7–a6
4.	Lb5–a4	Sg8–f6
5.	0–0	Lf8–e7
6.	Tf1–e1	b7–b5
7.	La4–b3	d7–d6
8.	c2–c3	0–0
9.	h2–h3	Lc8–b7
10.	d2–d4	Tf8–e8
11.	Sb1–d2	Le7–f8
12.	a2–a4	h7–h6

Wie ich schon sagte, wollte ich dieses Mal meine Eröffnung nicht wiederholen (in der 5. Partie spielte ich 12. ... Dd7), sondern wählte die Breyer-Variante, welche sich nicht selten in meiner Praxis wiederfindet, sei es mit Weiß oder auch mit Schwarz. Interessant zu erwähnen ist es, daß nicht lange vor dem Match in einem Trainingswettkampf mit Timman (Hilversum, 1985) Kasparow zweimal die Breyer-Variante mit Schwarz gewählt hat. Der holländische Großmeister setzte beide Male statt mit a2–a4 mit dem ruhigeren a2–a3 (mit der Idee b2–b4, Lc1–b2 und c3–c4) fort. Obgleich Kasparow die eine Partie gewann und die andere verlor, so bekam er doch in beiden Fällen im Anschluß an die Eröffnungsphase das bessere Spiel.

13. Lb3–c2

Eine andere Möglichkeit ist 13. d5, aber der Rückzug mit dem Läufer sieht solider aus.

13. ... Sc6–b8

Dem Tausch auf d4 und dem Springerausfall Sc6–b4 begegnen wir in der 14. und 16. Partie des Revanche-Wettkampfes. Das entsprechende Beispielmaterial wird an späterer Stelle dargestellt. Wegen des unangenehmen Tiefschlags aus den beiden Schlachten (obgleich es durchaus keine Angelegenheit der Eröffnungsbehandlung war) nahm ich zeitweise Abstand von der Breyer-Variante und habe mich nach dem Match dem Zug 13. ... Tb8 zugewandt (siehe Partie Timman – Karpow), Tilburg 1986).

14.	Lc2–d3	c7–c6
15.	Sd2–f1	Sb8–d7
16.	Sf1–g3	Dd8–c7

In der Partie Sax – Rivas (Rom, 1984) spielte Schwarz sofort 16. ... g6 und nach 17. Ld2 Sh7! 18. Dc1 h5 19. Dd1 Lg7 20. Lc2 Sb6 21. b3 ba 22. ba a5 23. Ld3 La6 24. La6: Ta6: 25. de de war die Stellung vollkommen ausgeglichen. Möglicherweise ist 17. h4 h5 (ansonsten ist h4–h5 unangenehm) energischer und angesichts der eingetretenen Schwächung des Punktes g5 müßte man der weißen Stellung den Vorrang einräumen.

17.	Lc1–d2	g7–g6
18.	Dd1–c1	Kg8–h7
19.	b2–b3	

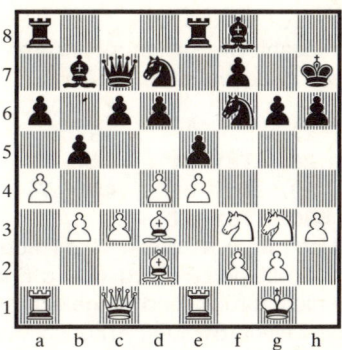

Auch hier verdiente der Zug 19. h4 wieder Aufmerksamkeit, zumal er 19. ... h5 erzwingt. Das Gegenspiel im Zentrum wäre ungenügend: 19. ... c5 20. ab c4 21. b6! (21. ba cd 22. ab Ta1: 23. Da1: Db7: mit gutem Spiel für den Bauern) 21. ... Sb6: 22. Lc2 mit Stellungsübergewicht.

Eine andere Sache ist es, falls Weiß 19. Dc2 spielen wollte (dieses Manöver hat er auf den folgenden Zug aufgeschoben): 19. ... c5! 20. ab c4.

| 19. | ... | Lf8–g7 |
| 20. | Dc1–c2 | |

Beugt dem Zug d6–d5 vor, welcher jetzt schlecht wäre, zum Beispiel: 20. ... d5 21. Se5: Se5: 22. de Se4: 23. Se4: de 24. Te4: c5 25. Tg4 De5: 26. Lg6:+! fg 27. Dg6:+ Kg8 28. Te1, und Schwarz ist im Nachteil.

20.	...	Sd7–f8
21.	Ld2–e3	Sf8–e6
22.	Ta1–d1	Ta8–c8
23.	Ld3–f1	Lg7–f8
24.	Td1–d2	

Der hauptsächliche weiße Plan ist mit dem Vormarsch des b-Bauern verbunden, bzw. gemeinsam mit dem c-Bauern, zur Schaffung einer Drückstellung gegen das Zentrum. Diesen Plan konnte man aber bereits jetzt durchführen: 24. b4 Db8 25. Da2 Lg7 26. de de 27. c4.

24.	...	Dc7–b8
25.	Dc2–b1	Lb7–a8
26.	b3–b4	La8–b7

27. a4×b5

Interessanterweise kommt der erste Abtausch in dieser Partie erst beim 27. Zug vor.

27.	...	a6×b5
28.	Te1–d1	Db8–c7
29.	Td1–c1	Lf8–g7
30.	Tc1–d1	

Und jetzt wäre 30. de de 31. c4 möglich. Weiß stellt den Vorzug des c-Bauern neuerlich zurück, und es gelingt mir in dieser Zeit die Stellung zu konsolidieren.

30.	...	Tc8–d8
31.	d4×e5	d6×e5
32.	Td2×d8	Te8×d8
33.	Td1×d8	Se6×d8
34.	c3–c4	b5×c4
35.	Lf1×c4	Sf6–e8

Leichter ließe sich der Ausgleich erreichen mittels 35. ... Lc8 36. Da1 Se8 37. Da5 Le6.

36.	Db1–a2	Se8–d6
37.	Lc4–b3	Sd6–b5

Jetzt ist nach 37. ... Lc8 die Entgegnung 38. Da5 unangenehm.

38. h3–h4

Vor etwa zwanzig Zügen schien dieses Manöver gefährlicher; jetzt aber besitzt Schwarz hinreichendes Gegenspiel.

38.	...	Sb5–d4
39.	Le3×d4	e5×d4
40.	h4–h5	Dc7–e7
41.	Da2–d2	

Weiß verliert ein wichtiges Tempo, und die Situation spitzt sich schroff zu. Richtig war sofort 41. Dc2. Nach 41. ... La6 42. Lc4 Lc4: 43. Dc4: behielte dann Weiß die Initiative.

41.	...	c6–c5
42.	Dd2–c2	c5×b4

Der Abgabezug. Die Hängepartiestellung betrachteten wir bereits als angenehmer für Schwarz; allerdings gelingt es Kasparow, einen studienartigen Remisweg zu finden.

43. h5×g6+

Zu schwarzem Vorteil führte 43. Dc4 gh 44. Sd4: De5.

43.	...	f7×g6
44.	Dc2–c4	h6–h5

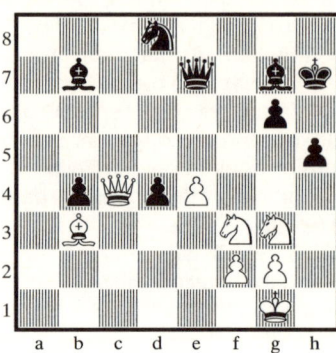

Jetzt behielte Schwarz nach 45. Sd4: Le4: 46. Se4: De4: 47. Se6 De1+ 48. Df1 Dd2 die etwas besseren Chancen. Allerdings hatte Kasparow eine unerwartete Überraschung vorbereitet, und gleich mußte ich dafür Sorge tragen, daß die Sache für mich gefahrlos bleibt.

45. e4–e5!

Indem er die Diagonale b1–h7 öffnet, schafft Weiß eine unangenehme Drohung: 46. Sh5:! gh 47. Dg8+ Kh6 48. Lc2. Das Springeropfer wäre auch möglich nach 45. ... h4 mit der Folge 46. Sh5! gh 47. Dg8+ Kh6 48. Lc2 mit unausweichlichem Matt, oder 46. ... Lf3: 47. Dg8+ Kh6 48. Sg7: Dg7: (48. ... Lg4 49. f4 Dg7: 50. Dd8:) 49. Dd8: mit großem weißen Endspielvorteil. Freilich wies Kasparow in seiner Kommentierung der Partie darauf hin, daß sich Schwarz auch in diesem Falle noch herauswinden könnte: 46. ... Le5:! 47. Se5: De5:! 48. Dg8+ Kh6 49. f4 De1+ 50. Kh2 gh! (50. ... Kh5: 51. Ld1+! Dd1: 52. Dd8:) 51. Dg5+ Kh7 52. Dh5:+ Kg7 mit Remis.

45.	...	Lb7×f3
46.	g2×f3	Lg7×e5
47.	f3–f4!	Le5×f4!

Nach 47. ... Lg7 48. f5! wird es mit dem schwarzen König kein gutes Ende nehmen.

48.	Dc4–g8+	Kh7–h6

49.	**Lb3–c2**	**De7–g7!**

Es verliert 49. ... Df6 – 50. Se4 oder
49. ... d3 50. Ld3: Df6 51. Se4 Da1+
52. Kg2 Lc7 (52. ... Sc6 53. Df8+)
53. Sc3! Da8+ 54. Sd5 Dc6 55. Df8+
Kh7 56. Le4, und alles ist zu Ende.

50.	**Dg8×d8**	**Lf4×g3**
51.	**f2×g3**	**Dg7–e5**
52.	**Dd8–f8+**	**Kh6–g5**
53.	**Kg1–g2**	

Der Sturm, der über das Brett gefegt ist,
hat sich gelegt und wir vereinbarten
Remis: 53. ... De2+ 54. Kh3 Dg4+
(54. ... Dc2:?? 55. Df4‡) 55. Kf2 De2+
mit ewigem Schach.

**Kasparow – Karpow
Revanche-Wettkampf um die
Weltmeisterschaft
14. Partie
Leningrad 1986**

Die 14. und die 16. Wettkampf-Partie
des Revanche-Matchs um die Weltmeisterschaft waren so verwickelt, daß es
kaum je gelingen kann, sie erschöpfend
bis in alle Details zu analysieren. So
etwa hat Kasparow, als er diese Partien
kommentierte, dieser allein über zehn
Seiten gewidmet, und dennoch nicht
annähernd alle auftretenden Varianten
dabei erfaßt. Ich möchte die Aufmerksamkeit des Lesers aufgrund des vorge-
gebenen Themenschwerpunktes fast
ausschließlich auf das Eröffnungsstadium der Partie lenken.

1.	**e2–e4**	**e7–e5**
2.	**Sg1–f3**	**Sb8–c6**
3.	**Lf1–b5**	**a7–a6**
4.	**Lb5–a4**	**Sg8–f6**
5.	**0–0**	**Lf8–e7**
6.	**Tf1–e1**	**b7–b5**
7.	**La4–b3**	**d7–d6**
8.	**c2–c3**	**0–0**
9.	**h2–h3**	**Lc8–b7**
10.	**d2–d4**	**Tf8–e8**
11.	**Sb1–d2**	**Le7–f8**
12.	**a2–a4**	**h7–h6**
13.	**Lb3–c2**	**e5×d4**

Mit dieser und der nachfolgenden Partie
endet nun die Berichterstattung über
das Spanische Match, welches ich mit
Kasparow ausgetragen habe, aber zur
bequemen Übersicht für den Leser
möchte ich nochmals in Erinnerung rufen, daß im Treffen (1, 44) die Zugfolge
11. a4 h6 12. Sbd2 ed 13. cd Sb4
14. De2, in den Partien (1, 46) und (2, 5)
11. Sbd2 Lf8 12. a4 Dd7 und in der Begegnung (2,9) 11. Sbd2 Lf8 12. a4 h6
13. Lc2 Sb8 gespielt wurde.

Und jetzt in den Partien (3,14) und (3,16)
taucht eine neue Fortsetzung auf.

Obgleich hinsichtlich des Eröffnungs-
geschehens von Schwarz aus gesehen
in den beiden Spanischen Partien des
Revanchematchs nichts vorlag, wor-
über man betrübt sein müßte, war natürlich die psychologische Wirkung auf mich
trotzdem dergestalt, daß ich nach meinem Treffen mit Kasparow zeitweilig
umschaltete auf den anderen bekannten Zug 13. ... Tb8. (vgl. Diagramm)

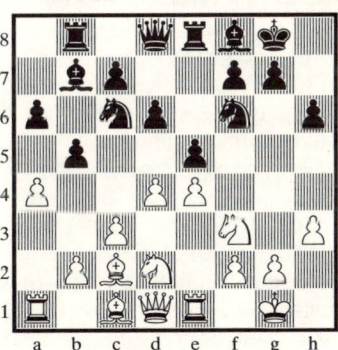

Ich werde ein wenig abschweifen, um
Ihnen zwei aktuelle Partien zu diesem
Thema zur Vorstellung zu bringen:

19

Timman – Karpow (Tilburg, 1986): 14. ab (zum Ausgleich führte 14. Ld3 Lc8 15. Sf1 Ld7 16. Sg3 Dc8 17. Lf1 Db7 18. a5 Dc8 19. Sh2 Se7 20. f4 ef 21. Lf4: Sg6, Beljawski – Gligorić, Sotschi, 1986) 14. ... ab 15. Ld3 Lc8 16. Sf1 (man begegnet auch dem Zug 16. Sb3, bzw. 16. d5) 16. ... b4 (eine Neuerung; nach 16. ... ed 17. cd Sb4 18. Lb1 c5 19. Lf4 besitzt Weiß das Übergewicht) 17. Sg3 bc 18. bc ed 19. cd Sb4 20. Lb1 c5 21. Lf4 Tb5 22. Dd2 Ta5 23. Ta5: Da5: 24. d5 Dd8 25. Td1 Ld7. Die Position ist etwa ausgeglichen. Auf der Suche nach Initiative hat Weiß, wie dem oft zu sein pflegt, seine Stellung verschlechtert, aber letztendlich gab es in der Partie doch einen friedlichen Ausgang.
Hjartarson – Karpow (Dubai, 1986): 16. ... Ld7 (noch eine Neuerung – anstelle von 16. ... b4 in der vorausgegangenen Partie) 17. Sg3 Dc8! 18. Le3 (besser ist 18. Ld2 Db7 19. b4! Ta8 20. Db3 Ta1: 21. Ta1: Ta8 22. Ta8: Da8: 23. Db1 De8 24. Da2! mit Initiative für Weiß, Geller – Gligorić, Sotschi, 1986) 18. ... Db7 19. de (nach 19. d5 ist das Spiel ausgeglichen) 19. ... Se5: 20. Ta7 Dc8 21. Se5: de 22. Df3 Te6! 23. Lc2 c5. Die Aussichten von Schwarz sind besser, und Weiß gelang es nur durch ein Wunder sich zu retten ... nach 50 Zügen.

14. c3×d4

Man trifft auch auf die Fortsetzung 14. Sd4:, aber beim Auftreten dieser Zentrumskonfiguration kann Weiß kaum auf einen Vorteil rechnen.

14. ...   Sc6–b4
15. Lc2–b1   c7–c5

Zur Verfügung des Nachziehenden stehen hier auch zahlreiche andere Möglichkeiten: 15. ... Dd7, 15. ... ba, 15. ... g6, zu einer bestimmten Zeit griff ich auch zu ihnen, allerdings zeigt die Statistik, daß die schwarzen Chancen auf Gegenspiel am ehesten bei der von mir gewählten Fortsetzung liegen. Ich erinnere ferner noch daran, daß man das Neh-

men 15. ... ba in der bekannten Partie Kasparow – Beljawski aus dem Interzonenturnier vorfand (Moskau, 1982).

16. d4–d5

Der Zug gilt als verpflichtend notwendig. Nach 16. b3 cd 17. Sd4: ba 18. Ta4: a5 19. Lb2 g6 20. Lc3 Tc8 21. Lb4: ab 22. Tb4: La8 23. Ta4 Lg7 24. Ld3 Db6 25. La6 Tcd8 erhielt Schwarz die Initiative in der Partie Zeschkowski – Balaschow, Minsk, 1982).

16. ...   Sf6–d7

Großmeister Dorfman, einer der Trainer Kasparows, wendet regelmäßig die Fortsetzung 16. ... g6 an. Aber in einer Begegnung mit Asejew (Lwow, 1984) mußte er nach 17. Sf1 Lg7 18. Ta3 ba 19. Ta4: a5 20. Ta3 La6 21. Sg3 Lb5 22. Lf4 Sh7 23. Dd2 eine gefährliche weiße Aktivität aushalten.

17. Ta1–a3

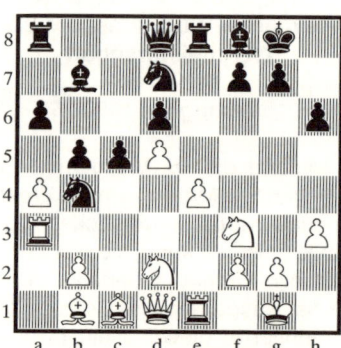

Der Zug 17. Sf1 gestattet Schwarz, sich vorteilhaft im Zentrum zu etablieren: 17. ... f5! 18. e5 (18. ef Sf6! mit hervorragenden Perspektiven) 18. ... Ld5: 19. Lf5: Lf3:! 20. Df3: Se5: 21. Dd1 c4 22. Te3 Df6 23. Sg3 d5. Die mächtige Bauernschaft im Zentrum entwickelt eine schreckliche Kraft, und Schwarz erreichte schnell den Sieg (Dvoiris – Kruppa, Halbfinale der 54. Landesmeisterschaft der UdSSR, 1986).

17. ...   c5–c4

Dies räumt dem Weißen das wichtige Feld d4 ein, aber vorerst ist nicht ersichtlich, wie sonst ein Gegenspiel am Damenflügel eingeleitet werden könnte. In der Partie Koslow – Gofstein (Aktjubinsk, 1985) geschah 17. ... g6 18. h4! Sf6 19. Sf1 Dd7 20. Sg3 Dg4 21. Ld2 ba 22. Dc1 h5 23. Sh2! Dd7 24. f4 a5 25. f5 La6 26. Tf3 Lg7 27. Lc3, und Schwarz fiel einem starken Angriff zum Opfer.

18. a4×b5

Jetzt stellt Weiß nach der Antwort 18. ... ab seinen Springer auf dem Feld d4 auf; in der 16. Matchpartie folgte sogleich 18. Sd4. Es scheint, daß es keinen großen Unterschied macht, aber, wie wir sehen werden, unterscheiden sich die Spiele in ihrem weiteren Fortgang. Übrigens kam es in dieser Begegnung anscheinend erstmals zu der Anwendung des natürlichen Abtausches auf b5.

18.	**...**	**a6×b5**
19.	**Sf3–d4**	**Ta8×a3**

Interessant ist auch 19. ... Db6. Nach 20. Sf5 g6 21. Tg3 Ta1, oder 20. Sf1 Ta3: 21. ba Sd3 22. Ld3: Dd4: 23. Le2 Dd1: 24. Td1: Sc5 liegt die Initiative bei Schwarz; allerdings ist richtig 20. Sdf3 Sc5 21. Le3!, und der Bauer e4 ist unantastbar: 21. ... Se4: 22. Ta8: La8: 23. Ld2!.

20.	**b2×a3**	**Sb4–d3**
21.	**Lb1×d3**	**c4×d3**
22.	**Lc1–b2**	

Im Falle von 22. Sb5: La6, 22. ... Db6 oder 22. ... Da5 23. Sd4 Sc5 hat Schwarz für den Bauern vollauf hinreichende Kompensation.

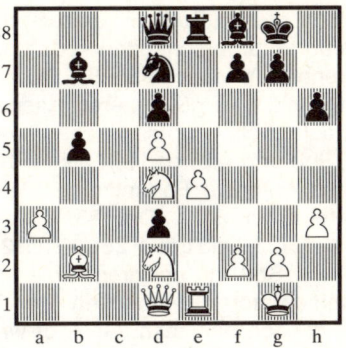

Möglicherweise muß man diese Stellung als die Ausgangsposition für weitere Analysen betrachten.

So weit sind die analytischen Arbeiten im „Spanier" bereits vorangeschritten.

22.	**...**	**Dd8–a5**

Eine Reihe von Kommentatoren hält diesen Zug für den besten, aber es verdient auch 22. ... Sc5 Beachtung, was der Entwicklung eines weißen Angriffs mittels 23. Sf5 oder 23. Dg4 vorbeugt. Nach 23. Sb5: hat Schwarz die Auswahl zwischen 23. ... La6 mit Initiative für den Bauern und einer forcierten Variante, die das Remis fast endgültig garantiert: 23. ... Db6 24. a4 Ld5: 25. ed Te1:+ 26. De1: Sa4: 27. Lg7: Db5: (27. ... Kg7: 28. Da1) 28. Lf8: Kf8: 29. De3 Dd5: 30. Dh6:+ Kg8. Offensichtlich muß Weiß 23. Te3 spielen mit der Drohung 24. S4b3.

23.	**Sd4–f5!**	

Es gelingt nicht, den Bauern d3, der abgeholt werden soll, sofort einzukassieren: 23. Te3 Se5 24. f4 Sc4; 23. S2f3 Sc5 24. Sb3 Sb3: 25. Db3: d2 26. Te2 Da4! 27. Da4: ba 28. Sd2: Ld5:, 23. S2b3 Da4 24. Dd3: Ld5:, und in allen Varianten erlangt Schwarz eine Überlegenheit. Indem man die Abseitsstellung der schwarzen Dame ausnutzt, strebt Weiß danach, einen Königsangriff zu organisieren; jetzt droht 24. Lg7: Lg7: 25. Dg4.

23.	**...**	**Sd7–e5**

Als ich diesen Zug mit dem Springer ausführte, unterschätzte ich den nachfolgenden Abtausch auf e5. Offensichtlich war 23. ... g6 sicherer. Kasparow betrachtet als hauptsächliche Variante: 24. Sb3 und gibt danach als für beide Seiten optimale Fortsetzung folgende Zugfolge an: 24. ... Da4 25. Dd3: Se5 26. Le5: (26. Dg3 Ld5:!) 26. ... Te5: 27. f4 Te8 28. Sg3 mit unklarem Spiel. Viele Kommentatoren empfahlen 24. Te3, und danach darf man 24. ... gf wegen 25. Tg3+ Kh7 26. Dh5 nicht spielen. Allerdings ist jetzt 24. ... Se5 vollkommen zuverlässig. Auf diese Art und Weise kann man schlußfolgern, daß der Eröffnungskampf vollkommen annehmbar für Schwarz verlaufen ist. Im übrigen war auch der Springerzug nach e5 noch nicht ein so ernster Fehler.

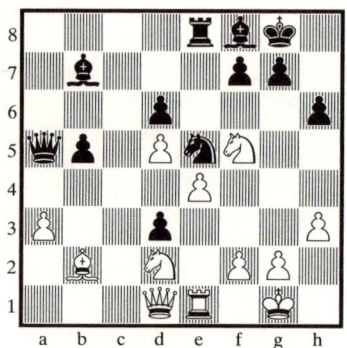

24. Lb2×e5!

Natürlicher sah die weitere Entwicklung der Initiative auf dem Königsflügel mittels 24. f4 aus. Die ruhige Fortsetzung 24. ... Sg6 führte dann nach 25. Tf1 Se7 26. Se3 oder 26. Sb3 Db6 27. Ld4 Da6 28. Sh6:+ gh 29. f5 zu schwierigem Spiel für Schwarz. Aber nach dem aktiven 24. ... Sc4! stand ein ganz spannender Kampf bevor, zum Beispiel: 25. Sc4: bc 26. Lg7: Lc8! 27. Lf8: Lf5: 28. Lh6: Te4: 29. Te4: Le4: 30. Dg4 Lg6 31. f5 (31. Dc8+? Kh7 32. Df8 Dc5+ 33. Kh1 Dd4 mit schwarzer Überlegenheit)

---

31. ... De1:+ 32. Kh2 De5+ mit vollständigem Ausgleich, oder 26. ... Ld5:! 27. Dg4 De1:+ 28. Kh2 De2! 29. Dg3 Te6!, und Schwarz geht zum Gegenangriff über.

24. ...   d6×e5

Nach 24. ... Te5: 25. Sf3 Te8 26. Dd3: hat Schwarz keine Kompensation für den Bauern.

25. Sd2–b3   Da5–b6

Möglich war auch 25. ... Da3: 26. Dd3: g6 27. Se3 (27. Db5: Db4!) 27. ... Da6 28. Ta1 Db6.

26. Dd1×d3

Endlich ist der Bauer d3 vom Brett entfernt, aber auch der Bauer a3 läuft nicht weg.

26. ...   Te8–a8
27. Te1–c1   g7–g6

Auf a3 zu nehmen wäre verfrüht: 27. ... Ta3: 28. d6 g6 29. d7! Ta8 (29. ... Dd8 30. Db5: La6 31. De5: Tb3: 32. De8 Tb8 33. Tc8 usw.) 30. Se3 Td8 31. Sg4 Lg7 32. Sc5 h5 33. Se3 Lf8 34. Sb7: Db7: 35. Sd5! mit deutlichem weißen Übergewicht.

28. Sf5–e3   Lf8×a3

Nach 28. ... Ta3: 29. Sg4 hat Schwarz ernsthafte Probleme mit der Verteidigung der Bauern – 29. ... Dd6 (29. ... Lg7 30. d6!) 30. Db5: La6 31. De8! Tb3: 32. Tc6!; 29. ... Ta2 30. Db1 Da7 31. Tc7 h5 32. Tb7: Db7: 33. Sf6+ mit Gewinn.

29. Tc1–a1   Ta8–a4

Hartnäckigeren Widerstand konnte man nach 29. ... h5 30. Dc3 f6 leisten.

30. Se3–g4   La3–f8
31. Ta1–c1

Natürlich nicht 31. Se5:? Lg7! 32. Sd7 Ta1:+ 33. Sa1: Dc7 und Schwarz gewinnt.

31. ...   Db6–d6

Erst dieser in Zeitnot gemachte Zug, erweist sich als der partieentscheidende Fehler. Es ging auch 31. ... Lg7 32. d6 Le4: 33. Tc8+ Kh7 34. Dd1 nicht, weil der d-Bauer nicht verteidigt werden kann; allerdings wäre wesentlich hartnäckiger (in Übereinstimmung mit der Meinung Kasparows) 31. ... f6 32. Df3 Ta6 (32. ... Kg7 33. Tc6!, 32. ... Lg7 33. Sc5) und die Stellung von Schwarz läßt sich nicht so leicht zerschlagen.

32.	Sb3–c5	Ta4–c4
33.	Tc1×c4	b5×c4
34.	Sc5×b7	c4×d3
35.	Sb7×d6	Lf8×d6
36.	Kg1–f1	Kg8–g7
37.	f2–f3	f7–f5
38.	Sg4–f2	d3–d2
39.	Kf1–e2	Ld6–b4
40.	Sf2–d3	Lb4–c3
41.	Sd3–c5	

In dieser Stellung wurde die Partie abgebrochen, aber Schwarz gab ohne Wiederaufnahme auf, da der d-Bauer verloren geht. Im verbleibenden Endspiel hätte Schwarz dann keine Aussicht mehr auf Rettung.

**Kasparow – Karpow
Revanche-Wettkampf um die Weltmeisterschaft
16. Partie
Leningrad 1986**

1.	e2–e4	e7–e5
2.	Sg1–f3	Sb8–c6
3.	Lf1–b5	a7–a6
4.	Lb5–a4	Sg8–f6
5.	0–0	Lf8–e7
6.	Tf1–e1	b7–b5
7.	La4–b3	d7–d6
8.	c2–c3	0–0
9.	h2–h3	Lc8–b7
10.	d2–d4	Tf8–e8
11.	Sb1–d2	Le7–f8
12.	a2–a4	h7–h6
13.	Lb3–c2	e5×d4
14.	c3×d4	Sc6–b4
15.	Lc2–b1	c7–c5
16.	d4–d5	Sf6–d7
17.	Ta1–a3	c5–c4
18.	Sf3–d4	

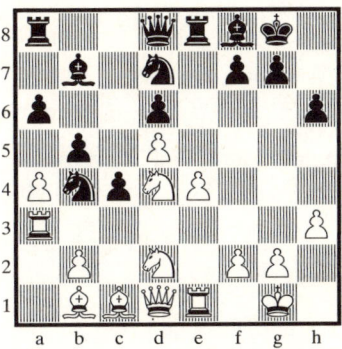

Der Springerzug war erstmals in der Partie Sokolow – Psachis (Wolgograd 1985) anzutreffen. Nach 18. ... Se5 19. ab Db6 20. S2f3 Sbd3 opferte Weiß die Qualität – 21. Le3 Se1: 22. Se1: Dc7 23. Sef3 ab 24. Sb5: Dd7, aber er erhielt keine hinreichende Kompensation für das preisgegebene Material. Allerdings bereitete ich für die vorliegende Partie die Eröffnungsüberraschung 18. ... Df6!? vor. Auf diese Weise blieb die Bestimmung des endgültigen Wertes der Variante 18. ... Se5 19. ab Db6 der Zukunft überlassen. Und schließlich – etwa ein Jahr nach dem Revanche-Match – entstand die Position wieder in einem Großmeistertreffen. Diese Partie ist derart mitreißend, daß ich mich dazu hinreißen lasse, sie hier in aller Vollständigkeit zur Vorstellung zu bringen.

Sax – Short (Subotica 1987, Interzonenturnier)

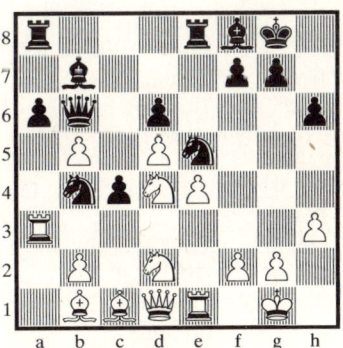

In dieser Stellung folgte das schier undenkliche 20. Sc4:!!?.
Ein Blitz aus heiterem Himmel! Wer könnte es für möglich halten, daß man so einfach einen Springer hergeben kann, um den Weg freizuräumen für einen Angriff auf den gegnerischen König.
20. ... Sc4: 21. Tg3 Lc8 22. Lh6: ab 23. Sf3 Ta1.
Short geht den Weg des geringsten Widerstandes: er gibt den Turm gegen den auf b1 schlummernden Läufer, wonach wieder ein relatives materielles Gleichgewicht hergestellt ist, aber der Angriff von Sax wird praktisch nicht abgeschwächt.
24. Sg5 Tb1: 25. Db1: gh 26. Se6+ Kh8 27. Sf8: Tf8:.
Es geht nicht 27. ... Dd8 28. Dc1 Df6 wegen 29. Sg6+!, aber, vielleicht war 27. ... Dd4 mit der Absicht, die Zugbahn der gegnerischen Dame entlang der Diagonale c1–h6 zu unterbrechen, genauer. Der Springer f8 kann sich ja doch nirgendwohin begeben. Dann könnte nach 28. Dc1 die Entgegnung 28. ... Dd2 folgen und im Falle von 28. b3 geschieht 28. ... Sd2. Freilich müßte man in der zweiten Variante nach 29. Dc1 Tf8: (29. ... Sa2 30. Dc7 Tf8: 31. Dd6: mit Gewinn) 30. Te2, Weiß einen gewissen Vorteil wohl zubilligen.
28. Dc1 Kh7 29. Dc3 Se5 30. Db4: Ld7 31. Dd2 Sc4 32. Dd1 b4 33. b3 Se5 34. Kh2!?
Weiß beabsichtigt, seinen f-Bauern nach vorne zu stoßen, und – sofern er geschlagen wird – den zweiten Turm zu aktivieren. Aber das Bauernopfer mußte nicht zu ernsthaften Eroberungen führen.
34. ... Df2: 35. Tf1 Db2 36. Dh5 f6 37. Tf4 Dd2??
Ein schrecklicher Zeitnotfehler. Nach 37. ... Le8 38. Df5+ Lg6 39. De6 Dc1 40. Tf6: Tf6: 41. Df6: Dc7 ist die schwarze Stellung unerschütterlich.

38. Dh6:+!
Die Sache endet also mit einem elementaren Mattbild auf den Randlinien. Schwarz gab auf.
Diese Partie verdient noch eine tiefergehende Untersuchung.

18.	**...**	**Dd8–f6**
19.	**Sd2–f3**	**Sd7–c5**

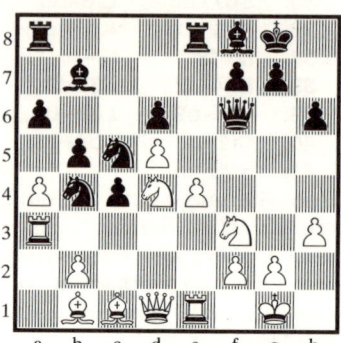

Der Damenausfall nach f6 ließ sich bereits jetzt rechtfertigen, indem man fortsetzt mit: 19. ... Sd3 20. Ld3: (unzureichend ist 20. Td3: cd 21. Dd3: Sc5 22. Dc2 g6) 20. ... b4! (ein wichtiger Zwischenzug) 21. Lc4: (21. Ta1 cd 22. Dd3: Sc5 23. Db1 Ld5:; 23. Dc4 a5 24. Sb5 Tac8 mit schwarzem Übergewicht) 21. ... ba 22. b3 (22. b4 Tac8) 22. ... Sc5 mit gutem Spiel für Schwarz. In dieser Variante zeigt sich, warum die schwarze Dame auf f6 besser steht als auf b6 (im Falle von 18. ... Db6): im zweiteren Fall ist 19. ... Sd3 schon nicht mehr gefährlich wegen des Zwischenzuges 20. a5.

20.	**a4×b5**	**a6×b5**
21.	**Sd4×b5**	

Es geht nicht 21. Ta8: Ta8: 22. Sb5: Ta1 23. Sc3 Sbd3 24. Tf1 Sb3.

21.	**...**	**Ta8×a3**
22.	**Sb5×a3**	

Im Falle von 22. ba würde die schwarze Dame nach a1 eindringen.

22.	**...**	**Lb7–a6**

Im Moment noch verfrüht wäre 22. ...Sbd3 wegen 23. Ld3: Sd3: 24. Te3!. Zum Beispiel: 24. ... Sb2: 25. Lb2: Db2: 26. Sc4: oder 24. ... La6 25. Da4 Ta8 26. Ld2 Db2: (26. ... Sb2: 27. Dc2! Sd3 28. Sc4: Da1 29. Se1; 28. ... Lc4: 29. Dc4: Ta1 30. Le1) 27. Sc4: Db1 28. Le1! Sc5! 29. Dc6 Tc8 30. Db6 Db6: 31. Sb6: Tb8 32. La5, und Schwarz besitzt keine Kompensation für den Bauern. Daher habe ich den Bauern zunächst verteidigt.

23. Te1—e3   Te8—b8!?
Dieser Zug paßt zu dem Plan: Druck am Damenflügel. Allerdings war hier bereits 23. ... Sbd3 vollkommen möglich. Kasparow führt die Variante an: 24. Ld3: cd 25. b4 Se4: 26. b5 Lb7 27. Td3: Sc3 28. Lb2 Sd1: 29. Lf6: Sf2: 30. Kf2: gf 31. Sc4 mit weißem Übergewicht. Allerdings besitzt Schwarz nach 27. ... Da1 (anstelle von 27. ... Sc3) ausreichende Kompensation für den Mehrbauern, von dem nicht klar ist, ob es Weiß gelingt, ihn zu verteidigen.

24. e4—e5!?
Jetzt wäre bereits auf jeden ruhigen Zug wie etwa 24. Sh2, 24. Se1 oder 24. Tc3 die Entgegnung 24. ... Sbd3! gefolgt. Daher schreitet Weiß als Antwort auf die aktiven Handlungen von Schwarz am Damenflügel zur Vorbereitung eines Angriffs am Königsflügel. Aber dieser Zug birgt auch Unzulänglichkeiten in sich: die Dame und der passive Läufer des Schwarzen auf f8 erlangen Operationsfreiheit.

24. ...   d6×c5
25. Sf3×e5

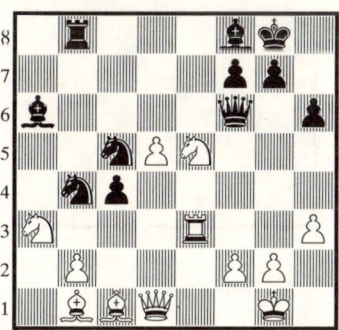

Wieder eine kritische Position. Es ist der Moment gekommen, einen Springer nach d3 zu befördern; allerdings wählte ich leider nicht den richtigen Springerzug. Richtig war an dieser Stelle einzig und allein 25. ... Scd3!, und Schwarz könnte hoffnungsvoll in die Zukunft blicken. Und – in der Tat – nach 26. Sg4 (nach 26. Ld3: Sd3: 27. Td3: cd 28. Sd7 Dd6 29. Sb8: Db8: 30. Da4 könnte man sich auf Remis einigen) 26. ... Dd4 (es bot sich 26. ... Db6 an, aber dann folgt 27. Tg3 g6 28. Le3 mit gefährlicher weißer Initiative) 27. Sc2 Sc2: (natürlich, nicht 27. ...Dd5: 28. Sf6+! gf 29. Tg3+ und 30. Dg4 nebst Matt) 28. Lc2: Sc5 kommt es zu einer Stellung mit verwickeltem Spiel.

Selbstverständlich, hinsichtlich der Bewertung der Resultate unserer spanischen Eröffnungsdiskussion, müßte man jetzt den Schlußpunkt setzen. Die vorgeführten Varianten zeigen, daß der neue Plan seiner Erprobung zufriedenstellend stand gehalten hat. Über den folgenden schwindelerregenden Teil der Partie wollen wir schneller hinweggehen.

25. ...   Sb4—d3?
26. Se5—g4?
Das Entgegenkommen des Partners wird erwidert. Der Zug 26. Dc2! führte zu bedrückenden Folgen für mich. Unter Verteidigung des Punktes f2 wäre die Dame auf die gefährliche Diagonale eingedrungen und im Ergebnis sähe sich der Springer in einer Fesselung. Es geht dann 26. ...Sb3 nicht – 27. Sd7, ebensowenig 26. ... Td8 – 27. Sec4: Td5: 28. b4, desgleichen ebenfalls nicht 26. ... Tb4 – 27. Sc6 Tb7 28. Te8 g6 29. Lc3 Tb2 30. Ld4 mit klarem weißem Übergewicht, obgleich freilich das Spiel noch nicht beendet wäre. Nach der Ungenauigkeit, die dem Weißen unterlaufen ist, ist auf dem Brett neuerlich ein dynamisches Gleichgewicht entstanden.

26. ...   Df6—b6

27. Te3–g3 g7–g6

Die zuverlässigste Fortsetzung, wenngleich auch 27. ... Kh8 oder 27. ... Se4 möglich waren.

28.	**Lc1×h6**	**Db6×b2**
29.	**Dd1–f3**	**Sc5–d7**
30.	**Lh6×f8**	**Kg8×f8**
31.	**Kg1–h2**	**Tb8–b3!**

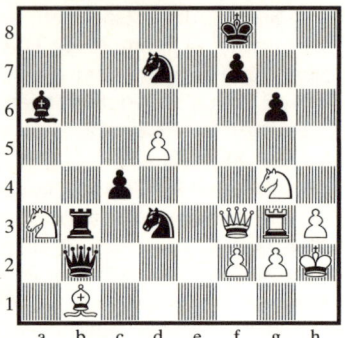

Dieser Zug wurde von vielen Seiten kritisiert, jedenfalls ist er aber stärker als 31. ... Da3:, 31. ... Dc1 oder 31. ... Kg7.

32. Lb1×d3 c4×d3?

Ein fürchterlicher Fehler, aber ich will versuchen, ihn zu erklären. Vor allem muß ich bekennen, daß ich davon ausging, daß der Vorteil schon auf der Seite von Schwarz lag. Auf jeden Fall ist der weiße Damenflügel vollkommen vernichtet, und die weiße Attacke auf dem Königsflügel schien mir nicht effektiv. Natürlich ging ich bei der Stellungsanalyse vom Zug 32. ... cd aus. Lange Zeit studierte ich ihn und letzten Endes erkannte ich seine Unzulänglichkeit. Ich schaltete auf andere Fortsetzungsmöglichkeiten um, und – jedes Mal erkannte ich, daß für Schwarz kein Stellungsübergewicht zu erreichen ist. Als ich diesen betrüblichen Sachverhalt endgültig erkannt hatte, warf ich einen Seitenblick auf die Uhr und erkannte mit Schrecken, daß sich die Zeiger schon dem bedrohlichen Punkt näherten. Und in diesem Moment machte ich ganz

mechanisch diesen Zug, ohne darüber nachzudenken. Natürlich sah ich folgende einfache Variante: 32. ... Td3: 33. Df4 Da3: 34. Sh6 De7 35. Tg6: De5 36. De5: (dieses Mal kommt die Kombination, die in der Partie gefolgt ist, nicht in Betracht: 36. Tg8+ Ke7 37. d6+ Td6: 38. Sf5+ Kf6 39. De5: Ke5: 40. Sd6: Kd6:) 36. ... Se5: 37. Ta6: Td5: 38. Ta8+ Ke7 39. Sf5+ Ke6 40. Se3. Das symbolische Übergewicht, welches Weiß im Endspiel erlangt, läßt sich nicht realisieren. Noch stärker ist 32. ... Ta3:. Kasparow gibt folgende lange Variante an: 33. Df4 Td3: 34. Dd6+ Kg7 35. Dd7: Tg3: 36. fg Lb7! 37. h4! La8!! 38. Dd8 Dd4 39. Da8: Dg4: 40. Da1+ Kf8! 41. d6 Ke8 42. Da4+ Kd8 43. Da5+ Ke8 44. Db5+ Dd7 45. De5+ De6 mit Remis.

33. Df3–f4 Db2×a3

Erst dieses Schlagen in schlimmer Zeitnot verliert die Partie endgültig. Späterhin wurde entdeckt, daß die Chancen auf eine Rettung mit dem Zug 33. ... d2! erhalten blieben. Wie dem auch sei, als den dramatischsten Fehler des gesamten Revanche-Wettkampfes möchte ich das Nehmen 32. ... cd in der vorliegenden Partie bezeichnen.

34.	**Sg4–h6**	**Da3–e7**
35.	**Tg3×g6**	**De7–e5**
36.	**Tg6–g8+**	**Kf8–e7**

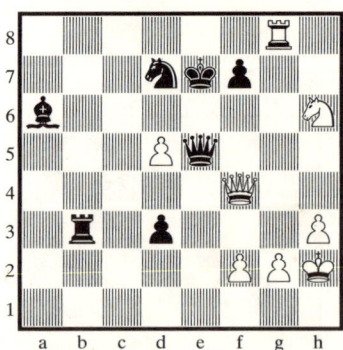

37.	**d5–d6+!**	**Ke7–e6**
38.	**Tg8–e8+**	**Ke6–d5**

39.	Te8×e5+ Sd7×e5
40.	d6–d7 Tb3–b8
41.	Sh6×f7

Schwarz gab auf

Timman – Karpow
Bugojno 1986

1.	e2–e4	e7–e5
2.	Sg1–f3	Sb8–c6
3.	Lf1–b5	a7–a6
4.	Lb5–a4	Sg8–f6
5.	0–0	Lf8–e7
6.	Tf1–e1	b7–b5
7.	La4–b3	d7–d6
8.	c2–c3	0–0
9.	h2–h3	Lc8–b7

Die klassische Tschigorin-Variante 9. ... Sa5 10. Lc2 c5 11. d4 Dc7, 11. ... cd 12. cd Dc7 oder 11. ... Sc6 ist in der heutigen Zeit nicht allzu sehr in Mode, aus dem Kreis der bedeutenden Groß-meister wählt sie kaum noch ein einziger außer Romanischin. Die Ergebnisstati-stik der vergangenen Jahre ist für Schwarz wenig ermutigend.

10.	d2–d4	Tf8–e8
11.	Sb1–d2	Le7–f8
12.	a2–a3	

In den Kommentaren zu den vorausge-gangenen Partien sind wir ausführlich bei der Betrachtung des Zuges a2–a4 verweilt. Die verhaltenere Bewegung des Randbauern »a« ist heute nicht we-niger populär: Weiß schützt den Punkt b4 prophylaktisch gegen einen mögli-chen schwarzen Springereinfall und strebt die Entwicklung einer Initiative auf dem Damenflügel an.

Natürlich ist es nicht verpflichtend not-wendig, den Randbauern überhaupt zu diesem Zeitpunkt zu ziehen; möglich wäre beispielsweise auch 12. Lc2. Diese Stellung entstand (nach den Zü-gen 11. Sg5 Tf8 12. Sf3 Te8 13. Sbd2.

Lf8 14. Lc2) in der Partie Sokolow – Kar-pow (Bugojno 1986). Nach 14. ... Sb8 15. a4 griff ich zu einer nicht sonderlich geglückten Neuerung – 15. ... c5. Weiß machte den Damenflügel dicht: 16. d5 Sbd7 17. b4 c4 18. Sf1 und führte da-nach einen energischen Angriff auf dem Königsflügel durch: 18. ... Sh5 19. S3h2 g6 20. Le3 Le7 21. Dd2 Tf8 22. Lh6 Sg7 23. Sg3 Kh8 24. Sg4 Sf6 25. Sf6:+ Lf6: 26. Tf1 Dd7 27. f4 a5 28. f5 ab 29. cb ba 30. Tf3 Kg8 31. Df2 Lh4 32. Lg7: Lg3: 33. Tg3: Kg7: 34. f6+ Kh8 35. Tga3 Db5 36. De3 Tg8 37. h4 g5 38. hg Tg6: 39. Kf2 h6 40. Th1 Kh7 41. Ld1 Tag8 42. Dh3 Th8 43. Lh5. Schwarz gab auf. Diese Partie erwies sich als ziemlich markant und wurde nicht umsonst als die beste des 41. Bandes des Schach-informators ausgezeichnet. Allerdings denke ich, daß diese Begegnung dem jungen Großmeister einen sehr schlech-ten Dienst erwiesen hat: vor dem Kandi-daten-Superfinalmatch überschätzte er seine Kräfte, wie mir schien, bei weitem. Aus Anlaß meiner Partie gegen Sokolow möchte ich noch erwähnen, daß an-stelle von 15. ... c5 richtigerweise 15. ... Sbd7 geschehen sollte, was die Möglichkeit zur Sprengung des Zen-trum offen hält. Einige Runden später fand das Treffen Ljubojević – Portisch statt, das schnell mit Remis endete: 15. ... Sbd7 16. Ld3 d5!? (der tradtio-nelle Zug ist 16. ... c6) 17. ab de 18. Se4: Se4: 19. Le4: Le4: 20. Te4: ab 21. Lg5 f6 22. Lh4 Ta1: 23. Da1: Ld6 24. Da2 Kh8 25. de Se5: Remis.

Nach 12. Lc2 Sb8 (oft wird auch 12. ... g6 gespielt) trifft man abgesehen von dem selteneren 13. a4 auch auf 13. b3. Hier ist ein neuerliches Beispiel aus meiner eigenen Spielpraxis: Ljubojević – Karpow (Tilburg 1986): 13. b3 Sbd7 14. Lb2 g6 15. a4 Tb8 (eine theoretische Neue-rung; die übliche Fortsetzungen sind 15. ... c5, 15. ... Lg7 und 15. ... c6) 16. Ld3 c6 17. Dc2 Sh5 18. Sh2 (nach

18. c4 ed 19. Sd4: b4 ergreift Schwarz
die Initiative, aber besser ist 18. Lf1 –
18. ... Sf4 19. g3 Se6 20. h4) 18. ... Sf4
19. Lf1 Se6 20. Sg4 Lg7 21. de. Nichts
ergibt 21. Sf3 h5 22. Se3 ed 23. cd
(23. Sd4: Sec5 mit besserem Spiel für
Schwarz) 23. ... c5 24. d5 (24. dc Le4:!)
24. ... Sd4 25. Sd4: cd 26. Sd1 Tc8, und
Schwarz hat einen merklichen Vorteil.
21. ... de 22. Sf3 h5 23. Se3 Dc7
24. Tad1 Tbd8 25. h4. Remis.
(25. ... Sdc5 26. g3 Td1: 27. Td1: Tad8
mit vollständigem Ausgleich).

| 12. | ... | h7–h6 |
| 13. | Lb3–c2 | Sc6–b8 |

Auch der Zug 13. ... d5!? verdient Aufmerksamkeit.

| 14. | b2–b4 | Sb8–d7 |
| 15. | Lc1–b2 | g7–g6 |

Nach 15. ... Sb6 16. de de 17. c4 steht
Schwarz besser.

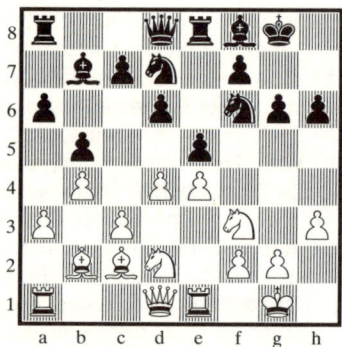

16. c3–c4

In der Partie Psachis – Razuwajew
(Moskau 1986) brachte Weiß eine Neue-
rung zur Anwendung: 16. Db1!.
Die Absicht dieses Zuges besteht in der
zusätzlichen Überdeckung des Bauern
e4 und in der damit einhergehenden
„Freistellung" des Springers d2 für seine
Marschroute Sd2–b3–a5.
Nach 16. ... Lg7 17. Sb3 c6 18. Sa5 Dc7
19. Lb3! Tad8 20. Da2 d5 21. ed Sd5:
22. de Se5: 23. Se5: Te5: 24. c4 erhielt
Weiß ein reales Übergewicht. Genauer

war 17. ... Tc8 (17. ... Tb8 18. Sa5 La8
19. d5) 18. Sa5 La8 19. d5 Sb6 20. a4
Dd7 21. ab ab 22. Ld3 Sh5 23. c4 bc
24. Sc4: Sf4 25. Sb6: cb 26. Lc1 mit ungefährem Ausgleich (Psachis – Portisch, Sarajewo 1986).

16.	...	e5×d4
17.	c4×b5	a6×b5
18.	Sf3×d4	c7–c6

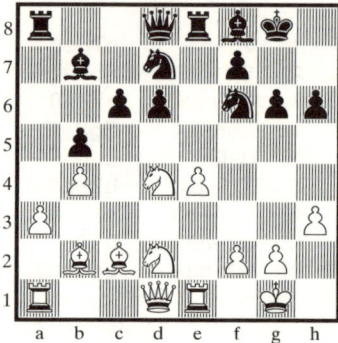

19. a3–a4

Eine Verstärkung wurde zur Anwendung
gebracht in der Partie zweier ungari-
scher Schachmeisterinnen: Madl – Ver-
öczy (Ungarn 1987): 19. Ld3! (die Idee
stammt von IM Perenyi, der bekanntlich
auf der Fahrt zur Olympiade 1988 töd-
lich verunglückte) 19. ... Lg7 20. Tc1
Db6 21. Db3 Se5 22. Lf1 Tad8 23. S4f3
Sf3:+ (besser war es, das Zentrum mittels 23. ... Sfd7 zu verstärken) 24. Df3:
Te6 (24. ... Se4: 25. Lg7: Sd2: 26. Df6
Kh7 27. Df7:) 25. Sb3 Tde8 26. Ld4 Da6
27. Dc3 c5 (Schwarz hält den Druck in
der c-Linie nicht aus, aber es verliert
auch 27. ... Te4: 28. Lf6: Te1: 29. Te1:
Te1: 30. Lg7:) 30. bc Le4: 31. Db4 Da8
32. cd Lf8 33. Lc5 Sd5 (man konnte sich
nur noch wehren mittels 33. ... Sd7)
34. Dd4 Lg2:? (der zweite Zeitnotfehler
in Folge) 35. Te6: Lf1: 36. Te8:, und nach
einigen weiteren Zügen streckte
Schwarz die Waffen.

| 19. | ... | b5×a4 |
| 20. | Lc2×a4 | Dd8–b6 |

Diesen Zug wendete als erster Kasparow an in der ersten Matchpartie gegen Timman (Hilversum 1985), früher wurde vorherrschend der Zug 20. ... Tc8 gespielt. Nach 21. b5 cb 22. Lb5: d5! 23. Ta8: La8: 24. Da4 Sc5 25. Dc2 Tb8 erhielt Schwarz die Initiative und gewann die Partie. In der dritten Partie des Wettkampfes spielte Timman anders: 21. Sc2. Er wiederholte diesen Zug auch in unserem Treffen.

21. Sd4—c2   Db6—c7

Aufmerksamkeit verdient 21. ... La6 mit dem Vorhaben, nach 22. Lb3 mittels 22. ... Ld3 zu antworten. Nach 23. Ta8: Ta8: 24. Df3 Lc2: 25. Lc2: Db4: 26. Lc3 Dc5 27. Sb3 Dc4! erreicht Schwarz dann Vorteil.

22. La4—b3   Ta8×a1

In der dritten Partie des erwähnten Wettkampfes Timman — Kasparow wählte der Weltmeister den Zug 22. ... La6, und 23. Tc1 Lg7 24. Se3 Lb5 führte zum Ausgleich. Freilich gelang es im weiteren nebulosen Spielgeschehen (auch Weiß war bereits einmal am Rande des Abgrunds) Timman die Oberhand zu gewinnen.

23. Lb2×a1

Nach 23. Da1: Lg7 24. Sc4 führt 24. ... d5 zum Ausgleich, aber Interessantes verspricht 24. ... c5 25. Da5 (25. bc Sc5:, und Schwarz hat Überlegenheit erreicht, aber besser ist 25. e5 mit ausgeglichenem Spiel) 25. ... Da5: 26. ba Se4: 27. Lg7: Kg7: 28. f3 d5 29. fe dc 30. Lc4: Te4:, und die Initiative liegt auf seiten des Nachziehenden.

23. ...   Lf8—g7
24. Sc2—e3

Gleichstand bliebe erhalten auch nach 24. Sc4 Se4: 25. Te4: (25. f3 La1: 26. Da1: d5!) 25. ... Te4: 26. Dd6: Dd6: (man darf nicht 26. ... Dc8 spielen wegen 27. Sb6! mit der Drohung 28. Dg6:+) 27. Sd6: La1: 28. Se4:.

24. ...   c6—c5

Dies führt zu einer Entspannung der Lage. Groß war die Versuchung, den Bauern zu nehmen: 24. ... Se4:. Tatsächlich ist nach 25. Se4: Te4: 26. Lf7:+ Kf7: 27. Df3+ Sf6 28. Lf6: Te3:! 29. De3: Lf6: 30. Dh6: c5 Schwarz im Vorteil. Allerdings gestattete 25. Sg4! dem Weißen die Erreichung eines außerordentlich gefährlichen Angriffs, zum Beispiel: 25. ... Sef6 (25. ... d5 26. Lg7: Kg7: 27. Se4: de 28. Dd4+ Se5 29. f4) 26. Te8: Se8: 27. Lg7: (aber nicht 27. Df3? d5 28. Lg7: Kg7: 29. De3 h5 30. De8: hg 31. hg Sf6 32. De2 Df4 mit schwarzem Vorteil) 27. ... Kg7: 28. Se4 h5 29. Lf7:! Kf7: 30. Sg5+ Ke7 31. Df3! Sef6 32. Sf6: Sf6: 33. De3+ mit Gewinn.

25. b4×c5   Sd7×c5
26. La1×f6   Lg7×f6

Remis

Nach 27. Sd5 Ld5: 28. Ld5: ist die Stellung vollkommen ausgeglichen.

Geller — Tal
Sotschi 1986

Die Offene Variante der Spanischen Partie war eine der populärsten in den Wettkämpfen in Baguio City und in Meran, und im zweiten dieser Wettkämpfe hat sie — man kann wohl so sagen — eine entscheidende Rolle gespielt. Allerdings ist diese Variante in meinen Wettkämpfen mit Kasparow nicht ein einziges Mal an die Reihe gekommen. In den letzten Jahren tauchte sie ohnehin sehr selten in meiner Turnierpraxis auf; ich kann lediglich auf zwei Partien gegen Jusupow verweisen, die aus dem Jahre 1983 stammen, aber nichtsdestoweniger verfolge ich natürlich alles, was sich in dieser Eröffnung Neues ereignet mit allergrößter Aufmerksamkeit. Um so mehr auch deshalb, weil fast alle später angeführten Partien auf die eine oder andere Art stufenweise Ideen weiterentwickeln, die in meinen Wettkämpfen mit Kortschnoi in Meran und Baguio City geboren wurden.

Ungeachtet der Mißerfolge von Meran hat Kortschnoi nicht von seinem geliebten Eröffnungsschema abgelassen und wendet die Offene Spanische Partie in vielen Turnieren weiterhin an. Aber als der glühendste Anhänger der Offenen Variante ist wohl derzeit der sowjetische Großmeister Jusupow zu bezeichnen. Er greift regelmäßig zu ihr (lediglich in Konkurrenz mit der Russischen Partie, die bei ihm auch sehr oft vorkommt). Daher erzielt er auch häufige Erfolge. Ich kann wohl ohne Übertreibung behaupten, daß fast alle Partien, die Jusupow mit der Offenen Spanischen spielt, einen wertvollen Beitrag zur Theorie leisten. Seit Meran ist die Offene Variante der Spanischen Partie aber lediglich in ca. einem Dutzend Partien der höchsten Großmeisterebene gespielt worden. Die wichtigsten davon werde ich nachfolgend in Erinnerung rufen. Eine Reihe der Partien habe ich als hauptsächliche Besprechungspartien ausgewählt, die anderen finden in den Anmerkungen ihre Erwähnung, jeweils bei dem in Rede stehenden Zug.

1.	e2−e4	e7−e5
2.	Sg1−f3	Sb8−c6
3.	Lf1−b5	a7−a6
4.	Lb5−a4	Sg8−f6
5.	0−0	Sf6×e4
6.	d2−d4	b7−b5
7.	La4−b3	d7−d5
8.	d4×e5	Lc8−e6
9.	Sb1−d2	

Populär ist auch das sofortige 9. c3, wovon noch später die Rede sein wird anläßlich der Besprechung der Partie Popović − Timman. Was die altertümliche Fortsetzung 9. De2 anbetrifft, so ist sie zeitweilig aus der Mode geraten. Ich erinnere daran, daß vor 30 Jahren eine lange forcierte Variante festgestellt und dokumentiert wurde: 9. De2 Le7 10. Td1

Sc5 11. Ld5: Ld5: 12. Sc3 Lc4 13. Td8:+ Td8: 14. De3 b4 15. b3 Le6 16. Se4 Td1 17. Se1 Sd4 18. Lb2 Sc2: 19. De2 Ta1: 20. La1: Sa1: 21. Sc5: Lc5: 22. Sd3 Lb6 23. Sb4: 0−0 24. Sc6 f6 25. h4 fe 26. De5: Tf6. Jetzt kam zu den beiden altbekannten Fortsetzungen 27. g4 und 27. Sd4 noch eine weitere hinzu:

Timman − Jusupow (Montpellier 1985): 27. Sd8 Lf7 (27. ... Lc8 28. Dd5+ Kf8 29. Sc6!) 28. Sf7: Kf7: (28. ... Tf7: 29. Da1: Tf2: 30. Kh2 a5 31. De5) 29. Da1: Tf2: 30. Kh2 a5 31. De5 h6 32. a4 (32. a3!) 32. ... g6 33. Dd5+ Kg7 34. De5 Kf7 35. h5 Tf5! mit Ausgleich.

Auf diese Weise hat sich die Bewertung dieser forcierten Variante − von der Eröffnung bis hinein ins Endspiel − im Verlauf der Jahre nicht mehr verändert: Die Lage ist für Schwarz ungefährdet.

Es lohnt sich, noch auf einen Zug aufmerksam zu machen: 9. Le3 und weiter 9. ... Le7 10. c3 0−0 11. Sbd2 (der zehnte und der elfte Zug geschehen auch in umgekehrter Reihenfolge). Diese Stellung ist der Theorie gut bekannt, wobei man folgende Fortsetzungen betrachtet hat: 11....Sd2:, 11....Dd7 und 11. ... Lg4.

In einer kürzlich gespielten Partie Yim − Kengen (IX. Fernschacholympiade, 1982 − 1985) begegnete man der Fortsetzung: 11. ... Sc5 12. Lc2 Dd7. Nach 13. b4 Sa4 14. La4: ba 15. Da4: Se5: 16. Dd7: Sd7: 17. Sb3 c5 18. Sc5: Sc5: 19. bc Tfc8 20. Sd4 Lc5: 21. Tfb1 Ld4: 22. Ld4: Tab8 23. Tb3 Tb5! sind die Chancen ausgeglichen.

Bei der Erörterung des Zuges 9. Le3 bleibt zu erwähnen, daß in den letzten Jahren auch die Theorie dieser Variante bereichert wurde: In der Partie Timman − Kortschnoi (Reykjavik, 1987) geschah nach 9. Le3 Le7 10. c3 Dd7 11. Sbd2 Td8!? (anstelle des üblichen 11. ... Sd2:). Nach der weiteren Fortsetzung 12. Se4: de 13. Dd7: Ld7: 14. Sg5 Se5: 15. Ld4 Lg5: 16. Le5: 0−0 17. Lc7: Tc8 18. Lb6

Tfe8 war das Spiel vollständig ausgeglichen.

| 9. | ... | Se4–c5 |
| 10. | c2–c3 | d5–d4 |

Dies ist in allerjüngster Zeit die populärste Fortsetzung. Der ältere Zug 10. ... Le7 wird in der Partie Hübner – Karpow beleuchtet.

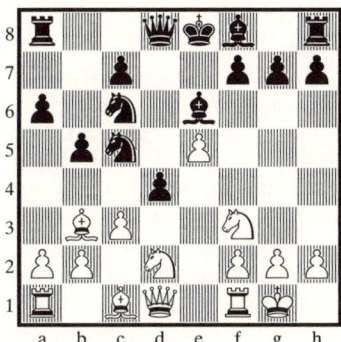

11. Lb3×e6

Bevor wir weiter voranschreiten, lohnt es sich hier natürlich, auf den Zug 11. Sg5!? einzugehen. Dieses effektvolle Manöver hat sich mein Trainer Saizew im Rahmen der Vorbereitung auf den Wettkampf in Baguio City ausgedacht. Der Springer stellt sich kaltblütig in den Schlagbereich der gegnerischen Dame – solch ein Zug kommt auch nicht jedem in den Sinn. Übrigens hat Kortschnoi sich dazu entschlossen, den Springer nicht zu nehmen. Wir wollen diese Partie dennoch ausführlicher betrachten:

11. ... dc 12. Se6: fe 13. bc Dd3 14. Sf3

Im Falle von 14. Lc2 Dc3: 15. Dh5 g6 16. Lg6: hg 17. Dh8: Da1: hat Weiß keine Kompensation für das investierte Material; aber der Zug 14. Dg4 verdient Beachtung.

14. ... Dd1: 15. Ld1: Le7 16. Le3 Sd3 17. Lb3 Kf7 18. Tad1 Sde5: 19. Se5: Se5: 20. Lf4 Sc4

Schlecht wäre 20. ... Ld6 21. Le5: Le5: 22. Tfe1 Lc3: 23. Te6: Kf8 24. Td7 usw.

Jetzt wählte ich den Abtausch auf c4.

21. Lc4: bc,

und die Chancen beider Seiten glichen sich alsbald aus. Tal empfahl 21. Td7 c5 22. Te1 Tad8 23. Tb7 Td3 24. Lg5 Te8 25. Te4 Tc3: 26. h3, und Weiß behält gefährliche Drohungen. Allerdings ist anstelle von 23. ... Td3 der Zug 23. ... Td5! stärker, und Schwarz kann mit Zuversicht in die Zukunft blicken.

Aber es fragt sich dennoch, kann man nicht trotzdem den Springer nehmen? Ein Jahr nach unserer Begegnung in Baguio City wurde die Partie Timman – Smyslow (BRD 1979) gespielt, in der es folgendermaßen weiterging: 11. ... Dg5: 12. Df3 0-0-0. [Nach 12. ... Ld7 13. Lf7:+ Ke7 14. Sb3! De5: 15. Sc5: Dc5: 16. Te1+ Kd8 17. cd Dd6 18. Lg5+ Kc8 19. Tac1! (von Keene empfohlen!); oder 12. ... Kd7 13. Ld5! Ld5: 14. Dd5:+ Ld6 15. cd Sd4: 16. Sc4! Se2+ 17. Kh1 Df5 18. Sd6: Dd3 19. Df7:+ Kc6 20. Le3 Taf8 21. De7! Dd5 22. Tad1 Sd3 23. e6, und Weiß hat einen außerordentlich starken Angriff. (Brondum – Brink-Klaussen, Dänemark, 1979).]

13. Le6:+ fe 14. Dc6: De5: 15. b4 Dd5 16. Dd5: ed 17. bc dc 18. Sb3 d4 19. La3 Le7 20. Lb4 Lf6 21. a4 Kd7 22. ab ab 23. Ta6 c6 24. Td1 Ke6 25. Tc6:+ Kd5 26. Tf6:! Kc4!, und ungeachtet der im gegebenen Moment vorhandenen zwei weißen Mehrfiguren, kann man die Chancen der beiden Seiten als gleichwertig einschätzen.

Also hat die Annahme des Opfers – wie es scheint – seine Bewährungsprobe bestanden. Allerdings hat Lilienthal später eine wesentliche Feinheit dazu beigetragen: 23. Tfd1! Ke6 24. Tac1 Kf7 25. Kf1 The8 26. Td3 Te4 27. g3. Die schwarzen Zentralbauern sind stillgelegt und die schwarze Stellung ist damit in höchstem Maße schwierig.

Ich glaube, daß die „Theorie" des Springeropfers auf g5 noch lange nicht ausgeschöpft ist...

Übrigens ist es schon lange bekannt, daß die Zugfolge 11. cd Sd4: 12. Sd4: Dd4: 13. Le6: Se6: 14. Df3 Td8 15. a4 Lb4! 16. ab ab 17. Dc6 Dd7 18. Dd7: Td7: mit Ausgleich nichts Zählbares für Weiß ergibt (ein alte Variante von Nenarokow).

Zurückkehren wollen wir nun letztendlich zum Zug 11. Le6:, welcher fast ausschließlich in den Partien der letzten Jahre vorgekommen ist.

11. ...   Sc5×e6
12. c3×d4

Man trifft auch 12. a4 und 12. Sb3 an, aber Weiß kann damit nichts erreichen.

12. ...   Sc6×d4

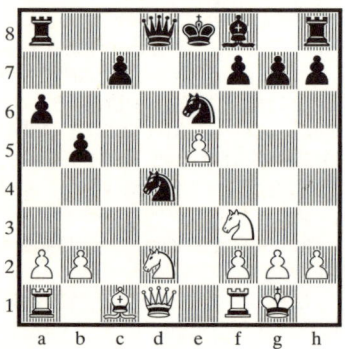

Eine derjenigen Positionen, mit welchen sich die gegenwärtige Theorie der offenen Variante herumschlägt.

Jetzt erhält man nach 13. Sd4: Dd4: 14. Df3 Td8 15. a4 eine Stellung aus der altbekannten Partie Capablanca – Lasker (Petersburg 1914). Im Wettkampf in Meran brachte ich an dieser Stelle gleich zwei gefährliche Neuerungen zur Anwendung: 13. Se4 (14. und 16. Partie) und 13. a4 (18. Partie). Nachfolgend fand der Ausfall des Springers nach e4 besonders große Verbreitung. Namentlich ihm wird auch vor allem unser weiteres Partienmaterial gewidmet sein. Aber begutachten wir zunächst, wie sich das weitere Geschehen im Falle von a2–a4 gestaltete.

13. a4 Le7. Wir hatten uns auch die anderen Läuferszüge – nach c5 und nach b4 angesehen. Den Zug 13. ... Tb8 traf man in der Begegnung Nunn – Timman (Amsterdam 1985) an, in welcher sich die Partner nach 14. ab ab 15. Se4 Le7 16. Sd6 cd 17. Sd4: Sd4: 18. Dd4: de 19. De5: 0–0 20. Lf4 Tb7 21. De4 Td7 22. Dc6 auf Remis verständigten. Aber 13. ... Le7 stellt sich für mich als logischer dar.

14. Sd4:. Beachtung verdient 14. ab. Danach waren in der Partie Sax – Jusupow (Sofia 1984) nach 14. ... Sb5: (14. ... ab 15. Ta8: Da8: 16. Sd4: Sd4: 17. Dg4 Se6 18. f4 und Weiß hat Vorteile) 15. Dc2 0–0 16. Sb3 c5 17. Le3 Db6 18. Ta4 Tfb8 19. Sa5 Tc8 20. De4 Sbd4 21. Sd4: cd 22. Ld4: die Chancen ausgeglichen.

In der Partie Hübner – Jusupow (Tilburg 1987) spielte Weiß im 15. Zug anders – 15. Se4, aber auch das brachte nichts ein. Nach 15. ... 0–0 16. Le3 c5 17. Ta4 Db8 18. Da1 Sbd4 19. Ld4: cd 20. Sd4: Sd4: 21. Td4: De5: 22. Tfd1 Tfd8 23. b3 Td4: 24. Dd4: Dd4: einigten sich die Partner auf Remis.

14. ... Dd4:.

Dieses Nehmen ist richtig. In der 18. Partie des Wettkampfes in Meran schlug Kortschnoi mit dem Springer auf d4: 14. ... Sd4: 15. Se4 (möglich ist auch 15. ab ab 16. Ta8: Da8: 17. Dg4 Se6 18. f4) 15. ... Se6 (auch im Falle von 15. ... 0–0 16. ab Sb5: 17. Le3 bleibt Schwarz mit Problemen zurück, und im Falle des Springerrückzuges nach f5 gewinnt das Manöver 16. Df3 Sd4 17. Dg4 an Kraft) 16. Le3 0–0 17. f4 Dd1: 18. Tfd1: Tfb8 19. Td7. Weiß hat ein merkliches Übergewicht, welches sich später auch als entscheidend erwies. Dieser Sieg war der sechste auf meinem Konto und beendete die Schlacht in Meran.

15. ab De5: 16. ba 0–0 17. Sf3 Db5 18. Da4: Da4: 19. Ta4: Sc5.

Die Aussichten beider Seiten sind gleichwertig. Dies zeigte sich in der Partie Psachis – Dolmatow, die in der 49. Landesmeisterschaft der UdSSR im Jahre 1981 gespielt wurde, d.h. kurz nach dem Match in Meran. Obgleich diese Begegnung nicht mehr ganz aktuell ist, scheint es mir, daß in den darauffolgenden Jahren hier keine wirklich neuen Ideen mehr vorgeschlagen worden sind.

13. Sd2–e4 Lf8–e7

In letzter Zeit wählt Schwarz diesen Zug fast automatisch, aber auch nicht ganz klar ist die Sache im Falle von 13. ... Dd5 14. Sd4: Sd4:. Die Stellung nach weiterem 15. Sc3 Dd7 16. Le3 Lc5 tauchte zweimal in der 49. Landesmeisterschaft der UdSSR auf (vgl. Diagramm).

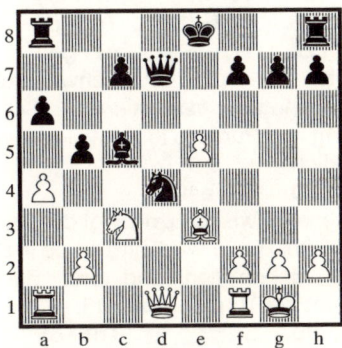

Romanischin – Jusupow: 17. Dh5 (17. Dd2 Td8 18. Tad1 0–0) 17. ... De6 18. Tad1 Td8 19. Td2 0–0 20. Tfd1 g6 21. Dh4 Le7 22. De4 Sf5.
Beljawski – Dorfman: 17. Se4 La7 18. Tc1 0–0 19. Sc5 Lc5: 20. Tc5: Tfd8 21. Ld4: Dd4: 22. Dd4: Td4: 23. Tc7: Td2 24. Tfc1 Te8 25. T7c2 Tc2: 26. Tc2: f6. In beiden Fällen hat Schwarz die Eröffnungsprobleme wohlbehalten überstanden.
Möglicherweise ist anstelle von 15. Sc3 15. Te1 genauer, zum Beispiel: 15. ... Lb4 (15. ... Le7 16. Sf6+!) 16. Sc3 Dd8 (nach 16. ... Dd7 17. Le3 Lc5 hat Weiß im Ver-

gleich zur Diagrammstellung ein zusätzliches Tempo gewonnen, wobei es freilich unklar ist, inwieweit dies bedeutungsvoll ist) 17. Lg5! Dg5: 18. Dd4: Lc3: 19. Dc3: 0–0 20. Tac1 (Maltschikow – Odejew, UdSSR 1983). Die Schwäche der schwarzen Bauern auf dem Damenflügel tritt jetzt deutlich in Erscheinung.

14. Lc1–e3 Sd4–f5

In der 14. Wettkampfpartie in Meran, in welcher diese Stellung erstmals vorkam, schlug Kortschnoi fehlerhaft 14. ... Sf3:+. Weiter folgte: 15. Df3: 0–0 16. Tfd1 De8 17. Sf6+! Lf6: (17. ... gf 18. ef Ld6 19. Td4 Kh8 20. Th4 Tg8 21. Th7:+ Kh7: 22. Dh5#) 18. ef Dc8 19. fg Td8 20. h4! mit klarem Vorteil für Weiß. Der Rückzug mit dem Springer nach f5 folgte in der 16. Partie.

15. Dd1–c2 0–0
16. Ta1–d1

In der 16. Matchpartie in Meran spielte ich 16. Seg5 Lg5: 17. Sg5: g6 (offensichtlich wird der Ausgleich noch leichter erreicht mittels 17. ... Sg5: 18. Df5: Se6 19. De4 c5 20. f4 f5) 18. Se6: fe (18. ... Se3:? 19. Dc6) 19. Tae1 (ist nicht vielleicht 19. Lc5!? besser?) 19. ... Dd5 20. b3 Tac8 21. Lc5 Tfd8 22. h3 Dc6 23. b4 Td7 24. Td1 Tcd8, und Schwarz hat in diesem Fall die Eröffnungsprobleme gemeistert.
Wenig verspricht 16. Sf6+ Lf6: 17. Df5: Le7 18. Tad1 Dc8 19. Sd2 Td8 (van der Wiel – Viktor Kortschnoi, Sarajewo 1984).

16. ... Sf5×e3
17. f2×e3

Es ist erheiternd, daß die Isolierung und die gleichzeitige Vordoppelung der Bauern auf der e-Linie auch mit Vorteilen einhergeht. Es werden alle die wichtigen Felder d4, d6, f6 kontrolliert, und daneben öffnet sich die f-Linie für etwaige Manöver.

17. ... Dd8–c8

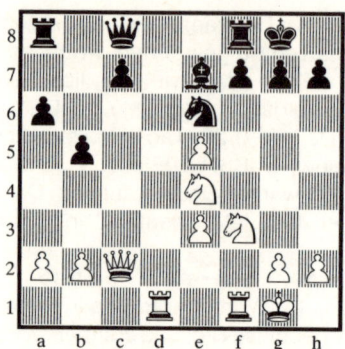

Dies ist eine Stellung, die in den letzten Jahren überaus häufig anzutreffen ist. Die vorliegende Partie hat uns nun zu ihr geführt. Eine noch eingehendere Besprechung folgt dann bei der Untersuchung der nachfolgenden Partie.

18. h2–h3

Diesen Zug wandte ich zum ersten Mal an in meiner Partie gegen Jusupow (Linares, 1983). Nach 18. Td3 gelangte die Partie Hübner – Hort (Wijk aan Zee 1986) bald ins Gleichgewicht: 18. ... c5 19. Sd6 Db8 20. Tfd1 Ta7 21. Td5 Da8 22. a4 Td8. Nicht nur einmal begegnete man dem Zug 18. Sd4. Entsprechende Beispiele sind dann in den Anmerkungen zur nachfolgenden Partie aufgelistet.

18.	...	Tf8–d8
19.	Sf3–h2	Td8×d1
20.	Dc2×d1	

Vernünftigerweise beläßt man den Turm auf der f-Linie, aufdaß alle Kräfte zusammenwirken für den Schlag gegen den feindlichen Königsflügel.

| 20. | ... | Se6–c5 |

Der Zug 20. ... De8 wird in der nachfolgenden Partie beleuchtet. Schwarz benötigte lediglich noch einen Zug – Sg5, und dann würde sich die Schwäche der e-Bauern bemerkbar machen; allerdings ist jetzt 20. ... Sg5 schwach wegen 21. Dd5 De8 22. Sg4 mit starkem weißem Angriff.

| 21. | Dd1–f3 | Dc8–e8 |
| 22. | Se4–g3 | Ta8–d8 |

Elastischer sind die Pläne 22. ... Tb8 nebst 23. ... Tb6, oder 22. ... a5 nebst 23. ... Ta6, um den Turm zur Unterstützung und Verteidigung des Königsflügels dorthin zu überführen. Den zweiten der beiden genannten Pläne finden wir in der Partie wieder, die wir unmittelbar anschließend betrachten wollen.

23.	Sh2–g4	Sc5–e6
24.	Sg3–f5	Kg8–h8
25.	Sf5×e7	

Weiß entschließt sich zum Übergang in ein Endspiel mit einem Mehrbauern, aber stärker war offensichtlich 25. h4 (25. ... Td7 26. Dc6) oder 25. Dg3 mit Drohungen gegen den Königsflügel.

25.	...	De8×e7
26.	Df3×f7	De7×f7
27.	Tf1×f7	h7–h5
28.	Sg4–f2	Td8–d5
29.	Tf7–f5	g7–g6?

Nach 29. ... Td2! hätte Schwarz kaum mehr einen Verlust riskiert. Die Schwächung des Punktes f6 zeigt sich augenblicklich.

30. e3–e4!

In diesem Zwischenzug liegt des Pudels Kern. Der Bauer wird mit Tempo in Deckung genommen und erst danach kommt der Turmzug nach f6.

| 30. | ... | Td5–c5 |

Nach 30. ... Td2 ist 31. Tf6 ebenfalls äußerst unangenehm.

31.	Tf5–f6	Tc5×e5
32.	Tf6×g6	Se6–c5
33.	Tg6–c6	

Ganz einfach gewann hier bereits 33. Tg3.

33.	...	Sc5×e4
34.	Sf2×e4	Te5×e4
35.	Kg1–f2	Te4–e5
36.	Tc6×c7	b5–b4
37.	b2–b3	

An dieser Stelle wäre 37. Tb7 genauer gewesen; freilich erweist sich das Turmendspiel auch nach dieser Zugfolge als für Schwarz verloren.

37.	...	Kh8–g8
38.	Tc7–b7	Te5–a5

Im Falle von 38. ... a5 marschiert Weiß mit seinem König nach h4, stellt seinen Bauern nach g3 und gewinnt dann nach und nach.

39.	Tb7×b4	Ta5×a2
40.	Kf2–g3	Kg8–g7

Jetzt wurde die Partie abgebrochen, und bei der Wiederaufnahme behielt Weiß mit Leichtigkeit die Oberhand.

41.	Tb4–a4	Ta2–b2
42.	b3–b4	Kg7–f7
43.	Ta4×a6	h5–h4+
44.	Kg3×h4	Tb2×g2
45.	Ta6–d6	Tb2–d2
46.	Kh4–g4	Td2–d4+
47.	Kg4–g5	Td4–d5+
48.	Kg5–f4	Td5–d3
49.	h3–h4	Td3–d4+
50.	Kf4–g5	Td4–d5+
51.	Kg5–h6	Td5–d4
52.	h4–h5	Td4–d5
53.	b4–b5	Td5–c5
54.	Tb6–b8	Tc5–d5
55.	b5–b6	Td5–b5
56.	b6–b7	Tb5–b6+
57.	Kh6–h7	

Schwarz gab auf.

Diese Niederlage überzeugte Tal davon, daß es sich lohnt, diese Variante mit Weiß ins Eröffnungsrepertoire aufzunehmen.
Davon sprechen wir nun also in der nächsten Partie.

Tal – Kortschnoi
Reykjavik 1987

1.	e2–e4	e7–e5
2.	Sg1–f3	Sb8–c6
3.	Lf1–b5	a7–a6
4.	Lb5–a4	Sg8–f6
5.	0–0	Sf6×e4
6.	d2–d4	b7–b5
7.	La4–b3	d7–d5
8.	d4×e5	Lc8–e6
9.	Sb1–d2	Se4–c5
10.	c2–c3	d5–d4
11.	Lb3×e6	Sc5×e6
12.	c3×d4	Sc6×d4
13.	Sd2–e4	Lf8–e7
14.	Lc1–e3	Sd4–f5
15.	Dd1–c2	0–0
16.	Ta1–d1	Sf5×e3
17.	f2×e3	Dd8–c8

Bis vor kurzem hielt man das Manöver 17. ... De8 für unvorteilhaft wegen 18. Sd4.

In der Partie van der Wiel – Kortschnoi (Wijk aan Zee, 1987) nahm Weiß nach 18. ... Td8 19. Se6: Td1: 20. Td1: fe den Bauern c7, der ohne Deckung verblieben ist, aber Schwarz hatte hinreichendes Gegenspiel aufzuweisen: 21. Dc7: Dh5 22. Tf1 Tf1:+ 23. Kf1: Df5+ 24. Sf2 Db1+ 25. Ke2 Db2:+ 26. Kf3 Lf8 27. Se4 Da2: 28. Sg5. Weiß schleicht sich an den gegnerischen König schrittweise heran, aber der Gegner fand eine hübsche Methode, um das Remis zu forcieren. 28. ... Dd5+ 29. Kg3 Kh8!. Die weiße Dame ist durch den Bauern e5 gebunden und es droht auch h7–h6. Daher ist Weiß zur Zugwiederholung gezwungen – 30. Sf7+ Kg8 31. Sg5 Kh8 usw. – Remis.

Man müßte sich noch damit beschäftigen, was passiert, falls Weiß zu 18. h3, 19. Kh2 usw. greift etwa bei einer gegnerischen Damenstellung auf c8. In diesem Fall würde nach dem Abtausch eines Turmpaares der zweite schwarze Turm auf dem Feld f8 verbleiben. Dort verteidigt er jetzt zwar den Punkt f7, aber er fühlt sich freilich etwas angekettet.

18.	h2–h3	

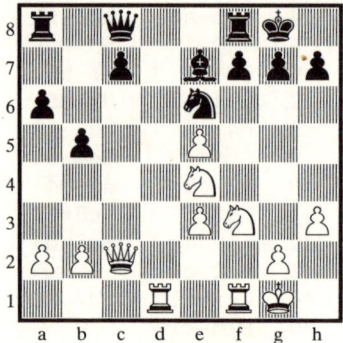

Wie ich bereits erwähnt habe, begegnete man diesem bescheidenen Bauernzug erstmals in der Partie Karpow – Jussupow (Linares 1983). Früher spielte man hauptsächlich 18. Sd4 Sd4: 19. ed De6. Unerwartet schnell endete danach die Partie Zeschkowski – Jussupow (Erewan 1982): 20. Sg3 f6 21. Sf5 fe 22. Db3!, und Schwarz gab auf, weil er eine Figur verliert.

Den richtigen Weg zeigte Jussupow drei Jahre später: 20. ... c6 21. Sf5 Tfe8 22. Td3 Lf8 23. Th3 g6 24. Sh6+ Lh6: 25. Th6: c5 mit gleichem Spiel (Short – Jussupow, Montpellier, 1985).

Anstelle von 20. Sg3 sind die anderen Fortsetzungen für Schwarz ebenfalls nicht gefährlich: 20. Td3 f6 21. Dc7: fe 22. De5: Tf1:+ 23. Kf1: (Chandler – Jussupow, Minsk 1982): 20. Dc7: Tac8! 21. Da5 Tc2 22. Tf2 Tfc8 (Hübner – Ljubojević, Tilburg, 1982). In beiden Fällen gerät Schwarz in keinerlei Schwierigkeiten.

| 18. | ... | Tf8–d8 |
| 19. | Sf3–h2 | |

In der Stammpartie machte ich diesen Zug später und setzte fort mit 19. Tc1 (19. Td8:+ Dd8: 20. Td1 De8 21. Sd4 Sd4: 22. ed c6, und das Spiel ist ausgeglichen) 19. ... c5 (schwächer ist 19. ... Db7 20. Dc6!) 20. Df2 Db7 21. Sh2! De4: (21. ... Tf8 22. Df3! nebst Sg4) 22. Df7:+ Kh8 23. De6: Lg5 24. Kh1. Weiß hat die Initiative behalten, aber

Jussupow gelang es am Ende schließlich, die Sache zum Remis zu führen. Der Springerzug nach h2 ist folgerichtiger.

| 19. | ... | Td8×d1 |
| 20. | Dc2×d1 | Dc8–e8 |

Der Zug 20. ... Sc5 begegnete uns in der vorangegangenen Partie, in deren Besprechung er auch einer Bewertung unterzogen wurde.

| 21. | Dd1–h5 | Se6–c5 |
| 22. | Se4–g3 | a6–a5! |

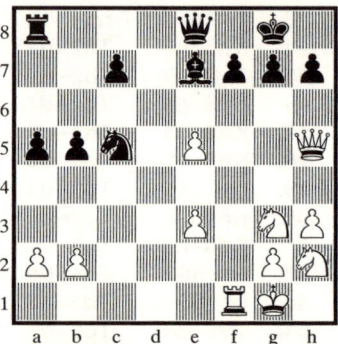

Eine wichtige Verstärkung! Schwarz findet einen einfachen Weg der Überführung des Turms auf den Königsflügel. Erinnern wir uns – in der vorherigen Partie (in ihr stand die weiße Dame auf f3) haben wir diese Verteidigungsmethode empfohlen, die dem Nachziehenden Ausgleich gewährt. Tatsächlich wurde sie in dieser Partie ausgetüftelt, aber Tal gelang es letztendlich doch einen effektvollen Schlußangriff zu erreichen.

| 23. | Sg3–f5 | Ta8–a6 |
| 24. | Sh2–g4 | Ta6–g6 |

Die Springer stehen sehr schön, aber der schwarze Turm überdeckt alle bedrohten Felder im Umfeld um seinen eigenen König.

25. b2–b3

Ein Abwartezug. Die weißen Figuren sind hervorragend aufgestellt, aber es ist nicht ganz klar, wie man die Stellung weiter verstärken soll.

25.	...	Le7–d8
26.	Sg4–f2	

Es ist notwendig zum Rückzug zu blasen. Die weißen Bauern auf der e-Linie sind zu einer tatsächlichen Schwäche geworden, obgleich sie zunächst noch unverwundbar sind (26. ... De5: 27. Sh6+).

26.	...	De8–c6
27.	e3–e4	Dc6–e8

Auf 27. ... Se4: wäre 28. Dd1 Sd6 29. Sg4 Sb7 gefolgt. Der Springer ist dann zurückgeworfen, und Weiß hat Kompensation für den Bauern. Der Versuch, einen Vorteil mit allem Komfort zu erreichen bringt Kortschnoi in Verlegenheit.

28.	Dh5–d1	Ld8–e7
29.	Dd1–d2	Le7–f8

Schwarz beeilt sich, die Lage zu entspannen, von 29. ... b4 hat er Abstand genommen, offensichtlich wegen der Inbesitznahme der d-Linie durch Weiß.

30.	Dd2×a5	De8×e5
31.	Da5×b5	Tg6–e6
32.	Db5–b8	

Weiß hat gefährliche Drohungen aufgefahren – Sg4 und bei Gelegenheit Sgh6+.

32.	...	h7–h5

Genauer war 32. ... Te8, aber Schwarz versucht, seine Verteidigungsprobleme auf kategorische Weise zu lösen, indem er das Feld g4 unter Kontrolle nimmt.

33.	Db8–d8	g7–g6?

Das Finale dieser Partie ist Kortschnoi, der in der offenen Variante der Spanischen Partie schon mehrmals ausgefallene Ideen vorgeführt hat, jedenfalls nicht gelungen. Tal zaubert eine elegante Kombination mit Damengewinn aufs Brett. Nach 33. ... Te8 wäre die Begegnung mit großer Wahrscheinlichkeit friedlich zu Ende gegangen.

34.	Sf5–h6+	Kg8–g7
35.	Sf2–g4!	

Die Tal'sche Kavallerie stürmt darauf los!

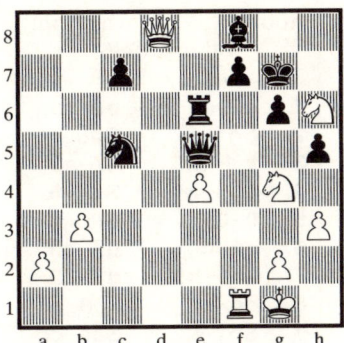

35.	...	h5×g4
36.	Tf1×f7+	Kg7×h6
37.	Dd8×f8+	Kh6–g5
38.	h3–h4+!	Kg5×h4
39.	Df8–h6+	

Weiß versäumt die Gelegenheit, einen noch hübscheren Partieschluß herbeizuführen: 39. Th7+ Kg5 40. Dh6+ Kf6 41. Dh4+ Dg5 42. Tf7+. Eine studienhafte Flugbahn der weißen Dame.

39.	...	De5–h5
40.	g2–g3+	Kh4×g3
41.	Dh6–f4+!	

Fehlerhaft wäre 41. De3+ Kh4 42. Tf2 g3 43. Kg2 Dg5.

41.	...	Kg3–h4
42.	Df4–f2+	g4–g3
43.	Tf7–f4+	Kh4–g5
44.	Df2×g3+	Kg5–h6
45.	Tf4–h4	

Die Kombination kann man als vollendet betrachten, das weitere ist allzu einfach.

45.	...	Te6×e4
46.	Th4×h5+	Kh6×h5
47.	Dg3×c7	Sc5–e6
48.	Dc7–b7	Te4–e5
49.	a2–a4	Se6–f4
50.	Db7–f3+	Kh5–g5
51.	b3–b4	Te4–e1+
52.	Kg1–f2	Te1–b1
53.	b4–b5	Tb1–b2+
54.	Kf2–e1	Kg5–f5
55.	Df3–c3	Tb2–b4
56.	b5–b6	Sf4–d5
57.	Dc3–c8+	Schwarz gab auf!

Hübner – Kortschnoi
Tilburg 1986

1.	e2–e4	e7–e5
2.	Sg1–f3	Sb8–c6
3.	Lf1–b5	a7–a6
4.	Lb5–a4	Sg8–f6
5.	0–0	Sf6×e4
6.	d2–d4	b7–b5
7.	La4–b3	d7–d5
8.	d4×e5	Lc8–e6
9.	Sb1–d2	Se4–c5
10.	c2–c3	Lf8–e7
11.	Lb3–c2	Le6–g4
12.	Tf1–e1	

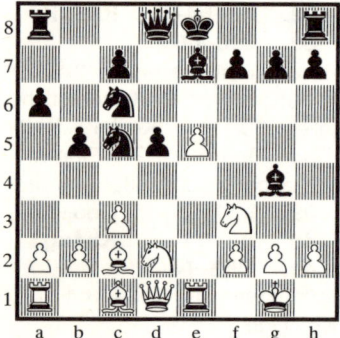

Zu dieser Stellung kann man auf verschiedenen Wegen gelangen. Am häufigsten ergibt sie sich durch folgende Zugreihe: 9. c3 (mit dem Ziel, dem Abtausch des weißfeldrigen Läufers vorzubeugen) 9. ... Sc5 10. Lc2 Lg4 11. Te1 Le7 12. Sbd2. Die Variante hat eine lange Geschichte und eine tiefgründig ausgearbeitete Theorie. Die vorliegende Partie dient dem Ziel, das neueste und interessanteste moderne Material aus einer großen Auswahl zur Vorstellung zu bringen.

12. ...   Dd8–d7

Seltsamerweise ist die Fortsetzung 12. ... d4, zu welcher die Theorie stets eine zustimmende Meinung vertrat, fast gänzlich aus der Praxis verschwunden. Die anderen Möglichkeiten – 12. ... 0–0,

12. ... Lh5 und der Partiezug führen oft zu einer identischen Position. Hier einige Beispielpartien aus den vergangenen Jahren:

12. ... Lh5 13. Sf1 0–0 14. Sg3 Lg6 15. Sf5 Dd7 16. g4 Tfd8 17. S3d4 Sd4: 18. cd Se6 19. Le3 c5 mit hinreichendem schwarzem Gegenspiel (Tipsay – Agzamow, Frunse 1986). In der Partie Kupreitschik – Kaidanow, Kuibyschew, 1986 verliefen die Ereignisse ähnlich: 13. Sf1 Lh5 14. Sg3 Lg6 15. Sf5 Dd7 16. g4 (hier ist wieder die Position, die uns aus der vorigen Partie vertraut ist), und nach 16. ... Tad8 17. h4! Se4 18. Se7:+ Se7: 19. Sh2 Sc5 20. Le3 Se6 21. Lb3 c5 22. h5 Le4 23. h6! liegt die Initiative auf Seiten vom Weiß.

Noch drei weitere wichtige Beispiele:

12. ... 0–0 13. h3 Lh5 14. Sb3 Se4 15. Le4: de 16. Dd8: Tad8: 17. Te4: Td1+ 18. Kh2 f6 mit Kompensation für den Bauern (Michaltschischin – Kaidanow, Kuibyschew, 1986).

12. ... Lh5 13. Sf1 Dd7 14. Sg3 Lg6 15. Sd4 Sd4: 16. cd Se6 17. Le3 c5 18. Sf5 0–0 19. dc Lc5: 20. Lc5: Sc5: 21. Tc1 Lf5: 22. Lf5: Se6 23. Tc3 g6 24. Lg4 Tac8 25. Th3 mit weißem Übergewicht (Short – Garcia, Dubai 1986).

12. ... Lh5 13. Sf1 0–0 14. Sg3 Lg6 15. Le3 Dd7 16. b4 Sa4 17. La4: ba 18. a3 Tfd8 19. Lg5 Te8 20. Le7: Te7: 21. Ta2 Le4 22. Se4: de 23. Dd7: Td7: 24. e6!, und die Chancen von Weiß sind kaum besser (Geller – Agzamow, 52. Meisterschaft der UdSSR, 1985).

13. h2–h3

Es ist interessant zu erwähnen, daß ein Jahr später in der Begegnung eben derselben Spieler (und auch wieder in Tilburg!) die gleiche Position neuerlich auftauchte. Hübner spielte 13. Sf1, und unerwarteterweise endete die Partie mit einer schnellen Vernichtung der schwarzen Stellung: 13. ... Td8 14. Se3 Lh5 15. Sf5 0–0 16. Se7:+ Se7: 17. b4 Sa4? 18. Lh7:+ Kh7: 19. e6. Schwarz gab auf (Dr. Hübner – Kortschnoi, Tilburg 1987).

Wir wollen uns darum bemühen zu erklären, was hier passiert ist. Die Neuerung besteht im Zug 17. b4. In der Partie Geller – Hazai (Sotschi 1982) tauchte nach 17. Le3 Se6 zum ersten Mal in der gegebenen Situation das Läuferopfer auf h7 auf, es folgte: 18. Lh7:+ Kh7: 19. Sg5+ Kg6 20. g4 Lg4: 21. Dg4: Sg5: 22. Dg5:+ Kh7 23. Dh5+ Kg8 24. Lg5! Df5 25. Te3 Td7, und jetzt ergab – wie Geller aufzeigte – 26. Th3! einen außerordentlich starken Angriff.

Anstelle von 17. ... Se6 spielte Schwarz in der Partie Marjasin – Kortschnoi (Zagrab 1987) 17. ... Sa4, und 18. Dd3 Sg6 19. e6 fe 20. Se5 Sb2: 21. Sd7: Sd3: 22. Sf8: Se1: 23. Lg6: Lg6: 24. Sg6: Sc2 25. Se7+ Kf8 26. Sc6 Td6 27. Lc5 Sa1: 28. Sd4 Kf7 29. f4 Sc2 30. Sc2: Tc6 31. Ld4 Tc4 32. Se3 Ta4 33. Kf2 Ta2:+ 34. Ke1 a5 führte zu einem großen schwarzen Stellungsübergewicht.

Keinen besonderen Nutzen hatte Weiß auch von dem Zug 17. Dd4 in der Partie Grünfeld – Kortschnoi (Zagrab 1987): 17. ... Lf3: 18. gf Se6 19. Dh4 Sg6 20. Dg4 d4 21. Le4 Tfe8 22. Dg3 dc 23. bc Sc5 mit gleichem Spiel.

Also läßt sich jetzt etwa daraus folgern, daß der Zug 17. b4 dem schwarzen Aufbau einen schlimmen Schlag versetzt hat?!

Nichts dergleichen. Schon nach einer weiteren Runde demonstrierte Schwarz in der Partie Sokolow – Korschnoi den richtigen Weg zum Ausgleich: 17. ... Se4, und jetzt ist erklärlich, daß 18. Le4: de 19. Dd7: Td7: 20. Sg5 nicht so stark ist wie im Falle von 17. Le3 Se4 – angesichts der entstandenen Schwäche des Bauern c3.

Weiter folgte: 20. ... Lg6 21. e6 Td3 22. ef+ Lf7: 23. Se4: Sd5 24. f3 Lg6 25. Kf2 Te8 26. a4 Le4: 27. Te4: Te4: 28. fe Sc3: 29. ab ab 30. e5 Kf7. Schwarz hat jetzt ein unumstrittenes Übergewicht im

Endspiel angesichts der möglichen Bildung eines Freibauern auf dem Damenflügel und der Schwäche des weißen Bauern e5. Letzten Endes konnte Kortschnoi sein Übergewicht zum Gewinn realisieren.

Ich möchte daran erinnern, daß ich den Zug 13. Sb3 in der 28. Partie des Wettkampfes in Baguio City anwendete. Nach 13. ... Se6 14. h3 Lh5 15. Lf5 Scd8 16. Le3 a5 17. Lc5 a4 18. Le7 De7: 19. Sbd2 c6 20. b4 Sg5 entstand auf dem Brett ein zweischneidiges Spiel.

Als wertvoll erscheint mir die Partie Nunn – Tal, Nestved 1985). In ihr wurde (mit Zugumstellungen) die Stellung nach 15. ... Lg6 (anstelle 15. ... Scd8) erreicht. Es folgt: 16. Sfd4 0–0 17. Lg4! Scd4: 18. cd a5 19. f4 h5 20. Lh5: Lh5: 21. Dh5: a4 22. Sc5 Sc5: 23. dc Lc5:+ 24. Le3 Le3:+ 25. Te3: f5 26. e6 De7 27. Tae1 Tad8 28. g4! d4 29. g5! g6 30. Dg6:+, und nach etwa zehn weiteren Zügen hatte Weiß die Oberhand gewonnen.

13.	...	Lg4–h5
14.	Sd2–f1	Ta8–d8
15.	Sf1–g3	

Nicht gefährlich für Schwarz ist 15. Le3 Se6 16. g4 Lg6 17. Lf5 0–0 18. Sg3 Sa5 19. h4 Sc4 20. Lc1 h6 21. b3 Sb6 22. Le3 c5 23. h5 Lh7 24. Dc2 Lf5: 25. gf d4!, und alle Probleme sind gelöst (Gawrikow – Charitonow, Swerdlowsk 1984).

| 15. | ... | Lh5–g6 |
| 16. | Sf3–d4 | 0–0 |

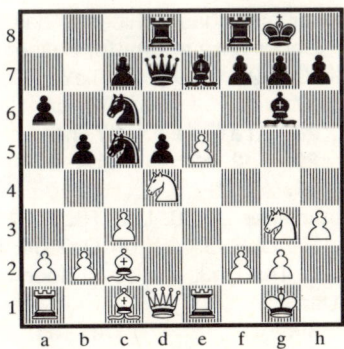

Bis zu diesem Zeitpunkt begegnete man der Fortsetzung 16. ... Sd4: 17. cd Se6 17. Sf5 c5 19. Le3 0–0 (zu unklarem Spiel führt 19. ... Da7 20. Tc1 Lf5: 21. Lf5: cd 22. Ld2 Db6, De Firmian – Agzamow, Vršaž, 1985, freilich könnte Weiß mittels 23. b4 noch um die Initiative kämpfen) 20. Tc1 Tc8 21. dc Lc5: 22. Lc5: Tc5: 23. Sd6 Dc6 24. Lb3 d4 25. Dd2 d3 26. f4 Sd4 27. Tc5: Dc5: 28. Kh2 Sb3: (auch 28. ... Se2 29. Te2: ist für Weiß günstig) 29. ab f6 30. f5, und Weiß hatte Stellungsübergewicht (Koroljow – Biro, Korrespondenzpartie, 1986).

17. Lc2–f5

Vermutlich besser ist 17. Sgf5.

17.	...	Sc5–e6
18.	Lf5–g4	

In der Absicht später den f-Bauern nach vorne zu stoßen, aber aus diesem Vorhaben wird dann nichts.

18.	...	Sc6×d4
19.	c3×d4	c7–c5
20.	Sg3–f5	Dd7–a7
21.	Sf5×e7+	Da7×e7
22.	Lc1–e3	c5×d4
23.	Le3×d4	Td8–c8

Die Initiative ist bereits in den Händen von Schwarz, und Kortschnoi versteht es in solchen Fällen, seinen Vorteil in eine Gewinnstellung umzuwandeln.

24.	Dd1–d2	Tc8–c2
25.	Dd2–e3	De7–b4
26.	Lg4×e6	f7×e6
27.	f2–f3	

Das war nicht das Schicksal, das sich der f-Bauer erträumt hatte; besser war 27. a3 Dc4 28. b3 Dc7 29. Te2.

27.	...	Tf8–c8
28.	Ta1–d1	h7–h6
29.	a2–a3	Db4–e7
30.	Td1–c1	

Hartnäckiger ist 30. Lc3 T8c3: 31. bc Da3: 32. Db6 Lf5 33. g4 De7 34. De3 Dh4 35. Te2 Dg3, und es ist noch nicht alles klar.

30.	...	De7–h4

31.	Tc1×c2	Tc8×c2
32.	Te1–f1	Lg6–f5
33.	Tf1–f2	Tc2–c4
34.	f3–f4	Dh4–h5
35.	Kg1–h2	

Der entscheidende Fehler, unbedingt notwendig war 35. Td2.

35.	...	Dh5–d1
36.	Tf2–d2	Dd1–b1
37.	Ld4–c3	Tc4–e4
38.	De3–f2	Te4–e1
39.	Td2–e2	Te1–h1+
40.	Kh2–g3	Lf5×h3!
41.	g2×h3	Db1–g6+
42.	Kg3–g4	Dg6–f5+

Weiß gab auf, um dem kurzzügigen Matt 43. Dg3 g5+ 44. fg Th3:+ 45. Dh3: Dg5:‡ zu entgehen.

Popović – Timman
Sarajewo 1984

1.	e2–e4	e7–e5
2.	Sg1–f3	Sb8–c6
3.	Lf1–b5	a7–a6
4.	Lb5–a4	Sg8–f6
5.	0–0	Sf6×e4
6.	d2–d4	b7–b5
7.	La4–b3	d7–d5
8.	d4×e5	Lc8–e6
9.	c2–c3	Lf8–c5
10.	Sb1–d2	

Man begegnet auch dem Zug 10. Dd3. So spielte etwa Sokolow gegen Jusupow im Kandidatenfinale (Riga 1986), aber der Springerzug ist logischer.

10.	...	0–0
11.	Lb3–c2	Le6–f5

In der Partie Marović – Jusupow (Tunis 1985) wählte Schwarz eine bekannte Abtauschoperation: 11. ... Sf2: 12. Tf2: f6 13. ef Lf2:+ 14. Kf2: Df6: 15. Sf1 Se5. Jetzt zog sich Weiß zurück mittels 16. Kg1, und Schwarz konnte nach 16. ... Sf3:+ 17. gf Df3: 18. Df3: Tf3: das materielle Gleichgewicht wiederherstellen und allmählich die Initiative übernehmen.

Richtig ist 16. Le3!, was den König kaltblütig in der Fesselung beläßt. In der Partie Zeschkowski – Tschechow, (Rostok 1984) behielt nach 16. ... Tae8 17. Ld4 Dh4+ 18. Kg1 Sf3:+ 19. gf Dg5+ 20. Sg3 Lh3 21. a4! g6 22. ab ab 23. Lf2! Weiß die Initiative.

12. Sd2–b3

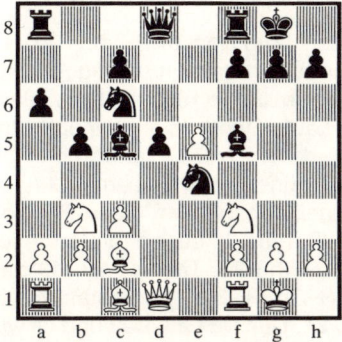

Die kritische Stellung der Variante, die mit der Läuferentwicklung nach c5 verbunden ist. Schwarz hat nun die Wahl zwischen 12. ... Lg4, was in den 70er Jahren populär war, und 12. ... Lg6, was in unserem Jahrzehnt eine weite Verbreitung gefunden hat. In der Partie Morovic – Murey (Saloniki, Schacholympiade 1984) folgte unerwartet (im Geiste der 40er Jahre!) 12. ... Lf2:+ 13. Tf2: Sf2: 14. Kf2: Lc2: 15. Dc2: f6, allerdings erhielt Weiß nach 16. e6 Dd6 17. Le3 De6: 18. Sbd4 Sd4: 19. Sd4: Stellungsvorteil.

12. ... Lf5–g6

Nach 12. ... Lg4 tauschte ich in den früheren Jahren automatisch auf c5. Ich erinnere mich, daß ich auf diese Weise Vorteil bekam in meinen Partien gegen Beljawski und Smyslow (Leningrad 1977). Allerdings ist es Kortschnoi im Match in Baguio City zweimal gelungen, ein gutes Spiel zu erreichen, und danach stellte ich mich auf 13. h3 um.

Da jetzt 13. ... Lf3: 14. gf eine Figur verliert, ist Schwarz dazu gezwungen, seinen Läufer zurückzuziehen – 13. ... Lh5, und nach 14. g4 Lg6 15. Le4: de 16. Sc5: ef 17. Lf4 hat Weiß deutliche Überlegenheit. Wir wollen noch einige Züge aus der 14. Matchpartie Karpow – Kortschnoi (Baguio City 1978) anführen: 17. ... Dd1: (ein erzwungener Abtausch – 17. ... De7 18. Dd5 Sa5 19. b4 Sc4 20. Df3: Se5: 21. Le5: De5: 22. Sd7!) 18. Tad1: Sd8 19. Td7 Se6 20. Se6: fe 21. Le3 Tac8 22. Tfd1 Le4 23. Lc5 Tfe8 24. T7d4 Ld5 25. b3 a5 26. Kh2 Ta8 27. Kg3, und Weiß realisierte sein positionelles Übergewicht. Es scheint, daß im vergangenen Jahrzehnt, d.h. zwischen 1978 und 1988 für Schwarz in dieser Variante keine ausreichende Erwiderung gefunden wurde.

13. Sf3–d4

Nicht selten begegnet man der Fortsetzung 13. a4 Lb6 14. Sbd4 Sd4: 15. Sd4: (van der Wiel – Kortschnoi, Wijk aan Zee 1983) 15. ... Dd7 (schwächer ist 15. ... c5 16. Sc6 Sc3: 17. Sd8: Sd1: 18. Lg6: Tad8: 19. Lf5! mit gefährlicher Initiative) 16. Le3 Sc5 17. a5 La7 18. f4 Lc2: 19. Sc2: f6 20. ef Tf6: 21. Kh1 c6 mit Ausgleich.

13. ... Lc5×d4

14. c3×d4

Im Falle von 14. Sd4: Dd7 15. f4 Sd4: 16. cd f6 besitzt Schwarz befriedigendes Spiel.

14. ... a6–a5

15. Lc1–e3 a5–a4

In einer lange zurückliegenden Partie Karpow – Sawon (Moskau 1971) erhielt Weiß nach 15. ... Sb4? 16. Lb1 a4 17. Sd2 a3 18. Dc1! einen großen Vorteil.

16. Sb3–d2

In der sechsten Partie des Wettkampfes mit Kortschnoi (Meran 1981) zog ich den Springer nach c1 zurück. Nach 16. Sc1 a3 17. b3 f6 18. ef Df6: 19. Se2 Sb4 20. Lb1 De7 21. De1 Tfe8 22. Sf4 Lf7

konnte Schwarz das Spiel in etwa aus-
gleichen (obgleich ich, indem ich mit
23. Sd3! Sd3: 24. Ld3: fortsetzte, dennoch die besseren Chancen erhielt). Anstelle von 17. b3 folgte in späteren Partien 17. ba (17. ... Ta3: 18. Lb3 Sc3
19. Dd2 b4, Ljubojević – Timman,
Bugojno, 1984) bzw. 17. Tb1 (17. ... f6
18. f3 fe 19. fe Tf1:+ 20. Df1: ed 21. Ld2,
Unzicker – Kortschnoi, Beershewa,
1984). In beiden Fällen erhielt Schwarz
gleichwertige Chancen.

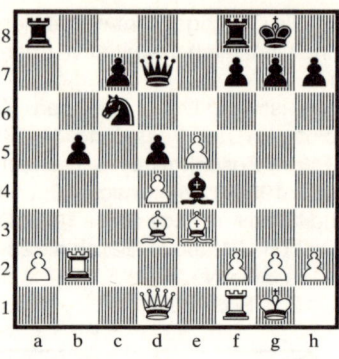

	16.	...	a4–a3
	17.	Sd2×e4	a3×b2
	18.	Ta1–b1	Lg6×e4

Als ich die Begegnung mit Sawon kommentierte, führte ich diese Variante an:
18. ... de 19. Tb2: Se7 20. Tb5: Ta2:
21. Db1 Da8 22. Tc1, und schätzte die
danach entstandene Stellung zugunsten von Weiß ein. Allerdings ergab sich
in einer späteren Partie Iwanow – Jussupow (47. Landesmeisterschaft der
UdSSR, 1979, erste Liga) eine andere
Zugfolge, in welcher Schwarz auf e4 mit
dem Läufer schlug: 18. ... Le4:, und
nach 19. Tb2: Dd7 20. Le4: de 21. Tb5:
Sd4: 22. Tc5 Td8 kam es zum Ausgleich. Seit dieser Zeit gab es das
Schlagen mit dem Läufer auf e4 etwa in
einem Dutzend Partien, und, im Ge-
samtbild erweist es sich als angenehmer für Weiß.
Schließlich konnte Weiß auch in der zur
Kommentierung anstehenden Partie
seinen positionellen Vorteil kunstvoll
realisieren. Seit dieser Zeit wird die angegebene Variante, wie es scheint, auf
Großmeisterebene nicht mehr angewendet.

	19.	Tb1×b2	Dd8–d7
	20.	Lc2–d3	

Diesen Zug (anstelle von 20. Le4:)
wandte erstmals Hübner gegen Kortschnoi im Jahre 1982 an. Der Abtausch
der Läufer fand aber dennoch statt –
20. ... Ld3: 21. Dd3:, aber mit einer für
Weiß günstigeren Bauernstruktur. Die
Gegner behandelten diese Position in
zwei Partien. In der ersten Partie folgte
21. ... Tfb8 22. Tfb1 b4 23. a3 ba 24.
Tb8:+ Tb8:+ 25. Tb8:+ Sb8: 26. Da3:
Dc6 27. De7 Dd7 28. Da3 und es wurde
eine Remisvereinbarung getroffen
(Hübner – Kortschnoi, Chicago 1982),
obgleich nach Überzeugung Hübners
Weiß nach 27. g4 h6 28. f4 Sd7 29. f5
Sb6 30. Lf2 die besseren Chancen behielte. In der zweiten Partie gewann
nach 21. ... b4 22. Ld2 Tfb8 23. Tfb1
Dg4 24. a3 Tb6 25. h3 Dc8 26. Tc2 b3!
27. Tb3: Tb3: 28. Db3: Sd4: Schwarz die
Qualität und schlußendlich auch die
Partie (Hübner – Kortschnoi, Luzern
1982). Aber die Hergabe von Material
war durchaus nicht notwendig, bei ak-
kuratem Spiel ist der Druck von Weiß
recht fühlbar. Als Beweis in allen Einzel-
heiten dient die vorliegende Partie.

	20.	...	Le4×d3

Es geht nicht 20. ... b4 wegen 21. Lb5
Tfb8 22. Tb4: Ta2: 23. Lc6:.

	21.	Dd1×d3	Tf8–b8
	22.	Tf1–b1	

Zum Ausgleich führte 22. Tb5: Tb5:
23. Db5: Se5: 24. Db7 Dc6 25. Dc6:
Sc6: 26. Tc1 Ta6.

22.	...	b5–b4
23.	Tb1–c1	

In der Partie Karpow – Jusupow (Moskau 1983) wurden die Züge 23. h3 h6 eingeschaltet und erst dann folgte 24. Tc1. Zu dieser Partie werden wir noch später zurückkehren.

Sehr schnell endete die Begegnung Popović – Jusupow (Sarajewo 1984): 23. h3 Tb6! 24. Dc2 Tab8 25. Tc1 T8b7 26. Dc5. Remis. Vermutlich ist der Zug 23. Tc1 genauer.

23.	...	Tb8–b6
24.	Dd3–b1	h7–h6
25.	h2–h3	Ta8–a7

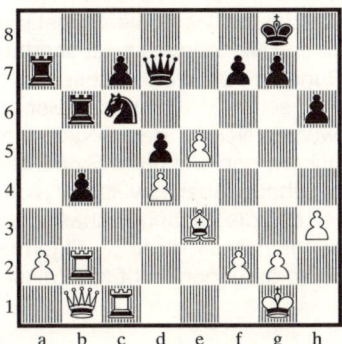

Nach 25. ... Tab8 entstand eine Position aus der oben bereits erwähnten Partie Karpow – Jusupow. Wenngleich Sie dem Leser vermutlich vertraut ist, verdient sie es doch, sie bis zum Ende durchzubesprechen.

26. Tc5 Sd8 27. Tcc2 Sc6

Auf 27. ... Se6 würde 28. f4 mit Bauernsturm folgen, daher kehrt Schwarz mit dem Springer an seinen Platz zurück.

28. Dc1 T8b7 29. Tc5 Se7 30. Kh2 Sf5

Schwarz gibt den c-Bauern her, um das Spiel lebendig zu gestalten; besser war 30. ... Tb5 oder 30. ... c6 mit einer verteidigungsfähigen Stellung.

31. Tbc2 Tg6 32. Tc7: Tc7: 33. Tc7: Db5 34. g4! Sh4 35. Tc8+ Kh7 36. Dd1 Da6 37. Tc2

Die weiße Absicht ist die Durchführung des Manövers Le3–f4–g3; im Falle von 37. ... Da3 38. De2 b3 39. ab Db3: läßt sich die Position verstärken mittels 40. Tc7.

37. ... f5

Es scheint, daß Schwarz für den Bauern ein reichliches Spiel hat, aber das erweist sich als eine bloße Illusion.

38. Kg3! fg 39. Kh4: gh 40. f4

Gefährlich ist 40. Kh3: De6+ 41. Kh2 Df5 mit der Drohung 42. ... De4, jetzt aber kommt der Turm dem König zu Hilfe.

40. ... De6 41. Dh5!

(um nicht 41. ... h5 zuzulassen)

41. ... De7+ 42. Kh3 Df7 43. Th2!

(zur Vorbeugung gegen 43. ... Tg3+ 44. Kh4 Th3+)

43. ... Dd7+ 44. f5. Schwarz gab auf.

Interessant ist, daß nach Abschluß der UdSSR-Landesmeisterschaft, in der diese Partie gespielt wurde, mir und Jusupow gemeinsam der Preis für die schönste Partie verliehen wurde und zwar für unsere gegenseitige Partie. Den Stiftern des Preises war es in besonderem Maße bewußt, daß zur Hervorbringung eines jeden schachlichen Kunstwerkes der gemeinsame Beitrag zweier Autoren gehört.

26.	Tc1–c5!	Sc6–a5!?

Schwarz opfert einen Bauern, um seinen Springer zu aktivieren.

27.	Tb2–b4	Sa5–c4
28.	Tb4–b3	Ta7–b7
29.	Kg1–h2	c7–c6

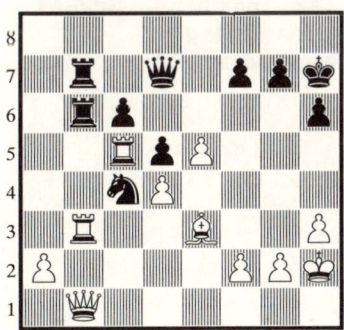

Der Eindruck ist der, als ob Schwarz sich außerhalb jeder Gefahr befindet, zumal doch der unangenehme Turm c5 im wesentlichen aus dem Spielgeschehen ausgeschlossen ist. Allerdings hat der Anziehende einen scharfsinnigen Kunstgriff zur Verfügung, durch den er ihn wieder zum Leben erweckt.

30. Tc5–a5!!

Jetzt hat Weiß einfach einen entfernten Freibauern auf der a-Linie.

30.	...	**Dd7–c8**
31.	**Ta5–a4**	**Dc8–b8**

Freudlos wäre auch 31. ... Tb3: 32. ab Db8 33. Da2.

32.	**Tb3×b6**	**Tb7×b6**
33.	**Db1–f5**	**Db8–b7**
34.	**Le3–c1**	**Tb6–b5**
35.	**Df5–g4**	**Kg8–h7**
36.	**Lc1–a3**	**Kh7–g8**
37.	**La3–c5**	**Sc4–d2**

Rettungschancen gab es noch nach 37. ... Se5:; freilich geht nach 38. Df5 Db8 39. g3 und 40. Ta7 der a-Bauer fast ungehindert voran. In der Zeitnot macht Schwarz einen entscheidenden Fehler.

38.	**Ta5–a7**	**Db7–b8**
39.	**Dg4–f4**	

Den Kampf beendete 39. Dd7 sofort.

39.	...	**f7–f6**
40.	**Df4–g4**	

Es war möglich den Springer zu nehmen, aber Weiß will sich nicht mehr mit Kleinigkeiten aufhalten.

40.	...	**Tb5–b7**
41.	**Ta7×b7**	**Db8×b7**
42.	**e5×f6**	**Sd2–e4**
43.	**Dg4×g7+**	

Schwarz gab auf.

Georgiew – Zeschkowski
Minsk 1985

In den Kommentaren zu einigen Partien will ich jetzt über den gegenwärtigen Stand der Theorie und Praxis des Marshall-Angriffs berichten. Bei mir persönlich ruft diese Variante der Spanischen Partie stets Assoziationen hervor zur Drachenvariante in der Sizilianischen Eröffnung.

Hier wie dort werden die theoretischen Forschungen schon seit vielen Jahren betrieben und vertieft, für Schwarz findet man hier wie dort immer wieder neue und immer neue Ideen, schärfere Fortsetzungen, aber die Statistik über Siege und Niederlagen zeigt unerbittlich zu Gunsten von Weiß. Daher bevorzugen „solide" Schachspieler als Schwarzspieler in der Regel andere, einfachere und sicherere Systeme des Spielaufbaus. Aber es versteht sich von selbst, daß die Anhänger eines scharfen Waffenganges diese allgemeinen Schlußfolgerungen nicht ins Kalkül ziehen.

1.	**e2–e4**	**e7–e5**
2.	**Sg1–f3**	**Sb8–c6**
3.	**Lf1–b5**	**a7–a6**
4.	**Lb5–a4**	**Sg8–f6**
5.	**0–0**	**Lf8–e7**
6.	**Tf1–e1**	**b7–b5**
7.	**La4–b3**	**0–0**
8.	**c2–c3**	**d7–d5**
9.	**e4×d5**	**Sf6×d5**
10.	**Sf3×e5**	**Sc6×e5**
11.	**Te1×e5**	**c7–c6**

Den älteren Fortsetzungen 9. ... e4 (anstelle von 9. ... Sd5:) oder 11. ... Sf6 (anstelle von 11. ... c6) begegnet man heutzutage auf ernsten Turnieren fast gar nicht mehr. Die Tatsache, daß Schwarz in diesen Fällen keine Kompensation für den geopferten Bauern erhält, wurde seit vielen Jahren nicht mehr in Zweifel gezogen.

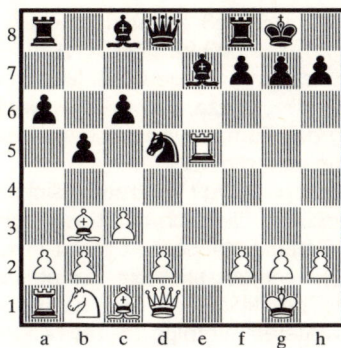

12. d2–d4

Man begegnet auch dem zurückhaltenderen Zug 12. d3, von dem später noch die Rede sein wird.

Der Abtausch 12. Ld5: geriet in den letzten Jahren aus der Mode; aber das ergötzliche Manöver 12. Df1!? kam erst 1985 in der Partie Kapengut – Malanjuk, zur Anwendung. Schon im Vorfeld des gegnerischen Angriffs am Königsflügel zieht Weiß vorbeugend seine Dame dem König zur Seite. Freilich sieht dieser Plan doch etwas gekünstelt aus. 12. ... Ld6 13. Te1 Dh4 14. g3 Dh5 15. d4 Lg4 (gut ist auch 15. ... Lh3). In dieser Position spielte man gewöhnlich: 16. Le3 Tae8 17. Sd2 Te6 18. c4 Se3: 19. Te3: Th6 20. Dg2 c5 mit befriedigendem Spiel für Schwarz. Kapengut hat eine Neuerung angewandt und sofort den Springer entwickelt. 16. Sd2 – Weiter folgte: 16. ... Tae8 17. f3 Lh3 (der Rückgewinn des Bauern spielt in solchen Fällen dem Weißen in die Hände – die Spannung entlädt sich und ihm verbleibt der Vorteil des Läuferpaares) 18. Df2 f5 19. Te8: Te8: 20. c4 Sf4! 21. c5+ (es ist schwierig die Position einzuschätzen, die nach 21. gf Dg6+ 22. Dg3 Te1+ 23. Kf2 De8 24. Se4 Tf1+ 25. Ke2 fe 26. cb+ Kf8 27. Dh3 ef 28. Kd3 De2+ 29. Kc3 entsteht) 21. ... Kf8 22. cd? (der Verlustzug, jetzt war es bereits unumgänglich notwendig, 22. gf! zu spielen – 22. ... Dg6+ 23. Dg3 Te1+

24. Kf2 De8 25. Se4 Tf1+ 26. Ke2 fe 27. Dh3: ef+ 28. Kd3 De2+ 29. Kc3 De1+ 30. Ld2 b4+ 31. Kc4 De2+ 32. Kb4: Dd2:+ 33. Ka3 Lc5:+ 34. dc Da5+ 35. La4 Dc5:+ 36. b4 Dc3+ 37. Lb3 Ta1: 38. Dc8+ Ke7 39. Dc7+ Ke8 mit ewigem Schach) 22. ... Te2 23. d7 Ke7 24. Lc2 Tf2: 25. Kf2: Se6 26. Sb3 Lg4!, und nach weiteren zehn Zügen gab sich Weiß geschlagen.

Bevor wir nun eingehender bei der Besprechung des Zuges d2–d4 bleiben, wollen wir noch an eine aktuelle Partie erinnern, in welcher der Zug Fischers 12. g3 geschah:

Braga – Geller (Amsterdam, 1986): 12. ... Lf6. (Der d-Bauer ist an seinem Ursprungsplatz verblieben und Schwarz organisiert ein Druckspiel gegen den Punkt d4.) 13. Te1 c5 14. d4 Lb7. (Und das ist nun eine Neuerung, nach 14. ...cd 15. cd Lb7 16. Sc3 Sc3: 17. bc steht Weiß kaum besser; jetzt ist aber das Feld c3 besetzt und Weiß bleibt in der Entwicklung zurück.)

15. dc Te8 16. Sd2 Sc3:! 17. bc Lc3: 18. c6. (Geller zitierte diese Variante und zeigte auf, daß nach 18. Tb1 Dd7 der Vorteil auf der Seite von Schwarz liegt.) 18. ... Lc6: 19. Te8:+ De8: 20. Tb1 Td8 21. Dc2. Im Falle von 21. Dh5 (21. Tb2 a5!) gibt es beispielsweise folgende hübsche Variante: 21. ... g6 22. Dg5 De1+ 23. Sf1 De4 24. Dd8+ Kg7 25. f3 Df3: 26. Sc3 Dh1+ 27. Kf2 De1#. 21. ... Ld2 22. Ld2: Le4 23. Lf7:+ Kf7: 24. Db3+ Ld5. Und Schwarz verfügt im Endspiel über einen solchen Vorteil, daß er ihn leicht realisieren konnte.

| 12. | ... | Le7–d6 |
| 13. | Te5–e1 | |

Vielleicht wird sich Schwarz nach dem Rückzug des Turmes nach e2 noch mit größeren Problemen konfrontiert sehen. Ein Überblick über entsprechendes Material erwartet uns in Bälde.

| 13. | ... | Dd8–h4 |
| 14. | g2–g3 | Dh4–h3 |

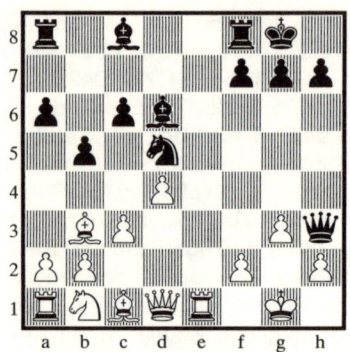

15. Te1–e4!?

Die bekannten Fortsetzungen 15. Ld5: und 15. Dd3 sind für Schwarz nicht gefährlich, und sie wurden daher in jüngster Zeit auch nicht mehr angewendet. Eine klassische Position entsteht nach 15. Le3 Lg4 16. Dd3 Tae8 (der Abtausch 16. ... Se3:, der noch im Jahre 1965 von Geller empfohlen wurde, ist für den Ausgleich unzureichend: 17. Te3: c5 18. Df1 Dh6 19. Sd2 Tad8 20. Sf3 Lf3: 21. Tf3: cd 22. cd Dd2 23. Td3!, und die Aussichten von Weiß sind besser, Fischer – Donner, Santa Monica 1968) 17. Sd2 Te6 18. a4 (am Ende der 70er Jahre hatte man festgestellt, daß nach 18. c4 Lf4! Schwarz hervorragende Chancen bekommt) 18. ... f5 19. Df1 Dh5 20. f4 ba 21. Ta4:. Genau von dieser Stellung aus, die ehedem als Standardposition galt, beginnen die Kommentare zur folgenden Partie...

Bevor wir aber weiter voranschreiten, soll eine neuere Partie Erwähnung finden zum Thema 15. Le3 Lg4 16. Dd3 Tae8 17. Sd2 f5 (anstelle des traditionellen 17. ... Te6). Alles in allem geurteilt gibt das Vorstoßmanöver mit dem Bauern Schwarz hinreichendes Gegenspiel. Wollen wir uns davon überzeugen! Ulmanis – Van der Hajden (Korrespondenzpartie, 1986): 18. f4 Kh8 19. Ld5: cd 20. Df1 Dh5 21. a4 ba! Die „Enzyklopädie" betrachtet als Hauptvariante: 21. ... g5 22. ab ab 23. Ta6 gf 24. Lf4:

Lf4: 25. Te8: Te8: 26. Df4: Te1+ 27. Sf1 De8 28. Tb6 Lh3 29. Tb8 Tf1:+ 30. Df1: mit weißem Übergewicht (Ramirez – Velasquez, Nizza, 1974). Die Weglenkung des Turmes von der ersten Reihe ändert aber die Sache.

22. Ta4: g5 23. fg? Weiß stürzt sich in ein Abenteuer, das sich nicht auszahlt. In der Partie Schlosser – Nunn (Krefeld 1986), einigten sich die Partner nach dem Zurückweichen des Turmes und der weiteren Zugfolge 23. Taa1 a5 24. fg f4 25. Lf4: auf ein Remis.

23. ... Te3:! 24. Te3: f4 25. gf Lf4: 26. Tg3 De8! (auch hier wirkt sich die Anwesenheit des Turms auf dem Feld a4 aus; natürlich hat es keinen Sinn den Damengewinn sofort vorzunehmen: 26. ... Le3+ 27. Te3: Tf1: 28. Sf1:) 27. Tg4: Le3+ 28. Kg2 Tf1: 29. Sf1: Lc1! 30. Ta5 De2+ 31. Kg3 Df1:, und Schwarz gewann die Partie.

15. ...   g7–g5
16. Dd1–f1

Schwächer ist 16. Df3 Lf5 (16. ... f5 17. Te5!) 17. Lc2 Le4 18. Le4: De6 19. Lg5: (19. Lf5 De1+ 20. Kg2 Dc1: 21. Sa3 Dd2 22. Td1 Se3+) 19. ... f5 20. Ld3 h6 21. Lh4 Ta7! 22. Sd2 Tg7 23. Kf1 f4 mit bei Schwarz befindlicher Initiative.

16. ...   Dh3–h6

Eine Neuerung, aber kaum eine glückliche. Der Tausch der Damen überließe Schwarz angenehmes Spiel.

17.	**f2–f3**	**Kg8–h8**
18.	**Sb1–d2**	**Lc8–h3**
19.	**Df1–e1**	**Sd5–f4**
20.	**Sd2–f1**	

Nach 20. gf gf 21. Kh1 Tg8 22. Te2 Dg7 23. Df2 Le7 droht unangenehm Lh4.

20.	**...**	**Dh6–g7**
21.	**De1–f2**	**Sf4–d3**
22.	**Df2–d2**	**Sd3×c1**
23.	**Ta1×c1**	**f7–f5**
24.	**Te1–e6**	

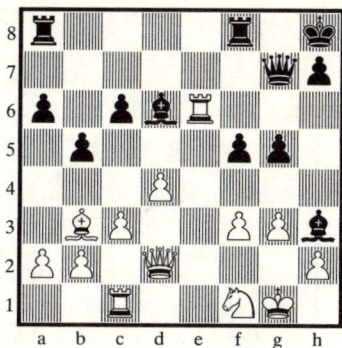

Die Stellung hat sich geklärt. Die Initiative ist auf Seiten von Weiß.

24. ... Ta8–d8

Schlecht ist 24. ... Lf4 – 25. gf gf+ 26. Sg3 fg 27. Th6 gh+ 28. Kh2: Lg2 29. Tg1 f4 30. Th3!.

25.	Tc1–e1	c6–c5
26.	Dd2–f2	c5×d4
27.	Df2×d4	Dg7×d4
28.	c3×d4	Kh8–g7
29.	Te1–c1	Tf8–e8
30.	Kg1–f2	f5–f4
31.	Te6×e8	Td8×e8
32.	Sf1–d2!	

Zu schwarzem Vorteil würde 32. Tc6? Lb4 führen. Jetzt aber strebt der Springer ins Zentrum, und die schwarzen Aktien stürzen in den Keller.

32.	...	Lh3–f5
33.	Lb3–d5	Te8–c8
34.	Tc1×c8	f4×g3+
35.	h2×g3	Lf5×c8
36.	Sd2–e4	Ld6–e7
37.	g3–g4	a6–a5
38.	Ld5–c6	b5–b4
39.	Kf2–e3	Le7–d8?
40.	Se4–c5	Kg7–f6?

In Zeitnot machte Schwarz eine Reihe von Fehlern.

41.	Lc6–d7!	Lc8×d7
42.	Sc5×d7+	Kf6–e6
43.	Sd7–c5+	Ke6–d5
44.	Sc5–e4!	h7–h6
45.	Se4–g3	Kd5–c4
46.	Sg3–f5	b4–b3

47.	a2–a3	a5–a4
48.	Ke3–e4	Ld8–c7
49.	Sf5–e3+	Kc4–b5
50.	Se3–d5	Lc7–d6
51.	Sd5–c3+	Kb5–a5
52.	Ke4–d5	Ld6–f8
53.	Kd5–c6	Lf8–g7
54.	Sc3–b5!	Ka5–a6
55.	Kc6–c5	Lg7–f8+
56.	Sb5–d6	Schwarz gab auf.

Prandstetter – Blatny
Meisterschaft der CSSR, 1986

1.	e2–e4	e7–e5
2.	Sg1–f3	Sb8–c6
3.	Lf1–b5	a7–a6
4.	Lb5–a4	Sg8–f6
5.	0–0	Lf8–e7
6.	Tf1–e1	b7–b5
7.	La4–b3	0–0
8.	c2–c3	d7–d5
9.	e4×d5	Sf6×d5
10.	Sf3×e5	Sc6×e5
11.	Te1×e5	c7–c6
12.	d2–d4	Le7–d6
13.	Te5–e1	Dd8–h4
14.	g2–g3	Dh4–h3
15.	Lc1–e3	Lc8–g4
16.	Dd1–d3	Ta8–e8
17.	Sb1–d2	Te8–e6
18.	a2–a4	f7–f5
19.	Dd3–f1	Dh3–h5
20.	f2–f4	b5×a4
21.	Ta1×a4	

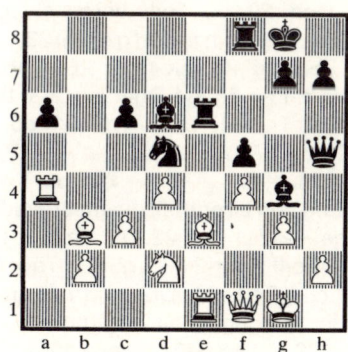

Soweit also ist die Erforschung des Marshall-Angriffs schon fortgeschritten. Man kann auf dem Brett über 20 Züge ausführen und braucht darüber nicht ein einziges Wort zu verlieren.

Anstelle des letzten Zuges hat sich Weiß in einigen Fällen nicht mit dem Wegnehmen auf a4 beeilt, sondern 21. Ld5: cd 22. Dg2 gespielt. Hier eine der neuesten Illustrationen zu dieser Spielweise:

Zeschkowski – Agapow (Kiew, 1984): 22. ... Tfe8 23. Dd5: Kh8 24. Lf2 Le2. Hier begegnet man auch der Möglichkeit 25. Kg2 oder der Zugfolge 25. Ta4: Lf4:! 26. gf Lc4 27. Tc4: (27. Dc4: Dg4+ 28. Kh1 Te1:+ mit Ausgleich) 27. ...Te1:+ 28. Le1: Te1:+ 29. Sf1 Tf1:+! 30. Kf1: Dd1+ mit Remis. Weiß hat eine Neuerung angebracht, welche sich als nicht glücklich erwies.

25. Sc4 (Die Überführung des Springers nach e5 sieht verführerisch aus, aber die damit einhergehende Schwächung des Punktes f3 hat sehr große Bedeutung.) 25....Lc7 (Gut ist auch 25....Lf4: 26. Te2: Te2: 27. gf Tf2: 28. Kf2: Dh2:+ 29. Kf1 a3!) 26. Se5 Le5: 27. Te2: (effektvoll endet der Kampf nach 27. de Lf3 28. Dc4 Dh2:+!) 27. ... De2: 28. de Db2: 29. Ta4: Dc3: 30. Tc4 Da1+ 31. Kg2 h6 32. Dd3 Da2 33. Tc7 Tb6 34. Tc2 Tb2 35. Tb2: Db2: 36. Da6: Dc2, und Schwarz gewann schnell.

Anstelle von 22. ... Tfe8 hat Mazukewitsch 22. ... Te4! vorgeschlagen. 23. Ta4: (23. Se4: fe und g7–g5) 23. ... g5 24. Ta6: gf 25. Se4: fe 26. Td6: fe 27. Te3: Lh3 28. g4 Dh4 29. Dh3: Df2+ 30. Kh1 Ta8 31. Td8:+ Td8: 32. g5 Ta8 33. De6 Kg7 mit Remis.

21. ...   Tf8–b8

Ein Zug von Lilienthal, die theoretischen Wege – 21. ... Tfe8 22. Df2 Kh8 23. Ld5: cd 24. c4! oder 21. ... g5 22. Ta6: Kh8 23. Lc6:! Se3: 24. Df2 sind mit großer weißer Überlegenheit verbunden.

22. Lb3×d5   c6×d5

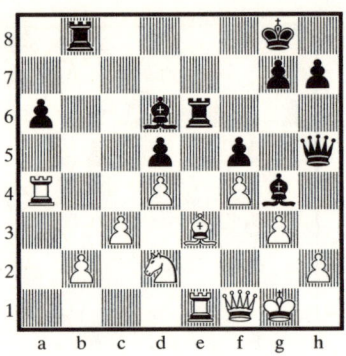

In dieser Stellung folgte der neue Zug 23. Ta6:. Aber bevor wir weiter voranschreiten, lohnt es sich, bei der gut bekannten Fortsetzung 23. Dg2 De8 24. Dd5: Kh8 25. Kf2 innezuhalten. Einige Eröffnungswerke machen hier folgende Angabe: 25. ... g5 26. Ta6: Tb2: 27. Ta2 gf 28. gf Ta2: 29. Da2: Lf4: 30. Sf1 Te4 mit reichlich Spiel für Schwarz. Die „Enzyklopädie" empfiehlt 27. Ta8, was mittels 27. ... Lb8! widerlegt wird – Schwarz vermeidet den Turmtausch, entrinnt der Fesselung in der 6. Reihe und behält alle seine Drohungen aufrecht. Allerdings hat Weiß die logischere Fortsetzung 27. Da8! Tb8 28. Dc6!.

Jetzt kommt es nach 28. ... gf zu einem forcierten Spiel – 29. De8+ Tbe8: 30. gf Le7 31. Te6: Lh4+ 32. Kg2 Te6: 33. d5 Le1: 34. de Ld2: 35. Ld2:, welches zu einer Stellung mit ungleichfarbigen Läufern aber mit zwei weißen Mehrbauern führt. Auch nicht besser ist 28. ... Dh5 – 29. h3! Dh3: 30. Dg2 gf 31. Dh3: Lh3: 32. gf Tg8 33. Ke2 Tge8 34. Kf2 Tg6 35. Th1 und Weiß gewann (Popolitow – Truschakow, UdSSR, Korrespondenzpartie 1980-1981).

Ist nun also die Stellung aus dem vorausgehenden Diagramm nach 23. Dg2 für Weiß von Vorteil?

Nein, so ist es nicht. Die Eröffnungsmonographien haben einfach unverdienterweise die sich anbietende Möglichkeit 25. ... Tb2: (anstelle von 25. ... g5) außer Betracht gelassen. Die weiteren Ereignisse könnten sich folgendermaßen entwickeln: 26. Ta2 Ta2: 27. Da2: g5 28. d5! [In der Partie Tschiburdanidse – Zeschkowski (Taschkent, 1980) einigten sich die Partner nach 28. Sc4 gf 29. Sd6: fe+ 30. Te3: Dh5 31. De6: Dh2:+ 32. Kf1 Dh1+ auf Remis.] 28. ... Te3:! 29. Te3: Lc5 30. Sf1

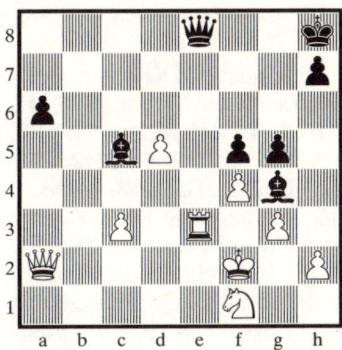

Bis vor sehr kurzer Zeit wurde auch diese Stellung als für Weiß günstig angesehen: 30. ... De4 31. Dd2 gf 32. gf Df4:+ 33. Kg2 Le3: 34. De3: De3: 35. Se3: usw. Allerdings muß Schwarz kein Tempo für den Damenzug nach e4 verlieren, womit er dem Gegner nur die Möglichkeit zur Stabilisierung der Stellung einräumt. Viel besser folgt an dieser Stelle 30. ... Lh3! (eine Empfehlung Fridsteins), was den Weißen vor ernste Probleme stellt. Offensichtlich das beste für ihn ist 31. Da6: Lf1: 32. Df6+ mit forcierter Herbeiführung eines ewigen Schachs.

Demnach führt also die Idee Lilienthals 21. ... Tb8 nach der Antwort 22. Ld5: cd 23. Dg2 zu ausgeglichenem Spiel, was offensichtlich, vom theoretischen Standpunkt aus gesehen für Schwarz als angenehm zu betrachten ist. Aber auch die Versuche, das Spiel mit Hilfe des Schlagens des Bauern a6 zu verstärken erwiesen sich als erfolglos.

| 23. | Ta4×a6 | Tb8–e8! |

Jetzt aber ist es schlecht, den Bauern auf b2 zu schlagen: 23. ... Tb2: 24. Dg2 De8 25. Dd5: Kh8 26. Sc4!

24. Df1–f2

Die besseren Aussichten liegen auch nach 24. Dg2 Te3: 25. Te3: Te3: 26. Dd5:+ Df7 27. Df7:+ Kf7: 28. Td6: Te1+ 29. Sf1 Lh3 30. Kf2 Tf1:+ 31. Ke3 bei Schwarz.

24.	...	g7–g5
25.	Ta6×d6!	Te6×d6
26.	f4×g5	Td6–e6
27.	h2–h4?	

Erlaubt Schwarz die Einleitung einer entscheidenden Offensive. Richtig war 27. Df4 Lh3 28. Kf2 Te4 29. Se4: fe 30. Kg1 Tf8 31. g4 Lg4: 32. De5 Df7 33. Dg3 mit vermutlichem Remis.

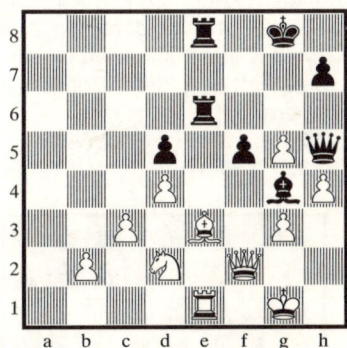

| 27. | ... | f5–f4! |
| 28. | g3×f4 | |

Es geht nicht 28. Df4: Tf8 29. Dc7 De8, und Schwarz behält die Oberhand.

28.	...	Lg4–h3!
29.	Sd2–f1	Lh3×f1
30.	Kg1×f1	Dh5–g4
31.	Le3–d2	Te6×e1+
32.	Ld2×e1	Dg4–h3+
33.	Kf1–g1	Dh3–e6
34.	Kg1–f1	De6–e4
35.	Df2–d2	De4–f3+
36.	Le1–f2	Te8–e4!
37.	g5–g6	h7–h5
38.	c3–c4	Te4×f4
39.	Dd2–e1	Df3–h3+

Weiß gab auf.

Ivanow – Agapow
Kiew 1984

1.	e2–e4	e7–e5
2.	Sg1–f3	Sb8–c6
3.	Lf1–b5	a7–a6
4.	Lb5–a4	Sg8–f6
5.	0–0	Lf8–e7
6.	Tf1–e1	b7–b5
7.	La4–b3	0–0
8.	c2–c3	d7–d5
9.	e4×d5	Sf6×d5
10.	Sf3×e5	Sc6×e5
11.	Te1×e5	c7–c6
12.	d2–d3	

Der bescheidene Zug mit dem d-Bauern (Weiß verstärkt den Punkt e4, und das Feld d4 ist für alle Fälle dem Turm überlassen) kann kaum stärker sein als das normale d2–d4. Nur dank der augenblicklichen Mode konkurriert dieser alte Zug ernsthaft mit dem Doppelschritt des Bauern.

12.	...	Le7–d6
13.	Te5–e1	

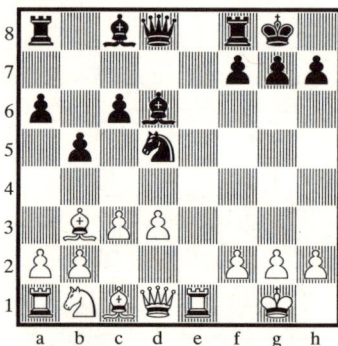

13.	...	Dd8–h4

In der Theorie wird die Rolle der Hauptvariante folgender Zugfolge zugebilligt: 13. ... Lf5 14. Ld5: (14. Df3 Te8 15. Te8:+ De8: 16. Ld2 Sf4 17. Lc2 Td8, und Schwarz hat das bessere Spiel, Whitaker – Harding, Korrespondenzpartie, 1977) 14. ... cd 15. Sd2 (und jetzt bringt 15. Df3 für Weiß nichts ein: 15. ... Te8 16. Ld2 Dd7 17. h3 Lc7 18. Sa3 Dd6 19. g3 Lh3, Saizew – Adorjan, Polanica Zdroj, 1970) 15. ... Ld3 16. Sf1 Lg6 17. Dd4 Tc8 18. Le3 b4 19. Tad1 bc 20. bc Lb8 21. Dd5: Dd5: 22. Td5: Tc3: mit ausgezeichnetem Spiel für Schwarz. Interessanter ist sofortiges 14. Sd2, und nach 14. ... Sf4! 15. Se4 (15. d4 Sg2:!) 15. ... Sd3: 16. Lg5 Dd7 17. Sd6: Dd6: 18. Lc2 gleichen sich die Spielchancen aus.

Hier ist eines der jüngsten Beispiele: Georgiew – Nunn (Dubai, 1986): 17. Te3 Le4: 18. Te4: Tae8 19. Dg4 Dg4: 20. Tg4: Le5 21. Tb1 h5 22. Th4 Sb2: 23. Le3 Sd3 24. Td1 Sb2 25. Tb1 Sd3. Remis.

In den Partien der letzten Jahre hat Schwarz in aller Regel auf 13. ... Lf5 verzichtet. Möglicherweise hatte sich Schwarz jeweils zum Ziel gesetzt das zaghafte Spiel des Gegners auszunutzen und ernsthaft um die Initiative zu kämpfen...

In der Partie Popović – Velimirović (Bor, 1985) spielte Schwarz 13. ... Ta7!?. Nach 14. Sd2 Sf4 15. Se4 Sd3: 16. Lg5! Le7 (16. ... Dd7 17. Te3) 17. Le7: Te7: 18. Te3 (18. Sf6+ Kh8!) 18. ... Td7 19. Dh5! erhielt Weiß einen gewinnbringenden Angriff.

14.	g2–g3	Dh4–h3

Diese Stellung ist in der Praxis mitunter auch durch eine andere Zugreihenfolge entstanden, zum Beispiel: 12. g3 Ld6 13. Te1 Dd7 14. d3 Dh3.

15.	Te1–e4	Dh3–f5
16.	Sb1–d2	

Im Falle von 16. Th4 Lb7 17. Lc2 De6 18. c4 Sb4 19. c5 Sc2: 20. Dc2: f5! oder 16. Lc2 Dg6 17. Df1 f5 18. Te1 f4 hat Schwarz ein klares Stellungsübergewicht zu verzeichnen.

16.	...	Df5–g6

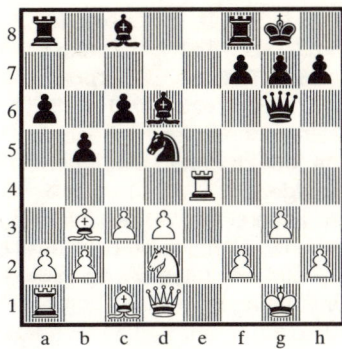

Es geht nicht 16. ... Sf6 17. Te1 Dd3:
18. Se4!. Die Diagrammstellung wurde
zu einer Standardstellung (quasi einer
modernen Tabije) für die Variante mit
12. d3. Weiß hat nun die Wahl zwischen
17. Sf1 und 17. Te1 mit Überführung
des Springers nach e4.
Timman – Dr. Hübner (Tilburg, 1985):
17. Sf1. (Dieser Zug wurde zuerst in dieser Partie angewandt.) 17. ... f5.
[Schwächer ist 17. ... Lf5 18. Ld5: cd
19. Td4 (jetzt ist das freie Feld d4 ebenfalls günstig) 19. ... Lc5 (19. ... Le6
20. Se3 Lc5 21. Sd5: und auf 21. ... Ld4:
folgt der Zwischenzug 22. Sf4) 20. Td5:
Lg4 21. Dd2 Dc6 22. Dg5 Lh3 23. Se3
Le3: 24. Le3: h6 25. Dh5 g6 26. De5, und
Weiß hat ein deutliches Übergewicht.
Aber nach Meinung Hübners ist 17. ... Sf6
18. Te1 Lg4 19. f3 Lf5 20. d4 c5 21. dc
Lc5: 22. Le3 Tad8 23. De2 besser. Aber
auch jetzt sind die weißen Chancen besser. Es verdient Beachtung: 17. ... h5!?
18. a4 Lg4 19. De1 Sf6 20. Te3 Tae8
21. ab ab 22. d4 h4 mit scharfem Spiel
(Kuzmin – Schulman, Spartakiade der
Völker der UdSSR, 1986).]
Wir wollen noch einige Züge aus der
Partie Timman – Hübner betrachten.
18. Td4. Wieder profitiert Weiß davon,
daß das Feld d4 nicht besetzt ist, aber
dies ist auch der einzige Zug, denn nach
18. Te1 f4 19. c4 fg 20. fg Lg4 hat
Schwarz Vorteile zu verzeichnen.

18. ... f4 (nach 18. ... Lb7 und 18. ... Le6
folgt 19. c4) 19. Td5: cd 20. Ld5:+ Le6
21. La8: Ta8: 22. Df3 Tf8 23. De4 Lf5
24. Dd5+ Kh8 25. a4 b4? (Hübner führt
die Variante 25. ... Ld3: 26. ab Le4
27. Dd4 fg 28. Sg3: Lg3: 29. fg ab
30. Lf4 h5 31. Dd6 an, die zum Ausgleich führt) 26. cb fg 27. hg Lb4:
28. Ld2 Ld2: 29. Sd2: Ld3: 30. Ta3,
und es entstand ein Endspiel, in welchem Schwarz für den Bauern keine
Kompensation bekam. In der Tat rettet Hübner dank gegnerischer Ungenauigkeiten noch ein Remis.
Jetzt kehren wir zur eigentlichen Hauptpartie zurück, die die zweite, wenn auch
kaum die beste Möglichkeit illustriert.

17. Te4–e1   f7–f5
Die letzte Neuerung im Marshall-Angriff,
aber keine sehr glückliche, wendete
Malanjuk gegen Smagin an (Kiew 1986):
17. ... Lc7. Nach 18. Sf3! Lg4 19. Sh4
Dh5 20. f3 Lh3 21. De2 Tad8 (genauer ist
21. ... Kh8 mit dem Ziel den f-Bauern zu
bewegen, freilich kann auch in diesem
Falle die Aktivität von Schwarz den her-
gegebenen Bauern nicht kompensieren)
22. d4 f5 23. f4, und Schwarz fand nichts
Besseres als den Damentausch mittels
23. ... De2: 24. Te2: Tfe8, es folgte
25. Te8:+ Te8: 26. Kf2 Lg4 27. Le3!, und
alles weitere war, wie man zu sagen
pflegt, eine Sache der Technik.
Es rechtfertigte sich auch nicht der Zug
17. ... Lb7 – 18. Sf3! Tfe8 19. Te8:+ Te8:
20. Sh4 Df6 21. Ld2 b4 22. Df3 Df3:
23. Sf3:, und die Chancen von Weiß
sind höher (Hjartarson – Hebden, London, 1986).

18. c3–c4
Nach 18. Se4 fe 19. de Lg4 20. Dd4 Dh5
21. ed c5! liegen die Vorteile auf der
Seite von Schwarz.

18.	**...**		**f5–f4**
19.	**Sd2–e4**		**f4×g3**
20.	**f2×g3**		**Lc8–g4**
21.	**Dd1–c2**		**b5×c4**
22.	**d3×c4**		

Aufmerksamkeit verdiente 22. Dc4:, jetzt aber entwickelt Schwarz einen entscheidenden Angriff.

22. ...   Ta8–e8!

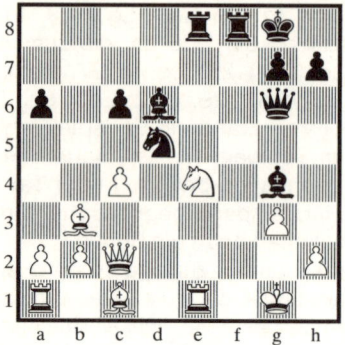

Zwei Jahre später fand die Partie Smagin – Hebden (Moskau, 1986) statt, in welcher Schwarz das Figurenopfer nicht wagte und 22. ... Lb4 spielte. Wenn man gelesen hat, daß in der zur Betrachtung stehenden Partie Schwarz nach 22. ... Tae8 einen schnellen und effektvollen Sieg erzielte, bleibt es ein Rätsel, warum einerseits Weiß das nochmalige Zustandekommen dieser Position zuließ und warum andererseits Schwarz vom Zug 22. ... Tae8 Abstand nahm. Die Partie endete folgendermaßen:

23. Ld2 Sf4 24. Lf4: Le1: 25. Te1: Lf5 26. Dg2 Tfe8 (hartnäckiger ist 26. ... Tae8) 27. Lc2 Te6 28. g4 Lg4: 29. Tf1 Le2 (29. ... Lh3 30. Dg6: Tg6:+ 31. Sg3 Lf1: 32. Lg6: Lc4 33. Lb1) 30. Sg5! Lf1: 31. Lg6: Lg2: 32. Lf7+ Kf8 33. Le6 Ke7 34. Kg2 h6 35. Lg4 hg 36. Lg5: Kd6 37. b4. Schwarz gab auf.

23. c4×d5   Lg4–f3!

Es wird klar, daß Schwarz die Figur zurückbekommt unter Beibehaltung aller Vorzüge seiner Stellung.

24. d5×c6+

Es hilft nichts 24. Lf4 Lf4: 25. Dc6: Dh5 26. d6+ Kh8 27. d7 Dh3! (27. ... Te4: 28. Dc8!) 28. Dc2 Dd7 29. gf Te4:!

24.	...	Kg8–h8
25.	Lc1–d2	Te8×e4
26.	Te1×e4	Lf3×e4
27.	Dc2–c3	Dg6–f5

Weiß überschritt hier die Bedenkzeit, er konnte jedoch ohnehin ruhigen Gewissens aufgeben.

In den angemerkten Beispielen zur besprochenen Partie kann der Leser eine Reihe von Partien finden, die in jüngster Zeit ausgetragen wurden.

Allerdings hat auch die ausgewählte Partie, die schon mehr als drei Jahre zurückliegt nichts von ihrer Aktualität eingebüßt, wie Sie gesehen haben werden.

Beljawski – Malanjuk
Minsk 1984
54. Meisterschaft der UdSSR

1.	e2–e4	e7–e5
2.	Sg1–f3	Sb8–c6
3.	Lf1–b5	a7–a6
4.	Lb5–a4	Sg8–f6
5.	0–0	Lf8–e7
6.	Tf1–e1	b7–b5
7.	La4–b3	0–0
8.	c2–c3	d7–d5
9.	e4×d5	Sf6×d5
10.	Sf3×e5	Sc6×e5
11.	Te1×e5	c7–c6
12.	d2–d4	Le7–d6
13.	Te5–e2	

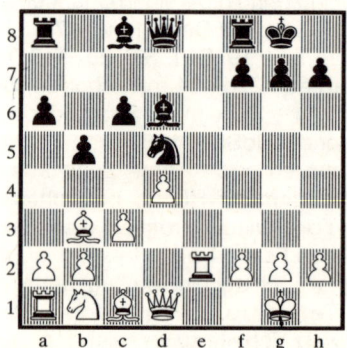

Wie schon angemerkt wurde, verdrängt der Rückzug des Turmes nach e2 derzeit den traditionellen Zug Te5–e1 und er wird anscheinend fast als eine Widerlegung des Marshall-Angriffs betrachtet. Und doch ist es erst gerade einige Jahre her, daß man in den Eröffnungsfachbüchern diesem Zug nur zwei Zeilen gewidmet hat. Die Absicht des Turmmanövers ist verständlich – Weiß spart ein Tempo ein bei der unabdingbaren Überführung der Dame nach f1 (jetzt in einem Zug möglich Dd1–f1, ansonsten in zwei: Dd1–d3–f1). In den Kommentaren zu dieser Partie beleuchten wir den gegenwärtigen Forschungsstand hinsichtlich dieser Variante, die mit dem Zug Te2 eingeleitet wird.

13. ...   Dd8–h4
Man trifft auch den Zug 13. ... Lg4 an; und weiter folgt dann 14. f3 Lh5 15. Ld5: (15. Sd2 Sf4 16. Tf2 Sd3 17. Te2 Sf4 Remis, in der Partie Eddy – Littlewood, London, 1983) 15. ... cd 16. Sd2 Dc7 (16. ... Dh4 17. Sf1 Tae8 18. Le3, und die schwarze Initiative kommt zum Erliegen) 17. Sf1 Tfe8 18. Le3 Dc4 19. a4. Diese Stellung entstand in der Partie van der Sterren – Payne (Brüssel, 1984). Nach 19. ... Lg6 erhielt Schwarz eine bestimmte Kompensation für den Bauern, aber auch Weiß kann zufrieden sein, denn seinem Königsflügel droht ganz und gar nichts.

14. g2–g3   Dh4–h5
Zum Zug 14. ... Dh3 muß man die Partie Sokolow – Chalifman (Sotschi 1982) anführen: 15. Sd2 (zu unklarem Spiel führt 15. Df1 Dh5 16. f3 Lh3 17. Df2 f5 18. Sd2 Tae8 19. Te8: Te8: 20. Sf1) 15. ... Lf5 16. Lc2 Lc2: 17. Dc2: f5 18. f4 Dg4 19. Sf1 Lf4: 20. Tf2 Ld6 21. c4 bc 22. Dc4: f4 23. Dc6: De6 24. Lf4:, und der Vorteil lag auf der Seite von Weiß.

15. Sb1–d2
Nichts ergibt für Weiß 15. Te4 Dg6 16. Lc2 f5 (oder 16. ... Lf5 17. Te2 Tae8 18. Le3 Lc2: 19. Dc2: Dc2: 20. Tc2: Se3:)

17. Te2 Dh5 18. Sd2 f4 mit verwickeltem Spiel (Elmes – Romanenko, Korrespondenzpartie, 1981).

15. ...   Lc8–h3
Zu gleichem Spiel führte 15. ... Lg4 16. f3 Lf3: 17. Sf3: Df3: 18. Df1 Dg4 19. Ld2 Tfe8 (Balaschow – Zeschkowski, Meisterschaft der UdSSR, 1980/81). Allerdings ist 18. Tf2 De4 19. Df3 (nicht so klar ist 19. Lc2 De6 20. Dd3 g6) 19. ... Tae8 20. Ld2 Sf6 21. Te1 stärker. Die Chancen von Weiß sind besser (Sax – Nikolić, Plowdiw, 1983). Wie wir wissen ist Weiß daran interessiert, um den Preis seines Mehrbauern die Lage auf dem Brett zu vereinfachen unter Erhalt seines Läuferpaares.

16. f2–f3
In der Partie Psachis – Geller (Sotschi, 1982) folgte 16. Te1? (wenn Weiß den Turm auf die Grundlinie zurückziehen wollte, dann sollte er es besser nach dem eingeschalteten Zwischenzug 16. Te4 Dg6 tun) 16. ... Tae8! Jetzt wächst der schwarze Druck augenscheinlich. 17. f3 f5! 18. c4 Se3! (vor Opfern wird nicht zurückgeschreckt) 19. c5+ Kh8 20. Te3: Te3: 21. cd f4! 22. Se4 (22. Kf2 Lg4! 23. gf Tfe8) 22. ... Tf3: 23. Lf4: T8f4: 24. d7 (24. Sd2 De8! 25. Sf3: De3+ 26. Kh1 Df2 27. Sh4 Th4:!) 24. ... Ld7: 25. Sd2 Lh3! 26. Sf3: Tf3: 27. Dd2 Tf8 28. De3 Df5 29. De2 c5 30. Lc2 Dd5, und Schwarz gewann (schnell zum Ziel führte 30. ... Df6! 31. dc Dd4+ 32. Kh1 Lg4!).

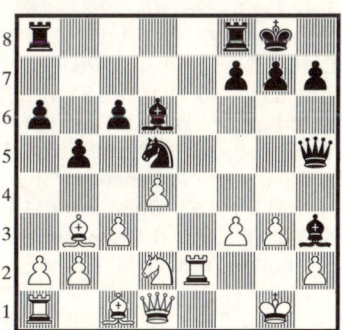

16. ...   Ld6–c7

Neben 16. ... Lc7 trifft man auf die Züge 16. ... f5, 16. ... Tae8 und 16. ... Tad8. Wir betrachten für jede dieser Möglichkeiten je ein aktuelles Beispiel.

16. ... f5 17. c4 (nicht schlecht ist auch 17. a4 Tae8 18. ab ab 19. Ta6) 17. ... bc 18. Sc4: Lc7 19. Se5 mit weißem Übergewicht (Rodriguez – Malanjuk, 1984); 16. ... Tae8 17. Te8: Te8: 18. Se4 Lc7 19. Ld2 Dg6 20. Lc2, und Schwarz hat keine Kompensation für den Bauern (Garcia – Pinter, 25. Schacholympiade); 16. ... Tad8 17. Se4 (nicht schlecht ist auch 17. De1 mit nachfolgendem Df2, Se4 und Ld2) 17. ... Df3: 18. Sg5 Dh5 19. Sh3: Dh3: 20. Df1 Dg4 21. Ld2 Tfe8 22. Tae1 Te2: 23. De2: De2: 24. Te2: h6 25. Kg2 Kf8 26. Kf3, und jetzt sind die weißen Aussichten erkennbar besser (Asejew – Taborow, Kostroma, 1985).

Der Zug 16. ... Lc7 wurde zuerst angewandt in der Partie Kuporosow – Malanjuk (UdSSR, 1985). Wir wollen uns ansehen, wie diese Partie weiterging: 17. a4 b4 18. c4 Sf6 19. Te1 (schlechter ist 19. De1 Tae8 20. Df2 Te2: 21. De2: Te8 22. Df2 Df5 mit schwarzer Initiative) 19. ... Tad8 20. Se4 Se4: 21. Te4: Lf5 22. Te1 Dh3 (es geht nicht 22. ... Tfe8 23. Le3 Dh3 24. Lf2 h5 25. Te8: Te8: 26. Dd2 h4 27. Te1, möglich ist aber 22. ... Lb6 23. Le3 Ld4 24. Ld4: c5 25. Lc5: Td1: 26. Ld1: Td8 27. Lb4) 23. Te2 Tfe8 24. Lg5 f6 25. Le3 (zum Remis führte 25. ... Lg3:! 26. hg Te3 27. Te3: Dg3:+ 28. Kf1 Dh3+) 25. ... h5 26. c5+ Kf8 27. Lc4 Lg3 (27. ... h4 28. Df1!) 28. hg (und nach 28. Df1 Lh2:+ 29. Th2: Df1:+ 30. Kf1: Te3 31. Kf2! Tee8 32. Th5: Lc8 33. Th8 Ke7 34. Te1+ Kd7 35. Tee8 Te8: 36. Te8: Ke8: 37. a5 behielte Weiß jetzt die besseren Chancen) 28. ... Te3 29. Te3: Dg3+ 30. Kf1 Dh3+ 31. Kg1 Dg3+ 32. Kf1 Dh3+ Remis.

Stärker setzte Weiß in der Partie Short – Nunn (Brüssel, 1986) fort: 19. Se4! (anstelle von 19. Te1) 19. ... Dg6. Nunn hat

in seinen Kommentaren zu dieser Partie im Schach-Informator Varianten angeführt, die aufzeigen, daß 19. ... Se4: 20. Te4: und 19. ... Df3: 20. Sg5 zu Gunsten des Weißen ausfallen.

20. Sf2 Lf5 21. Lc2 Tfe8 22. Lf5: Df5: 23. Te8: Te8: 24. Kg2.

Schwarz hat keine Kompensation für den Bauern. In der Tat hat Short gegen Ende der Partie einige Fehler begangen und sogar noch verloren.

17. Sd2–e4!

In den zuvor vorgestellten Partien hat Weiß diesen Zug zu einem späteren Zeitpunkt ausgeführt. Aber, vermutlich ist die unmittelbare Überführung des Springers ins Zentrum für Schwarz am unangenehmsten. In jedem Fall wird ein solcher Kenner des Marshall-Angriffs, wie es Malanjuk ist, in Verlegenheit gebracht und binnen weiterer zehn Züge bezwungen.

17. ...   Ta8–e8

Eine analoge Position entstand auch in der oben erwähnten Partie Garcia – Pinter; die Anwesenheit der Türme auf der e-Linie (dort waren sie abgetauscht) spielt dem Weißen in die Hände.

18.	**Dd1–d3**	**Te8–e6**
19.	**Lc1–d2**	**Te6–g6**

Weiß hat seine Entwicklung glücklich abgeschlossen, und der Gegner unternimmt einen verzweifelten Versuch, ein scharfes Spiel auf dem Königsflügel zu organisieren.

20.	**g3–g4**	**Lh3×g4**
21.	**f3×g4**	**Tg6×g4+**
22.	**Se4–g3**	**f7–f5**
23.	**Te2–g2**	**Dh5–h3**
24.	**Ta1–f1**	

Weiß hat alle seine Figuren zur Unterstützung zusammengezogen, und eine Kompensation für die von Schwarz investierte Figur ist nicht in Sicht.

24.	**...**	**Tf8–f6**
25.	**Tf1–f3**	**h7–h5**
26.	**Dd3–e2**	**Tf6–g6**
27.	**Lb3–c2**	**Schwarz gab auf.**

Karpow – Spasski
Bugojno 1986

1.	e2–e4	e7–e5
2.	Sg1–f3	Sb8–c6
3.	Lf1–b5	g7–g6

Wenn von selteneren Fortsetzungen die Rede ist, so steigerte sich in letzter Zeit besonders das Interesse für die Berd-Verteidigung 3. ... Sd4 (dieser Zug wird im weiteren noch zur Besprechung anstehen), aber fast nie begegnet man dem Jänisch-Gambit 3. ... f5, dem sogenannten Berliner System 3. ... Sf6 4. 0–0 Se4: oder auch der Fortsetzung 3. ... Lc5. Es bleibt zu erwähnen, daß auch die Abtauschvariante 3. ... a6 4. Lc6: dc derzeit nicht sehr in Mode ist. Wie mir scheint zählen diese Abspiele derzeit nicht zum gängigen Repertoire im Bereich der Offenen Spiele und wir werden demzufolge auch keine damit gespielten Partien in unsere Betrachtung einbeziehen.

4.	c2–c3	a7–a6
5.	Lb5–a4	d7–d6
6.	d2–d4	Lc8–d7
7.	0–0	

Von den Großmeistern der absoluten Weltspitze spielen das System mit dem Läuferfianchetto nach g7 in der Spanischen Partie wohl nur Spasski und Smyslow. Im Kandidatenturnier in Montpellier 1985 setzte Sokolow in sei-

nen Partien gegen diese beiden Großmeister an dieser Stelle jeweils mit 7. Lg5 fort. In der Partie Sokolow – Spasski entwickelte Schwarz nach 7. ... f6 8. Le3 Sh6 9. 0–0 Lg7 10. h3 Sf7 11. Sbd2 0–0 12. Te1 De7 13. b4 Kh8 14. Lc2 Scd8 15. Sf1 Se6 16. Dd2 Sfg5 17. S3h2 f5 18. ef gf 19. f3 f4 20. Lf2 Sh3:+! 21. gh Sg5 22. Kh1 Sh3: einen gefährlichen Angriff.

Erfolgreich gestalteten sich die Dinge für Schwarz auch in der Partie Beljawski – Smyslow aus dem nämlichen Turnier: 12. Lc2 (anstelle von 12. Te1) 12. ... De7 13. Te1 Kh8 14. Db1 Scd8 15. b4 Se6 16. a4 Lh6 17. a5 Le3: 18. Te3: Sfg5 19. Sg5: fg 20. de de 21. Db2 Sf4 mit Initiative für Schwarz, welche ihm letztendlich den Sieg eintrug.

In der Partie Sokolow – Smyslow spielte Weiß nach 9. h3 Lg7 10. Sbd2 De7 sofort 11. b4. Anstelle des einfachen 11. ... Sf7 antwortete Schwarz mit 11. ... ed, und die Sache endete überraschenderweise mit einer Zertrümmerung: 12. cd 0–0 13. 0–0 f5 14. Lg5 De8 15. Lb3 Kh8 16. Te1 Dc8 17. e5 de 18. de Le6 19. Le6: De6: 20. Sb3 Sf7 21. Sc5 Dc4 22. Tc1 Db4 23. Ld2 Da3 24. Te3 Da2: 25. Tc2. Schwarz gab auf. Eine nicht erfolgreiche Neuerung wurde angewandt in der Partie Popović – Kovačević (Jugoslawien 1986): 9. h4 (anstelle von 9. 0–0 und 9. h3) – 9. ... Sg4 10. h5 Se3: 11. fe Lh6! 12. hg hg 13. d5 Se7 14. Sbd2 Kf7 15. Kf2 Kg7 16. Ld7: Dd7: 17. Db3 f5! mit schwarzem Übergewicht.

Wie dem auch sei, ich entschloß mich jedenfalls, keine Zeit zu verlieren mit einem weiträumigen Läuferausfall, sondern ich wollte ihn sogleich auf e3 aufstellen.

7.	...	Lf8–g7
8.	Tf1–e1	

Aufmerksamkeit verdiente der sofortige Abtausch auf e5. Mehr darüber in der nachfolgenden Partie.

| 8. | ... | Sg8–e7 |

Nicht weniger populär ist auch die Entwicklung des Springers nach f6, hier das neueste Beispiel dazu: Gonzalez – Gawrilakis (Dubai 1986): 8. ... Sf6 9. de de 10. Sbd2 De7 11. b4 b6 12. h3 0–0 13. Lb3 Sh5 14. a4 a5 15. b5 Sd8 16. Sc4 Le6 17. Lc1 Sb7 18. Se3 Sc5 19. Sd5 Ld5: 20. Ld5: Tad8, und Schwarz hielt der Prüfung stand. Nichtsdestoweniger wirkt die Springerentwicklung nach e7 flexibler und geschmeidiger.

| 9. | Lc1–e3 |

Ich beeile mich – wie bereits im Zug zuvor erwähnt – zunächst nicht mit dem Abtausch auf e5. In der Partie Short – Spraggett (Montpellier 1985 – Sie sehen, wie populär diese Variante beim dortigen Kandidatenturnier war) lag die Initiative nach 9. de Se5: 10. Se5: Le5: 11. Lb3 Sc6 12. Sd2 Lg7 13. Sf3 De7 14. Lg5 f6 15. Le3 Se5 16. Sd4 0–0–0 17. f4 auf der Seite von Weiß.

| 9. | ... | 0–0 |
| 10. | Sb1–d2 | Dd8–e8 |

Soweit mir bekannt ist, ist dies ein neuer Zug. Früher begegnete man der Fortsetzung 10. ... h6. Der schwarze Plan ist verbunden mit dem Vorstoß f7–f5, aber sofort war er nicht möglich, man sehe: 10. ... f5 11. Lb3+ Kh8 12. de de 13. Lc5! b6 14. La3, und das positionelle Übergewicht des Weißen steht außer Zweifel. Aufmerksamkeit verdiente das sofortige 10. ... b6, was die Kontrolle über das Schlüsselfeld c5 herstellt. Der gewählte Zug mit der Dame ist verbunden mit der Falle 11. ... Sd4:!; allerdings hat sich die Dame in eine Reihe mit dem gegnerischen Turm begeben und dies spielt im folgenden noch eine gewichtige Rolle.

| 11. | La4–b3 |

Nach 11. d5 hatte Schwarz nicht etwa 11. ... Sd4 12. cd La4: 13. Dc1! Tc8 14. de de 15. Sc4 f6 16. b3 Ld7 17. Da3 vorgesehen, was klare weiße Überlegenheit zugelassen hätte, sondern vielmehr 11. ... Sd8! mit nachfolgendem

f7–f5, was dem Springer einen bequemen Zugang nach f7 verschafft.

| 11. | ... | b7–b6 |

Auf 11. ... Kh8 folgte das bekannte Motiv 12. de 13. Lc5.

| 12. | d4×e5 | d6×e5 |

Nach 12. ... Se5: 13. Dc2 besitzt Weiß mehr Raum.

| 13. | Sd2–c4 | Kg8–h8 |
| 14. | Dd1–c1! |

Dies verhindert 14. ... f5. In diesem Falle bekäme Schwarz nach 15. Lh6 ernsthafte Probleme mit seinen e-Bauern.

| 14. | ... | Ld7–g4 |
| 15. | Sf3–g5! |

Dies verhindert 15. ... f5 erneut (wegen 16. Se6). Im Falle von 15. Ld1 hätte Schwarz seinen Läufer nach e6 umgesetzt.

| 15. | ... | h7–h6 |
| 16. | h2–h3! | Lg4–d7 |

Er muß auf diesen seinen Platz zurückkehren. Nach 16. ... Lh5 17. Sf7:+! Tf7: (17. ... Df7: 18. Sb6:) 18. g4 würde sich die Position zugunsten von Weiß öffnen.

| 17. | Sg5–f3 | Kh8–h7 |
| 18. | a2–a4 | f7–f5!? |

Die positionelle Drohung 19. a5 zwingt den Nachziehenden dazu, aktive Maßnahmen zu ergreifen. Aber stärker war 18. ... a5. Danach wäre die Inbesitznahme des Feldes b5 nicht so gefährlich – 19. Sa3 Sa7!. Vermutlich erwartete Spasski nicht die sofortige Sprengung, die sich jetzt im Zentrum des Brettes vollzieht.

| 19. | e4×f5 | g6×f5 |

Es geht nicht 19. ... Sf5: – 20. Lf4! e4 21. Lc2; nach 19. ... Tf5: mit der Drohung 20. ... Tf3: hätte ich geantwortet mit 21. Sfd2 (21. Sh4 Th5) mit besserem Spiel.

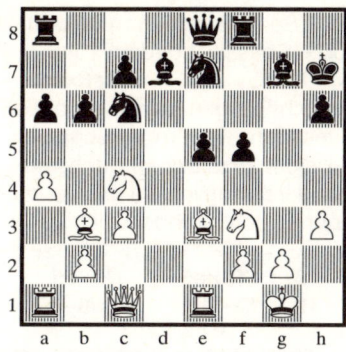

20. Sf3×e5! Sc6×e5

Nichts an der Sache änderte 20. ... Le5: 21. Se5: Se5: 22. Lh6: S7g6 (22. ... Sd3 23. Dg5; 22. ... Sf3+ 23. gf Dg6+ 24. Dg5!) 23. Lf8:.

21. Sc4×e5 Lg7×e5
22. Le3×h6

Die Figur wird für zwei Bauern geopfert, aber Schwarz hat nichts von „kaufmännischen Kalkulationen", denn seine Stellung schwankt in allen ihren Grundfesten.

22. ... Le5–d6

Sofort verliert 22. ... Lg7 23. Lg7: Kg7: 24. Dg5+, und Schwarz verliert aufgrund seiner Damenstellung auf e8. Wäre sie auf d8 postiert, wäre die Antwort 24. ... Sg6 verfügbar.

Hartnäckiger ist 22. ... Lf6, aber nach 23. Lf8: Df8: 24. Df4 und Tad1 entwickelt Weiß auch dann eine bedrohliche Initiative.

23. Dc1–g5!

Der Abtausch auf f8 führte zu unklarem Spiel.

23. ... De8–g6

Auf 23. ... Tf7 entscheidet 24. Dh4 (24. Dh5 Tf6!) 24. ... Kg6 (24. ... Kg8 25. Dh5 mit tödlicher Fesselung) 25. g4 fg 26. hg Lg4: 27. Dg4:+ Kh6: 28. Te6+ Kh7 29. Lc2+ mit Matt.

24. Te1×e7+ Ld6×e7
25. Dg5×e7+ Kg7×h6
26. De7×d7

Das taktische Scharmützel endete mit klarem weißen Vorteil. Unter Inbetrachtziehung des Umstandes, daß der einsame König bar jeden Bauernschutzes in ein Mattnetz geraten kann, mußte sich Schwarz jetzt zum Damentausch entschließen: 26. ... Dd6 (26. ... Dg7 27. Dc6+) 27. Dd6: cd. Übrigens ist in der gegebenen Situation der Läufer plus zwei Bauern stärker als der Turm.

26. ... f5–f4

Jetzt gewinnt Weiß in wenigen Zügen.

27. Dd7×c7 Ta8–e8
28. Ta1–d1 Tf8–f6

Auf 27. ... f3 folgt 28. g4 mit der Drohung Td1–d5–h5.

29. Kg1–h2

Ein stiller Zug, der unterstreicht, wie schutzlos Schwarz bereits ist.

29. ... a6–a5

Hoffnungslos ist auch 29. ... f3 30. g4 Te2 31. Kg3 Tb2: 32. Td8 Dg7 33. De5, oder 29. ... Te2 30. Td8 Tf2: 31. Th8+.

30. Td1–d4 Te8–f8
31. Td4–d7 Tf6–c6
32. Dc7–e5 Dg6–f6
33. De5–d5 Tc6–c5
34. Dd5–e4

Schwarz gab auf.

Auf 34. ... Df5(g6) folgt 35. De7, und nach 34. ... Tf5 gewinnt 35. Lc2 De5 36. Th7+! Kg5 (36. ... Kh7: 37. De5:) 37. h4+! Kf6 (37. ... Kg4 38. Df3+) 38. Dc6+ De6 39. Th6+ besonders hübsch.

Geller – Salow
Moskau 1987

1. e2–e4 e7–e5
2. Sg1–f3 Sb8–c6
3. Lf1–b5 g7–g6
4. c2–c3

Seltener wird 4. d4 gespielt, denn die Errichtung eines starken Bauernzentrums ist die charakteristischere Methode in der Spanischen Partie. Die vorliegende Partie wurde in einem kürzlich stattfindenden Match-Turnier der „Drei Generationen" gespielt. Im gleichen Turnier wurde auch die Partie Balaschow – Smyslow gespielt, in welcher Weiß sofort den Doppelschritt des d-Bauern wählte: 4. d4 ed 5. Lg5 Le7 6. Le7: De7: (die Theorie empfiehlt hier 6. ... Se7: 7. Sd4: d5 8. Sc3 de 9. Se4: 0–0 mit Ausgleich, aber auch das Nehmen mit der Dame ist nicht gefährlich) 7. 0–0 Sf6 8. Lc6: dc 9. Dd4: c5 10. De3 Lg4 11. Sc3 Lf3: 12. Df3: 0–0–0 13. Tad1 Td4 14. Sd5 Sd5: 15. ed Td1: 16. Td1: Te8, und die Lage ist für Schwarz ungefährlich.

4.	**...**	**a7–a6**
5.	**Lb5–a4**	

In der Partie Chandler – Spasski (Wien 1986) hat Weiß sofort auf c6 geschlagen. Wahrscheinlich ist der Abtausch in dieser Form zuvor noch nicht vorgekommen. Also wollen wir die Partie zeigen: 5. Lc6: dc 6. 0–0 Lg7 7. d4 ed 8. cd Se7 9. Sc3 Lg4 10. Le3 0–0 11. h3 Lf3: 12. Df3: f5 (man könnte ruhig den d-Bauern nehmen) 13. Lg5 Dd7 14. Le7: De7: 15. e5 Tad8 16. Tad1 c5! 17. Sd5 Df7 18. dc Le5: 19. Tfe1 Tde8. Remis.

5.	**...**	**d7–d6**
6.	**d2–d4**	**Lc8–d7**
7.	**0–0**	**Lf8–g7**
8.	**d4×e5**	

In der zuvor demonstrierten Partie gegen Spasski schob ich diesen Abtausch einige Züge lang hinaus. Die Eröffnungshandbücher bezeichnen den sofortigen Abtausch als ungefährlich, aber die hier vorliegende Partie beweist, daß dem nicht so ist. Möglich ist, beiläufig gesagt, auch d4–d5. Hier gleich ein aktuelles Beispiel hierzu: 8. d5 Sce7 9. Ld7:+ Dd7: 10. c4 h6 11. Sc3 f5 12. ef Sf5: (12. ... gf 13. Sh4 Sf6 14. f4 e4 15. Le3 0–0 16. h3 c5 17. dc bc 18. De2 mit Vorteil für Weiß, Fischer – Filip, Curaçao 1962) 13. Se4 Sf6 14. Sf6:+ Lf6: 15. Sd2

0–0 16. Se4 mit besserem Spiel für Weiß (Short – Spasski, London, 1986).

8.	**...**	**Sc6×e5**

Offensichtlich genauer ist es, auf e5 sofort mit dem Bauern zu schlagen, um f2–f4 nicht zuzulassen, doch war auch die andere Möglichkeit bis zu diesem Zeitpunkt nicht grundsätzlich verworfen worden.

9.	**Sf3×e5**	**d6×e5**
10.	**f2–f4**	**Sg8–e7**

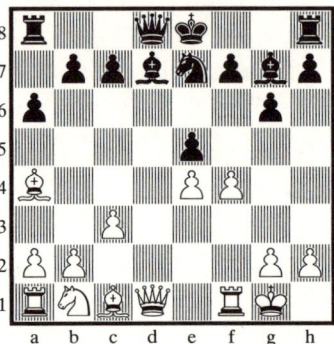

Diese Stellung war bereits bekannt aus der berühmten Partie Fine – Aljechin (AVRO-Turnier, 1938). In ihr erzielte Weiß einen schnellen Sieg nach 11. fe La4: 12. Da4:+ Dd7 13. Dd7:+ Kd7: 14. Lf4 Ke6 15. Sd2. Die richtige Fortsetzung ist aber 11. ... Sc6 12. Lf4 De7 13. Sd2 0–0–0 mit verwickeltem Kampf (Taborow – Bronstein, UdSSR 1978).

11.	**f4–f5**	**g6×f5**
12.	**e4×f53**	**Se7–d5**

Eine scharfsinnige Replik von Großmeister Westerinen, aber hier wird sie widerlegt.

13.	**Dd1×d5**	

In der Partie Bronstein – Westerinen (Jurmala 1978) bekam Schwarz nach 13. Lb3 Sf6 14. Lg5 De7 15. Sd2 0–0–0 16. De2 Thg8 Gegenspiel entlang der g-Linie.

13.	**...**	**Ld7×a4**
14.	**Dd5×b7**	**La4–b5**

Eine besondere Kompensation für den Bauern ist für Schwarz nicht ersichtlich (auch nicht nach 15. Te1), aber Geller gewinnt jetzt sogar forciert Material und damit die Partie.

15. f5–f6!   Lg7×f6

Es hilft auch 15. ... Lf1: 16. fg Tg8 17. Dc6+ Ke7 18. Lg5+ nichts.

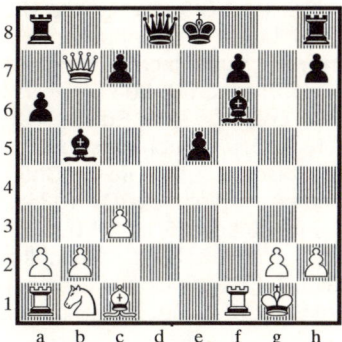

16. c3–c4!

Natürlich nicht sofort 16. Tf6: wegen 16. ... Dd1+ 17. Kf2 De2+ 18. Kg3 Tg8+, und der weiße König wird Matt.

16. ...   Ta8–b8

Auch im Falle von 16. ... Lc4: 17. Dc6+ oder 16. ... Ld7 17. Tf6: geht eine Figur verloren. Das weitere Spiel ist im Prinzip nicht mehr zu erklären.

17.	Db7–f3	Dd8–d4+
18.	Lc1–e3	Dd4×c4
19.	Sb1–a3	Dc4–e6
20.	Sa3×b5	Tb8×b5
21.	Df3×f6	De6×f6
22.	Tf1×f6	Tb5×b2
23.	Tf6×a6	0–0
24.	Ta1–f1	Tf8–d8
25.	Le3–h6	Tb2–b6
26.	Ta6×b6	c7×b6
27.	Tf1–f6	Td8–d1+
28.	Kg1–f2	Td1–a1
29.	Tf6×b6	Ta1×a2+
30.	Kf2–f3	

Schwarz gab auf.

1.	**e2–e4**	**e7–e5**
2.	**Sg1–f3**	**Sb8–c6**
3.	**Lf1–b5**	**Sc6–d4**

In der Schachtheorie kommt es nicht selten zu ganz erstaunlichen und verwunderlichen „Metamorphosen", d.h. Wandlungen. Diese oder jene Variante ist für viele Jahre praktisch aus dem Blickpunkt der Betrachtung (und aus der Spielpraxis) vollkommen ausgeschlossen und plötzlich, bevor man sich versieht, fällt derselben Variante wieder ein gesteigertes Interesse zu. Eines der neuesten Beispiele für eine derartige Metamorphose ist die altertümliche Berd-Variante in der Spanischen Partie, welche heute eine beträchtliche Popularität in der Großmeisterpraxis erreicht hat. In den Kommentaren zu der vorliegenden Partie werde ich, wie stets, das wichtigste und aktuellste Material zu diesem Thema zur Vorstellung bringen, das die Wettbewerbe der jüngsten Vergangenheit geliefert haben.

4. Sf3×d4

Der Wegzug des Läufers nach a4 oder nach c4 ist von weniger prinzipieller Bedeutung, wenngleich er es gestattet, den scharfen Varianten zu entgehen. Hier ein Beispiel der weiteren Fortentwicklung anhand der Partie Romanischin – Malanjuk (Tiflis, 1986): 4. Lc4 Lc5 5. Sd4: Ld4: 6. c3 Lb6 7. d4 De7 8. 0–0 Sf6 9. a4 a6 10. Le3 Se4: (nach 10. ... d6 11. de de 12. Lb6: verliert die schwarze Bauernstruktur ihre Geschmeidigkeit) 11. Te1 0–0 12. Ld5 (12. de? Sf2:! 13. De2 Le3: 14. De3: Sg4 mit schwarzem Übergewicht) 12. ... Sf6 13. de Sd5: 14. Dd5: Le3: 15. Te3: Tb8 16. Sd2 b5!, und Schwarz hat keine Probleme.

In der Partie Georgiew – Zeschkowski (Dubai 1986) begegnet man der Fortsetzung 4. La4 Lc5, und jetzt wartete Weiß mit einer Neuerung auf. 5. b4 (anstelle des üblichen 5. 0–0), nach 5. ... Lb6 6. 0–0 Sf3:+ 7. Df3: Df6 8. Dg3 Se7 9. Lb2 Sg6 10. c4 Sf4 11. Te1 c6 12. d4 bekam Weiß die Oberhand. Schwarz konnte aber 5. ... Lb4: spielen, und nach 6. Sd4: ed 7. 0–0 hat Weiß in der Perspektive zwar Initiativchancen, die den Bauern bestenfalls aufwiegen.

4. ...   e5×d4

Schwarz hat es also erreicht, daß der nach b5 gezogene Läufer vorübergehend keine Wirkung entfaltet und daß andererseits der beim Abtausch nach d4 gelangte Bauer die Entwicklung des weißen Damenflügels beeinträchtigt. Dementgegen hat aber Weiß einen Zeitgewinn zu verbuchen und kann sich anschicken, ein dynamisches Bauernzentrum zu etablieren. So ist also festzustellen, daß diese Stellung für jede Seite ihre Plus- und ihre Minuspunkte aufweist.

5. 0–0

In der Partie Sokolow – Tukmakow (Leningrad, 1987) hat Weiß den sofortigen Läuferrückzug 5. Lc4 gewählt. Damit wird der Zug 5. ... Lc5 (normal nach 5. 0–0) unmöglich gemacht, und nach 5. ... Sf6 6. 0–0 Se4: 7. Lf7:+ Kf7: 8. Dh5+ g6 9. Dd5+ Kg7 10. De4: Df6 11. d3 Lc5 erreichte Weiß einen kleinen Vorteil, den er in der Partie aber nicht realisieren konnte.

5. ...   Lf8–c5

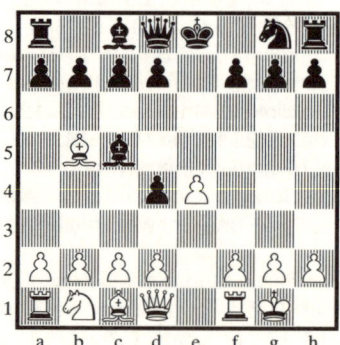

Irgendwie ist das verbreitete 5. ... c6 wesentlich passiver, und das theoretische Urteil darüber: Weiß hat Vorteil, hat sich seit langem nicht geändert. Die Wiedererweckung der Berd-Variante steht einzig und allein mit dieser sofortigen Läuferentwicklung in Verbindung.

6. Lb5–c4

Eine andere populäre Möglichkeit ist 6. d3 c6 7. Lc4 (7. La4 Se7 8. Dh5 d5 9. Sd2 0–0 10. Sf3 a5 11. c3 dc 12. bc f6 13. Te1 Ld6 mit verwickeltem Kampf, Iwanow – Kupreitschik, Minsk, 1985) 7. ... d5 8. ed cd 9. Lb3 (oder 9. Lb5+ Ld7 10. Ld7:+ Dd7: 11. Sd2 Se7 12. Sb3 Lb6 13. Lg5, und nachfolgend 13. ... 0–0 14. Le7: De7: 15. Te1 Df6 16. Dh5 Tac8, Chandler – Wolff, BRD, 1985; bzw. 13. ... f6 14. Ld2 a5 15. a4 0–0 16. Te1 Sg6 17. h3 Tfc8, Lanz – Zeschkowski, Trnava, 1986 – in beiden Fällen mit gleichem Spiel.) 9. ... Se7 (vgl. Diagramm)

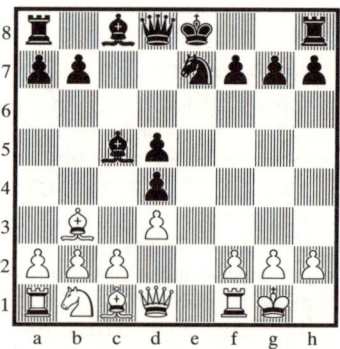

Diese Stellung trifft man in den Turnieren der letzten Jahre häufig an.
Hier nun einige aktuelle und charakteristische Beispiele, die aufzeigen, daß die verdoppelten schwarzen Bauern keine Schwäche darstellen, sondern eine Stärke: sie erlauben es, die weiße Stellung ernsthaft einzuengen.
Dvoiris – Balaschow (53. Meisterschaft der UdSSR, 1986): 10. c4 0–0 (10. ... dc 11. Sc3: 0–0 12. Te1 h6 13. Lf4 Le6 14. d4 Lb4 15. Te3 Tc8 16. Tc1 Sf5 17. Td3 Te8 18. h3 mit für Weiß kaum

besserem Spiel, Nikolenk – Gorelow, Moskau 1986) 11. cd Sd5: 12. Sd2 Se3 13. fe de 14. Dh5 ed 15. Dc5: dcD 16. Tac1: Le6 17. Le6: fe 18. Tf8:+ Df8: 19. De3 Df6 mit Ausgleich.

Dvoiris – Kupreitschik (Wolgograd 1985): 10. Te1 0–0 11. Dh5 (nach 11. Sd2 a5 12. a4 Lb4 hat Schwarz Vorteile zu verzeichnen, Anand – Zeschkowski, Kalkutta, 1986) 11. ... Le6 12. Sd2 a5 13. a4 Lb4 14. Te2 Dd7 15. Sf3 Lg4 16. Dg5 Lf3: 17. gf Ta6, und Weiß hat ein Stellungsübergewicht.

Markland – Davis (Korrespondenzpartie 1985): 10. Dh5 0–0 11. Sd2 a5 12. a3 a4 13. La2 Ta6 14. Sf3 Tg6 mit einer zweischneidigen Stellung.

Beljawski – Zeschkowski (53. Meisterschaft der UdSSR, 1986): 10. Lg5 f6 11. Lf4 (11. Lh4 0–0 12. Sd2 Kh8 13. Te1 a5 mit gleichen Chancen) 11. ... 0–0 (11. ... Le6 12. Te1 Lf7 13. c3 0–0 14. cd Ld4: 15. Sc3 Sg6 mit verwikkeltem Kampf, Tipsay – Kupreitschik, Frunse 1985) 12. Sd2 Kh8 13. Te1 a5 14. a4 Lb4 15. h3 g5 16. Lh2 Ta6 mit guten Chancen für Schwarz.

Bevor wir weiter voranschreiten wollen, möchte ich noch an den Zug 6. Dh5 erinnern. In der Partie Kuzmin – Malanjuk (Moskau 1986) folgte 6. ... De7 (6. ... Lb6 7. De5!) 7. d3 Sf6 (7. ... c6 8. Lg5 mit Übergewicht) 8. Dh4 c6 9. Lc4 (9. La4 verdient es erprobt zu werden) 9. ... d5 10. ed (10. Lb3 de 11. Lg5 mit unklaren Chancen) 10. ... Sd5: 11. Lg5 f6 12. Ld2 Le6 mit gleichem Spiel.

6. ... **d7–d6**
7. c2–c3

Ein neuer Plan. Weiß schafft die Drohung 8. cd Ld4: 9. Da4+, und der Läufer d4 fällt im Falle von 9. ... c6 oder 9. ... Ld7 nach 10. Lf7:+ durch Abzugsangriff, da der Wegzug 9. ... Kf8, wie sich natürlich von selbst versteht, den Schwarzen nicht zufriedenstellen kann. Ich möchte anmerken, daß 7. b4 Lb6 8. a4 a5 für ihn nicht gefährlich ist; aber

der Zug d2–d3 sieht jetzt ausgesprochen solide aus. Ich möchte ein aktuelles Beispiel als Illustration zur Vorstellung bringen (Ghinda – Kotronias, Athen, 1986): 7. d3 Sf6 8. Lg5 h6 9. Lh4 g5 (ein risikoreicher Zug, besser ist 9. ... Le6) 10. Lg3 Lg4 11. f3 Le6 12. Sd2 Dd7 13. Le6: (nach der Meinung des Siegers war 13. Sb3 Lb6 14. Lf2 c5 15. c3 d5 16. ed Ld5: 17. Te1 noch stärker) 13. ...fe 14. f4 h5 15. fg Sg4 16. Df3 0–0–0 17. Sb3 Se3 18. Sc5: dc 19. Le5!, und Weiß gewann.

7. ... **Sg8–f6**

Schwarz kann hier zahlreiche andere Wege einschlagen. Hier einige davon: Elwest – Kupreitschik (Kuibyschew, 1986): 7. ... Df6 (7. ... c6 8. d3 Se7 9. Sd2 0–0 10. Lb3 d5 mit ungefährem Ausgleich; 7. ... Se7 8. cd Ld4: 9. Da4+ Sc6 10. Ld5 Lb6 11. Lc6:+ bc 12. d4, und die weiße Stellung ist besser) 8. Sa3 La3: 9. Da4+ Ld7 10. Da3: Se7 11. Db3 (Vorteil liegt bei Weiß auch nach 11. Le2 0–0 12. d3 Tfe8 13. cd Dd4: 14. Le3, Khalifman – Kupreitschik, Minsk, 1986) 11. ... 0–0 12. Db7: Lc6 13. Dc7: Tfc8 14. Da5 Le4: 15. d3 Tc5 16. Da6 Lc6 (Elwest und Truss führen folgende hübsche Variante an: 16. ... Lg2: 17. Kg2: Sf5 18. Db7 Te8 19. Kh1 Sh4 20. Le3!! Sf3 21. Dd7 Td8 22. Dh3 mit Gewinnstellung) 17. cd Th5 18. d5! mit deutlichem weißen Vorteil.

8. **c3×d4** **Lc5×d4**
9. **Dd1–a4+** **Ke8–f8**
10. **Sb1–c3**

Etwas bessere Chancen erhielt Weiß im Falle von 10. Lf7: c5 (schlecht ist 10. ... Le5 wegen 11. Lb3 Lh2:+ 12. Kh2: Sg4+ 13. Kg3 Dg5 14. f3!, oder 10. ... Lf2:+ wegen 11. Tf2: Kf7: 12. d4 Te8 13. Sc3 Kg8 14. Lg5) 11. Lb3 (11. Ld5 Sd5:) 11. ... Se4: 12. Sc3.

10. ... **c7–c6**

61

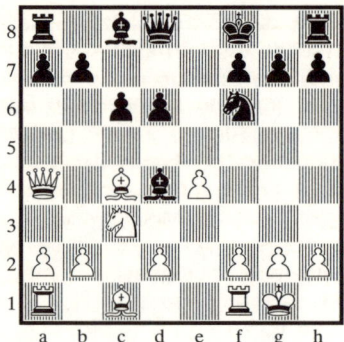

Schwarz behält seinen Läufer im Zentrum zunächst, womit er d2–d4 verhindert. Allerdings wird der Läufer alsbald gezwungen sein, Zeit zu verlieren, und die weiße Bauernarmee setzt sich in Bewegung. Daher verdiente 10. ... Lc3: 11. dc Se4: 12. Lf7: Sc3: 13. Db3 mit verwickeltem Spiel Aufmerksamkeit.

11.	Lc4–e2	Dd8–b6
12.	d2–d3	Lc8–e6
13.	Le2–f3	Sf6–g4

Auf 13. ... Lg4 folgt 14. Se2 mit Tempogewinn.

| 14. | Lf3×g4 | Le6×g4 |
| 15. | h2–h3 | Lg4–e6 |

Falls 15. ... Lh5 geschieht, dann folgt 16. g4 Lg6 17. Se2, und die Initiative des Weißen auf dem Königsflügel wird bedrohlich.

| 16. | Sc3–e2 | Ld4–c5 |
| 17. | d3–d4 | |

Endlich hat Weiß den programmatischen Vorstoß des d-Bauern durchgesetzt. Die Not von Schwarz liegt darin, daß er keinen nützlichen Plan hat und daß sein König nicht geschützt ist. Gleichzeitig hat Weiß jede Möglichkeit,

den Druck auf den Königsflügel kontinuierlich zu verstärken.

17.	...	Db6–b4
18.	Da4–d1	Lc5–b6
19.	b2–b3	f7–f6

Nach 19. ... d5 wäre 20. a4 Kg8 21. La3 Da5 22. e5 überaus unangenehm, weil der Läufer nach d6 überführt wird.

20.	Lc1–d2	Db4–b5
21.	Ld2–e3	Ta8–e8
22.	Ta1–c1	Db5–h5
23.	Dd1–d2	d6–d5
24.	e4–e5	Kf8–g8

Der Druck am Königsflügel läßt sich mittels 24. ... f5 nicht aufhalten – 25. a4 Ld8 26. Sf4 Df7 27. b4 h6 28. b5 g5 29. Se6: Te6: 30. f4.

25.	e5×f6	g7×f6
26.	a2–a4	Lb6–c7
27.	Le3–f4	Lc7×f4
28.	Se2×f4	Dh5–g5
29.	Tc1–c3	Kg8–f7
30.	Tc3–g3	Dg5–h6
31.	Tf1–e1	Te8–e7?
32.	Dd2–c1!	

Der Röntgenblick auf der Diagonale c1–h6 und der Einmarsch auf der g-Linie gestatten es Weiß, den Kampf auf studienartige Art und Weise zu beenden; die unmittelbare krisenhafte Zuspitzung ließ sich durch 31. ... Thg8 noch abwenden.

| 32. | ... | a7–a5 |

Verliert eine Figur, aber nach 32. ... The8 entscheidet 33. Se6: Dc1: 34. Tg7‡, bzw. nach 32. ... Tg8 – 33. Tg8: Kg8: 34. Sd5:!

| 33. | Sf4×e6 | Dh6×c1 |
| 34. | Tg3–g7+ | |

Schwarz gab auf.

Russische Partie

Karpow – Portisch
Turin 1982

Im Jahre 1982 kam ein eigentümliches theoretisches Duell zwischen mir und Großmeister Portisch zur Austragung. Es handelte sich dabei um das Thema: »Russische Partie«, und die drei Begegnungen, die wir miteinander spielten, fanden bei den Turnieren in Turin, Tilburg und Luzern statt.

Wenngleich das sportlich zählbare Übergewicht nur minimal schien – 2:1 zu meinen Gunsten, so entschied sich doch die Eröffnungsschlacht, wenn man so sagen will, deutlich zugunsten von Weiß.

In die Zahl der Hauptpartien dieses Buches schließe ich die Begegnung ein, die unsere theoretische Diskussion eröffnete, die beiden anderen Partien findet der Leser unter den Anmerkungen. Somit wird diese eröffnungstheoretische Trilogie in ihrer Gesamtheit sichtbar! Was die Variante betrifft, die zwischen uns dreimal gespielt wurde, so findet man weitere Beispiele auf gehobenem Meisterniveau nicht. Man könnte also folgern, daß zumindest vorübergehend ein Schlußpunkt hinter diese Partiebeispiele, die wir aufzeigen wollen, gesetzt werden kann.

Ich denke auch, daß der Theoriestreit mit Portisch eine gute Grundlage gelegt hat für eine neuerliche Diskussion über die Russische Partie, die ja auch aufgegriffen wurde in meinem ersten Weltmeisterschaftskampf gegen Kasparow und sich dann wiederum im zweiten und dritten Match erneut einstellte. Das Auftauchen dieser zur Erörterung stehenden Eröffnung bei Kämpfen um die Weltmeisterschaft hat, wie dies oft zu sein pflegt, das Interesse an der Russischen Partie belebt. Der neuerliche Informationsfluß hat die Theorie in diesem Bereich der Offenen Spiele buchstäblich überschwemmt. Alle wichtigen Partien aus meinen Wettkämpfen mit Kasparow, und auch diejenigen Begegnungen, in denen die Ideen entwickelt wurden, sind damit neu geboren und sie werden im folgenden zum Gegenstand unserer Betrachtung gemacht.

Jetzt aber konkret hinein in die Theoriedebatte, die dieser stürmischen Entwicklung vorangegangen ist.

1.	e2–e4	e7–e5
2.	Sg1–f3	Sg8–f6
3.	Sf3×e5	

In den vergangenen Jahren begegnet man ausschließlich diesem Schlagen. Und doch war vor nicht allzu langer Zeit ebenso mit dem zentralen Bauernvorstoß 3. d4 zu rechnen.

Tatsächlich änderte sich in dieser Zeit nichts an der Bewertung der Variante 3. ... ed 4. e5 Se4 5. Dd4: als angenehm für Schwarz. Aber in Falle von 3. ... Se4: 4. Ld3 d5 5. Se5: erhält nach jetziger Theoriemeinung Schwarz sowohl nach 5. ... Sd7, als auch nach 5. ... Ld6 keine schlechten Chancen.

Nebenbei gesagt spielte ich diese Stellung sowohl mit Weiß als auch mit Schwarz und ich möchte sagen, daß sie nicht weniges an Feinheiten enthält.

Eine ergötzliche Neuerung bereitete ich mit meinem Trainer Großmeister I. Saizew vor: 5. ... Ld6 6. Df3!?.

Diese Idee wurde ausprobiert in der Partie Saizew – Jusupow (Erewan 1982): Nach 6. ... De7 7. 0–0 0–0 8. Sc3 Sc3: 9. bc Le5: 10. de De5: 11. Lf4 Df6 12. Dg3 Sc6 erzwang Weiß Remis durch Zugwiederholung – 13. Lg5 Dd6 14. Lf4 Df6, denn es gab nichts Besseres für ihn.

Ich erinnere auch an meine Partie gegen Hort, die ich mit Weiß spielte (Amsterdam 1980): 5. ... Sd7 6. De2 De7 7. Le4: de 8. Lf4 Se5: 9. Le5: Lf5 10. Sc3 0–0–0 11. 0–0–0 De6 12. De3 h5 13. h3 f6 14. Lh2 g6 15. Kb1 Lh6 16. Dg3 Th7

17. The1 Db6 mit scharfem Kampf. Aber in der Partie Karpow – Larsen (Tilburg 1980) widerfuhr mir ein Mißgeschick: 6. ... Se5: 7. Le4: de 8. De4: Le6 9. De5: Dd7 10. 0–0 0–0–0 11. Le3 Lb4 12. Sc3 f6 13. Dg3 Lc3: 14. bc h5! 15. h4 g5! 16. f3 Tdg8 mit sehr starkem schwarzem Angriff.

Also – bis heute lösen beide Fortsetzungen 5. ... Ld6 und 5. ... Sd7 die schwarzen Probleme, und gerade daher wählt Weiß in der Regel den Zug 3. Se5:.

3.	...	d7–d6
4.	Se5–f3	Sf6×e4
5.	d2–d4	

Spasski wandte eine Zeit lang beharrlich das altbekannte Manöver 5. De2 an und er vermochte damit auch in einer Reihe von Partien einen deutlichen Vorteil zu erzielen.

Freilich gerade im vorher erwähnten Turnier ist es mir in der Begegnung mit ihm gelungen, die Partie für Schwarz zum Ausgleich zu führen nach 5. ... De7 6. d3 Sf6 7. Lg5 De2:+ 8. Le2: Le7 9. Sc3 c6 10. 0–0 Sa6 11. Tfe1 Sc7 12. Lf1 Se6 13. Le3 0–0 14. d4 Te8 15. d5 Sd5: 16. Sd5: cd 17. Lb5 Td8 18. Tad1 Lf6 19. c3 Sc7 20. Le2 Te8 21. Sd4 Ld7 22. Lf3 Ld4:.

5.	...	d6–d5
6.	Lf1–d3	Sb8–c6
7.	0–0	Lf8–e7
8.	Tf1–e1	Lc8–f5

Hier empfiehlt es sich erst einmal innezuhalten und im voraus einen Überblick über die Zugfolgen zu geben, die mit der Russischen Partie in meinem Match gegen Kasparow vorgekommen sind.

Danach wird der Leser vertrauter damit sein, in welcher Art und Weise sich die Dinge jeweils weiterentwickelt haben (in den Klammern steht – wie bereits früher mehrmals ausgeführt – jeweils, um das wievielte Match und welche Partie im jeweiligen Match es sich handelt).

(1, 28): 6. ... Sc6 7. 0–0 Lg4 8. Te1 Le7 9. c4 Sf6 10. cd;

(2, 15) und (3, 6): 6. ... Sc6 7. 0–0 Lg4 8. c4 Sf6;

(1, 30): 6. ... Le7 7. 0–0 Sc6 8. Te1 Lg4 9. c4 Sf6 10. Sc3;

(1, 41): 6. ... Le7 7. 0–0 Sc6 8. c4 Sb4;

(1, 48): 6. ... Sc6 7. 0–0 Le7 8. c4 Sf6 9. Sc3 0–0.

Also hat sich in allen diesen Begegnungen der weißfeldrige Läufer von Schwarz entweder nach g4 begeben oder auf seinem Standplatz auf c8 verharrt. Selbstverständlich werden alle diese Fortsetzungen im nachfolgenden Gegenstand einer gründlichen Untersuchung und Erforschung sein.

Was aber meine theoretische Diskussion mit Portisch anbetrifft, so war sie ganz und gar der Läuferentwicklung nach f5 gewidmet (vgl. Diagramm).

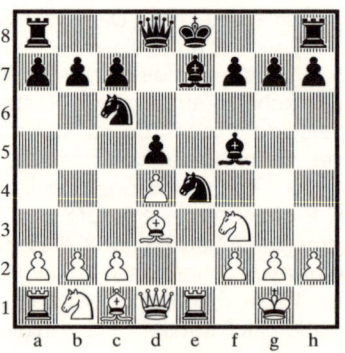

Den Läuferausfall Lc8–f5 führte Robert Hübner in die Spielpraxis ein und zwar in seinem Viertelfinalmatch im Kandidatenturnier 1980 gegen Andras Adorjan. Folglich war mir dieser Zug vertraut bei meiner eigenen Partie gegen Kasparow (unserer ersten von inzwischen weit über 100!), die drei Jahre vor dem Kampf um die Schachkrone gespielt wurde (Moskau 1981) aus Anlaß des Mannschaftsturniers der „drei Generationen". Ich spielte in dieser Partie mit Schwarz und die Geschehnisse entwickelten sich folgendermaßen: 9. Sbd2 Sd2: 10. Dd2: Ld3: 11. Dd3: 0–0 12. c3 Dd7 (Hübner setzte 12. ... Dd6 fort, und nach 13. Df5 Tad8 14. Lf4 folgte die Remisvereinbarung) 13. Lf4 a6 14. Te3 Tae8 15. Tae1 Ld8 16. b3 Te3: 17. Te3: f6 18. Te2 Tf7 19. Sd2 Le7 20. Sf1 Lf8 21. Df3 Te7 mit einem geringen Übergewicht auf Seiten von Weiß.

Der Zug 8. ... Lf5 geschah auch in der vierten Partie im Match in Meran, wo Kortschnoi nach 9. Lb5 eine wichtige Verstärkung zur Anwendung brachte: 9. ...Lf6!. Ich erinnere daran, daß in der Begegnung Timman – Portisch (Moskau 1981) Schwarz so fortsetzte: 9. ... 0–0 10. Lc6: bc 11. Se5 Lh4 12. Le3 Dd6? (besser ist 12. ... Te8) 13. Dh5!, und in eine schwierige Lage geriet. Der Sinn des Läufermanövers nach f6 liegt darin, daß es jetzt Weiß nicht gelingt, seinen Springer auf e5 festzusetzen, denn nach 10. Lc6:+ bc 11. Se5 Le5: 12. de 0–0 können sich die schwarzen Figuren frei entfalten, während Weiß noch dafür Sorge tragen muß, die Bewegung der Bauern »c« und »d« zu bremsen. Was die Partie von Meran anbetrifft, so glichen sich die Spielchancen nach 10. Sbd2 0–0 11. Sf1 aus. Freilich ließ mein Gegner bald einige Ungenauigkeiten folgen und letztendlich verlor er sogar die Partie... Für diese Niederlage war die schwarze Eröffnung nicht verantwortlich, aber das Ergebnis dieser

Partie hatte offensichtlich auf Kortschnoi eine starke psychologische Einwirkung und nachfolgend sagte er sich ganz und gar von der Russischen Partie los. Wie schade! Denn genau ihm war der folgende Zug zugedacht.

9. c2–c4!

Diese Eröffnungsüberraschung bereitete ich mit meinem Trainer Saizew für das Match in Meran vor. Die in Meran wirkungslos gebliebene Neuerung traf nun Portisch und das in drei Begegnungen!

9. ... Sc6–b4
10. Ld3–f1

Natürlich nicht 10. cd Sf2:!. Gerade aufgrund dieses taktischen Schlages wurde ohne Zweifel früher vom Zug 9.c4 Abstand genommen, allerdings ist Weiß nicht gezwungen, sich mit der Klärung der Lage zu beeilen.

10. ... 0–0

Später in Tilburg wählte Portisch eine andere Fortsetzung – 10. ... dc, aber nach 11. Sc3! Sf6 12. Lc4: 0–0 13. a3 Sc6 14. d5 gelang es mir, ein beträchtliches Übergewicht zu erlangen. Weiter folgte: 14. ... Sa5 15. La2 c5 16. Lg5 Te8 17. Da4 Ld7 18. Dc2 h6 19. Lh4 Sd5: 20. Sd5: Lb4: 21. Te8:+ Te8:. Jetzt konnte ich die Überlegenheit vergrößern mittels 22. Te1 oder 22. Td1, aber mir schien eine Variante effektvoll, die leider einen Trugschluß enthielt. Nach der genauen Antwort von Schwarz hatte ich, vermutlich noch ein Remis, aber mechanisch opferte ich eine Figur und verlor schnell. Hier dieses betrübliche Finale: 22. De4? Lf6 23. Lb1 Kf8 24. Dh7 Dd5: 25. Le4 Dd6 26. Dh8+ Ke7 27. Lc2 Sc6 28. La4 Sd4 29. Sd4: Ld4: 30. Te1+ Kf6 31. Le8: Df4 32. Tf1 De5. Weiß gab auf.

Ehrlich gesagt war ich, als wir uns anläßlich der 25. Olympiade in Luzern wieder am Brett trafen und Portisch erneut die russische Verteidigung wählte, über eine solche Beharrlichkeit meines Partners verwundert. Offensichtlich war

Portisch durch den Ausgang des letzten Zusammentreffens ermutigt...

11. a2–a3 Sb4–c6

Jetzt entsteht eine Stellungstruktur, die derjenigen ähnlich ist, die ich in der vorausgehenden Runde gegen Kavalek hatte (ich spielte diese Partie mit Schwarz): 9. a3 0–0 10. c4 Lf6 11. Sc3 Sc3: 12. bc Ld3: 13. Dd3: dc 14. Dc4: Sa5 15. Da4 b6 mit Ausgleich, aber jetzt gewinnt Weiß etwas Zeit.

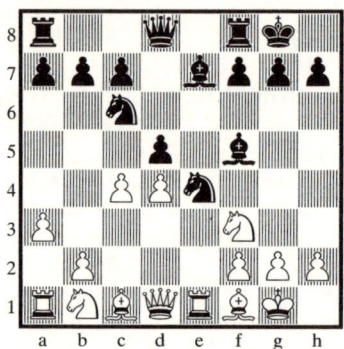

12. Sb1–c3

Obgleich dieser Zug mir einen hübschen Sieg in Turin brachte, entschied ich mich, in Luzern die häusliche Vorbereitung meines Partners nicht auf die Probe zu stellen. Daher wich ich als erster von der Hauptvariante ab und begab mich auf einen Seitenpfad, indem ich auf d5 schlug. Nachdem ich versprochen habe, die gesamte Eröffnungstrilogie zur Vorstellung zu bringen, will ich jetzt etwas abschweifen und erzählen, wie unser folgendes Treffen zu diesem Disput zu Ende ging, die ebenfalls ziemlich interessant verlief. Also kommen wir auf die Partie Karpow – Portisch (Luzern 1982) zu sprechen:

12. cd Dd5: 13. Sc3 Sc3: 14. bc Lg6
Die schwarzen Figuren sind nicht solide aufgestellt, zum Beispiel: 14. ... Te8 15. Se5 (mit der Drohung 16. Lc4) 15. ... Se5: 16. Te5: Dd7 17. Df3 mit

zweifachem Angriff; 14. ... Ld6? 15. c4 Da5 16. Ld2 mit Gewinn; 14. ... Tad8 15. Lf4 mit klarer Überlegenheit. Es ist schwer, den ungarischen Großmeister für einen Zug zu tadeln, mit dem er zwar die unmittelbaren Drohungen pariert, mit dem er aber das Kardinalproblem nicht gelöst hat.

15. c4 Dd7
Nach 15. ... Dd6 16. d5 Lf6 entscheidet der taktische Schlag 17. c5!.

16. d5 Lf6 17. Ta2
Das verführerische Qualitätsopfer wäre von keinem besonderen Nutzen, man sehe: 17. Lg5 La1: 18. dc Dd1: 19. Td1: Lf6 20. cb Tab8, und der Bauer b7 ist ohne Verteidigung.

17. ... Sa5 18. Lf4
Es war möglich die ungünstige Lage des Springers am Rande des Bretts auszunutzen: 18. Ld2 b6 19. La5: ba 20. Se5 Dd6 21. Sc6, oder 18. Se5 Le5: 19. Te5: b6 20. Lf4 Tfe8 21. Tae2. Aber der geschehene Zug ist noch energischer und stärker.

18. ... Tfe8 19. Tae2! Tec8?
Dies kommt der Preisgabe der gesamten Stellung gleich. Dem Nachziehenden gefiel 19. ... Te2: nicht wegen 20. De2: mit der Drohung 21. Se5 Le5: 22. De5:, aber dennoch war diese Fortsetzung für ihn nicht derart gefährlich.

20. Se5 Df5?
Die logische Fortsetzung des gewählten Manövers. Widerstand leisten konnte man nur mit 20. ... Le5:.

21. Ld2!
Dies stellt die unabwendbare Drohung g2–g4 auf. Wenn 21. Dd2 mit der nämlichen Idee geschieht, dann verwickelt sich der Kampf 21. ... Lh5 22. f3 g5 23. Lg3 b6.

21. ... Sc4:
Nach 21. ... b6 22. g4 Dc2 23. Dc2: Lc2: 24. La5: Le5: 25. Tc2: verbliebe Schwarz materiell mit einer Figur im Rückstand.

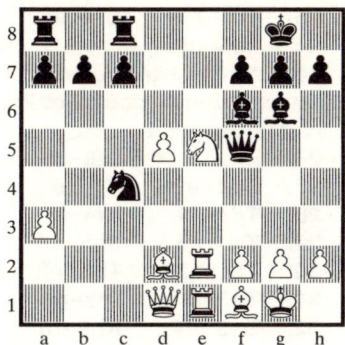

22. g4! Se5:
Es half nichts 22. ... Dc2 23. Dc2: Lc2:
24. Sc4: bzw. 22. ... De5: 23. Te5: Se5:
24. g5.
23. gf Sf3+ 24. Kg2 Lh5 25. Da4
Sh4+ 26. Kg3 Le2: 27. Le2:
Schwarz gab auf.

Kehren wir nun zurück zum Zusammentreffen in Turin.

| 12. | ... | Se4×c3 |
| 13. | b2×c3 | d5×c4 |

Ohne diesen Tausch würde Schwarz
schwerlich zurechtkommen.

| 14. | Lf1×c4 | Le7–d6 |

Man kann eine Zwischenbilanz ziehen:
Weiß hat seine Streitkräfte zweckmäßiger
aufgestellt und übt einen merklichen
Druck im Zentrum aus.
In der Partie Elwest – Khalifman aus der
Landesmeisterschaft der UdSSR
(Minsk 1987), der aktuellsten nach dem
jetzigen Stand der Dinge, spielte
Schwarz 14. ... Sa5, doch er konnte die
Eröffnungsprobleme dennoch nicht zu-
friedenstellend lösen. Hier der weitere
Fortgang der Ereignisse in dieser Partie:
15. La2 c5 16. Se5 Lf6 17. g4 Ld7 18. Lf4
Le5: 19. Te5: cd 20. cd Sc6 21. Td5 Dc8
22. h3 Le6 23. Tc5 La2: 24. Ta2: Dd7
25. d5 Se7 26. Ld2. Den Vorteil des
gegnerischen Läuferpaares konnte
Schwarz beseitigen, aber hinsichtlich
des d-Bauern ließ sich nichts machen.

Letztendlich mußte wegen ihm die Qualität geopfert werden, und Weiß gewann.

| 15. | Lc1–g5 | Dd8–d7 |
| 16. | Sf3–h4! | |

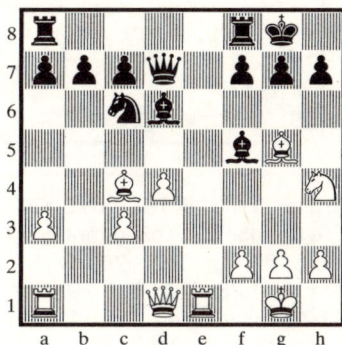

Dieses Manöver erlaubt es dem Anzie-
henden, eine dauerhafte Initiative zu ergreifen.

| 16. | ... | Sc6–a5 |

Als Antwort auf 16. ... Lg4 bestand die
Auswahl zwischen dem einfachen 17. f3
Lh5 18. g4 und 17. Db1 Sa5 18. Ld3 mit
nachfolgender Inbesitznahme des
Punktes f5.

| 17. | Lc4–a2 | b7–b5 |

Die schwarzen Figuren sind nicht stabil
postiert, und Portisch strebt danach,
für sie Stützpunktfelder zu gewährlei-
sten; Weiß muß darauf energisch rea-
gieren.

| 18. | a3–a4 | a7–a6 |

Im Falle von 18. ... ba hatte ich die ange-
nehme Wahl zwischen 19. Ld5 Tae8
20. Te8: Te8: 21. Sf5: Df5: 22. Da4: Tb8
23 Te1 und 19. c4 c5 20. dc (oder
20. Sf5: Df5: 21. h4 Sb3 22. Lb1 Dd7
23. dc Sc5: 24. Ta2 mit ausgezeichne-
ten Angriffsmöglichkeiten) 20. ...Lc5:
21. Te5 Dd1:+ 22. Td1: Lg4 23. Tc5: Ld1:
24. Ta5:.

19.	a4×b5	a6×b5
20.	Sh4×f5	Dd7×f5
21.	Lg5–e7	Tf8–b8

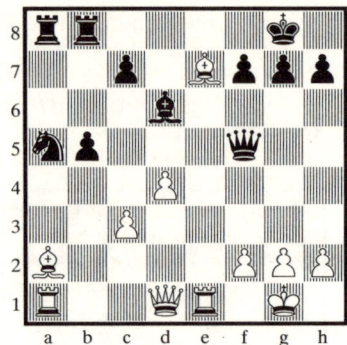

Nach 21. ... Le7: 22. Te7: c6 23. De2 Sc4 24. Te1 Dd5 25. Te5 (stark ist auch 25. Lb3) 25. ... Ta2: 26. Da2: Se5: 27. Dd5: cd 28. Te5: Td8 29. Te7 Tc8 30. Tb7 gewinnt Weiß einen Bauern. Im Falle von 21. ... Tfe8 22. Ld6: cd 23. Lb1 Dh5 macht sich die Schwäche der Grundreihe bemerkbar: 24. Te8:+ Te8: 25. g4 Dh3 26. Ta5: Dc3: 27. Da2!. Schlecht ist auch 21. ... Tfc8 – 22. Lb1 Dd7 23. Df3 g6 24. La2! Allerdings findet sich auch auf die Überführung des Turms nach b8 eine unerwartete und starke Entgegnung.

22.　　g2–g4!!

Ein solcher extravaganter Zug ist freilich schwer vorhersehbar. Seine Absicht ergibt sich aus den folgenden Varianten: 22. ... Df4 23. Ld6: Dd6: (23. ... cd 24. Ld5) 24. Df3 Dd7 (24. ... Tf8 25. Lf7:+! Kh8 26. Dg3!) 25. Te2, und gegen die Drohung 26. Tae1 und 27. Te7 läßt sich schwerlich eine Verteidigung finden. Zum Beispiel: 25. ... Sc6 26. Tae1 Te8 27. Df7:+ mit Matt, oder 25. ... Ta6 26. Tae1 Tf6 27. Dg3 mit unabwendbaren Drohungen.

22.　　...　　　　Df5–d7
23.　　La2×f7+!

Die Pointe der Kombination! Der Läufer ist unantastbar: 23. ... Kf7: 24. Ta5:! Ta5: 25. Db3+ Kg6 26. Te6+ mit unabwendbarem Matt.

23.　　...　　　　Kg8–h8
24.　　Le7×d6　　Dd7×f7

25.	**Te1–e7**	**Df7–f8**
26.	**Ld6–c5**	

Weiß besitzt materielle und positionelle Überlegenheit. Der Ausgang des Kampfes ist vorherbestimmt.

26.	**...**	**Df8–f4**
27.	**Dd1–e2**	**h7–h6**
28.	**Te7–e4**	**Df4–f7**
29.	**Te4–e5**	**Sa5–c4**
30.	**Ta1×a8**	**Tb8×a8**
31.	**Te5–f5**	**Df7–g6**
32.	**De2–e4**	**Kh8–h7**
33.	**h2–h3**	**Ta8–a1+**
34.	**Kg1–g2**	**Ta1–c1**
35.	**Lc5–b4**	**Sc4–d6**
36.	**Lb4×d6**	**c7×d6**
37.	**De4–d3**	**d6–d5**
38.	**f2–f3!**	

Schwarz gab auf.

Karpow – Kasparow
Weltmeisterschaftsmatch
41. Partie
Moskau 1984

Sechs Partien mit Russisch spielte ich im Rahmen der Weltmeisterschaftskämpfe gegen Kasparow in den drei ersten Auseinandersetzungen um die Schachkrone und ich glaube, daß alle diese Partien beträchtlich dazu beigetragen haben, die Entwicklung der Eröffnungstheorie voranzutreiben. [Anm. der Redaktion: Im vierten WM-Match stand Russisch nicht auf dem Programm].

Drei der Partien sind in den Haupttext dieses Buches einbezogen, die weiteren drei stehen in den Anmerkungen. Es versteht sich von selbst, daß der Leser hier noch zahlreiche andere wichtige Partien findet, durch welche diejenigen Ideen, die in unserem Match vorgeführt wurden, weiter präzisiert und aktualisiert wurden.

1.	e2–e4	e7–e5
2.	Sg1–f3	Sg8–f6
3.	Sf3×e5	d7–d6
4.	Se5–f3	Sf6×e4
5.	d2–d4	d6–d5
6.	Lf1–d3	Lf8–e7
7.	0–0	Sb8–c6

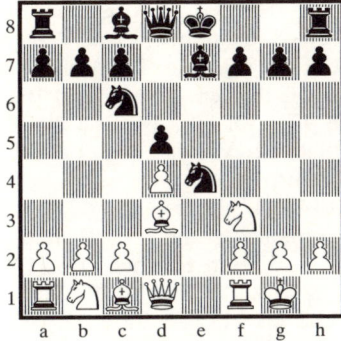

vielleicht hat sich aber erst in unserer Zeit mit solcher Deutlichkeit gezeigt, wie wichtig bereits ein einziges Tempo in dem gegebenen Eröffnungssystem ist. Zwei schwarze Läuferzüge – der Zug des schwarzfeldrigen nach e7 oder derjenige des weißfeldrigen nach g4, stehen für zwei verschiedene theoretische Fahrrinnen in der russischen Partie. Über den Läufervormarsch nach g4 wird bei späterer Gelegenheit noch Zeit sein, ausgiebig zu diskutieren.

Die beiden Russisch-Partien des ersten Wettkampfs, in denen Kasparow mit Weiß spielte, überzeugten ihn, daß die Eröffnung für Schwarz keine Gefahren birgt, und in der hier vorliegenden Begegnung wählte er die Eröffnung nun mit der anderen Farbe. Allerdings servierte ich ihm eine kleine Überraschung.

8.   c2–c4

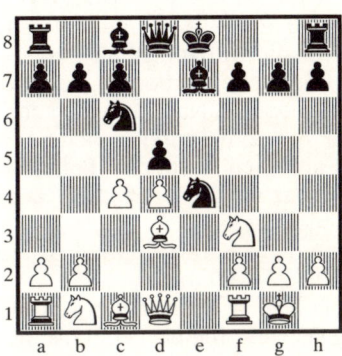

Weiß greift sofort das Zentrum an. In den zwei vorausgegangenen Partien, die mit dieser Eröffnung gespielt worden waren, war jeweils 8. Te1 gefolgt, und Weiß hatte nichts erreicht. Hier sind die Notationen dieser Begegnungen: Kasparow – Karpow (I, 28; Zugfolge: – 6. ... Sc6 7. 0–0 Lg4): 8. Te1 Le7 9. c4 Sf6 10. cd Lf3:.
Eingeführt in die Spielpraxis durch Smyslow im Kandidatenkampf gegen Robert Hübner (Velden, 1983). Früher war es üblich 10. ... Sd5: zu spielen.

Ein Moment von prinzipieller Bedeutung. Das System mit 6. ... Sc6 und 7. ... Le7 (oder diese beiden Züge in umgekehrter Reihenfolge, wie in dieser hier vorliegenden Partie) wurde vom russischen Meister Jänisch schon im vorigen Jahrhundert ausgearbeitet. Aggressiver erscheint die Variante 6. ... Sc6 7. 0–0 Lg4 mit unmittelbarem Druck gegen das Zentrum. Allein auch diese Idee, welche derzeit als der erstrangige Plan angesehen wird, ist keineswegs neu. Bereits im „Handbuch" aus dem Jahre 1922, das von Schlechter zum Druck vorbereitet wurde, gibt es (mit Zugumstellung) folgende Fortsetzung: 6. ... Lg4 7. 0–0 Sc6 8. Te1 f5 9. c4! Ld6 10. cd Lf3: 11. Df3: Sd4: 12. De3 Df6 13. Le4 fe 14. De4:+ Kf7 15. Lg5! Dg5: 16. Dd4: mit weißer Überlegenheit (Capablanca – Marshall, Match 1909). Dort wird anstelle des unglücklich gewählten Zuges 8. ... f5 die Fortsetzung 8. ... Le7! empfohlen und weiter 9. Le4: de 10. Te4: Lf3:! 11. Df3: Sd4: 12. Dd3 Se6 mit gleichem Spiel.
All dies ist langjährige Theorie, welche freilich nicht auf der Stelle getreten ist.

11. Df3: Dd5:
Und von dieser Stellung soll später noch ausführlicher die Rede sein.
12. Dh3 Sd4: 13. Sc3 Dd7 14. Dd7:+ Kd7: 15. Le3 Se6 16. Tad1 Ld6 17. Lf5 Ke7 18. Sb5 Thd8 19. Sd6: cd 20. h3 b6 21. g4 h6 22. Ld4 Tac8 23. Lc3 g6 24. Lc2 h5 25. f3. Remis.
Kasparow – Karpow (I, 30, Zugfolge – 6. ... Le7 7. 0–0 Sc6 8. Te1 Lg4 9. c4 Sf6): 10. Sc3 (anstelle von 10.cd) 10. ... dc 11. Lc4: 0–0 12. Le3 Lf3: 13. Df3: Sd4: 14. Ld4: Dd4: 15. Te7: Dc4: 16. Db7: c6 17. Db3 Db3: 18. ab Tab8 19. Ta3 Tfe8 20. Te8:+ Te8: Remis.
Ich erinnere daran, daß der Ausfall mit dem Läufer nach f5 – 6. ... Sc6 7. 0–0 Le7 8. Te1 Lf5 ziemlich ausführlich behandelt wurde in den Kommentaren zur Partie Karpow – Portisch (Turin, 1982).

8. ...   Sc6–b4
In der 48. Partie wurde mein „Vorsagen" von Kasparow benutzt, als er neuerlich die Russische Partie mit den weißen Steinen spielte. Nachdem sich das Manöver mit dem Springer nach b4 in der 41. Partie nicht ausgezahlt hatte, sah ich mich gezwungen, mit dem anderen Springer zu ziehen.
Kasparow – Karpow (I, 48): 8. ... Sf6 9. Sc3 0–0 10. h3.
Ein für allemal wird die Möglichkeit des Gegenspiels mittels Lc8–g4 ausgeschaltet.
10. ... dc
Nach 10. ... Sb4 (auf 10. ... Le6 ist 11. c5 gut) 11. Le2 c5 12. a3 Sc6 13. dc war Weiß merklich im Vorteil in der Partie Velimirović – Schüssler, Smederewska Palanka 1979.
11. Lc4: Sa5 12. Ld3 Le6 13. Te1 Sc6
Verweilen wir erst einmal bei der Möglichkeit 13. ... c5!?. Nach 14. Le3 Tc8 15. De2 cd 16. Sd4: Lc4: 17. Tad1 ist Weiß besser dran, aber im Falle von 14. ... c4 15. Lc2 Sd5 erreicht Schwarz

Ausgleich (Fedorowicz – Kogan, USA 1985). Vielleicht hätte Weiß mehr Chancen im Falle von 14. Lg5 h6 15. Lh4. Jetzt richtet er sich im Falle von 15. ... c4 16. Lf6: Lf6: 17. Le4 im Zentrum des Brettes eine mächtige Stellung ein.
14. a3 a6
Anders spielte Schwarz in der Partie Lobron – Handoko (Jugoslawien 1985): 14. ... Te8, allerdings erhielt Weiß nach 15. Lb5 Dd6 (besser für Weiß ist auch 15. ... a6 16. Lc6: bc 17. Se5) 16. Lg5! Ted8 17. Lf6: Lf6: 18. Se4 einen beträchtlichen Vorteil und behielt die Oberhand.
15. Lf4 Dd7
Ein ernstlicher Fehler. Richtig war 15. ... Sd5, zum Beispiel: 16. Lg3 Lf6 17. Lc2 Sce7 18. Se4 Lf5 19. Sf6:+ Sf6: 20. Lb3 c6 21. Se5 Sfd5 22. Df3 Le6 23. Tad1 Sf5 24. Ld5: Remis (Gufeld – Schüssler, Havanna 1985).
16. Se5! Se5: 17. de Sd5 18. Sd5: Ld5: 19. Dc2 g6
Auf 19. ... h6 könnte folgen 20. Tac1 c6 21. Te3 mit starkem Angriff.
20. Tad1 c6
Dies führt forciert zu einer für Schwarz schwierigen Stellung, es war unvermeidbar, sich mit dem schlechteren Endspiel nach 20. ... Dc6 21. Dc6: Lc6: 22. Lc4 abzufinden.
21. Lh6 Tfd8

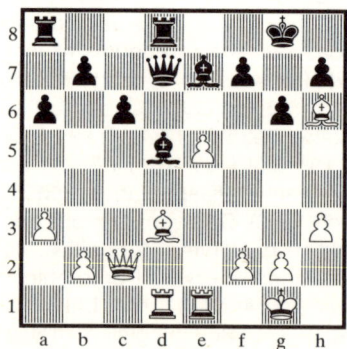

22. e6! fe.

Auch nicht besser ist 22. ... Le6: 23. Lg6:!, bzw. 22. ... De8 23. Dc3 f6 24. f4!.

23. Lg6: Lf8 24. Lf8: Tf8: 25. Le4 Tf7 26. Te3 Tg7 27. Tdd3 Tf8 28. Tg3 Kh8 29. Dc3 Tf7 30. Tde3

Die Lage von Schwarz ist als strategisch verloren zu bezeichnen, und obgleich die Partie noch fast vierzig Züge lang andauerte, hielt Kasparow in einem weitläufigen Endspiel den Sieg fest.

Nachdem ich nun bereits beständig von der Hauptpartie, d.h. der 41. Matchpartie, abgeschweift bin, so möchte ich die Gelegenheit nutzen für noch eine weitere, aber angenehmere Rückerinnerung.

Ich möchte ihre Aufmerksamkeit darauf lenken, daß die neue Welle des Interesses für den Angriff auf das Zentrum mittels c2–c4 erst seit verhältnismäßig kurzer Zeit zu beobachten ist; in den 80er Jahren noch und in den 70er Jahren bevorzugte man das bescheidenere c2–c3. Im Zusammenhang damit kommt mir unwillkürlich eine Partie Karpow – Kortschnoi in Erinnerung aus dem Finalkampf der Weltmeisterschaftskandidaten 1974. Ich möchte davon kurz berichten. Ich beginne mit meiner Rückblende mit der Stellung des allerersten Diagramms zu dieser Partie (vgl. S. 69 links).

8. Te1 Lg4 9. c3 f5 10. Db3

Nichts erreichte Weiß, indem er 10. Sbd2 Dd6 11. Db3 0–0–0 12. Lb5 Lf6 13. Da4 Sd2: 14. Ld2: The8 (Mestel – Wolff, London 1985) oder 10. c4 dc 11. Lc4: Dd6! 12. Sc3 0–0–0! (Cholmow – Michaltschischin, Minsk 1985) spielte.

10. ... 0–0 11. Sbd2

Wenn der andere Springer nach d2 geht – 11. Sfd2, dann spielt Schwarz darauf 11. ... Sf2:! 12. Kf2: Lh4+ 13. g3 f4 14. Kg2 fg 15. Le4 Lh3+! 16. Kg1 gh+ 17. Kh2: Dd6+ 18. Kh1 Le1:, und erhält entscheidende Überlegenheit (Ljubojević – Makaritschew, Amsterdam 1975).

11. ... Kh8

Botwinnik schlug an dieser Stelle vor 11. ... Sa5 12. Db5 c6 13. Da4 b5 14. Dc2 Sc4 oder 12. Da4 Sc6 13. Lb5 Tf6 14. Lc6: Tc6: 15. Se5 Ta6 mit ausgeglichenen Chancen.

12. h3

Früher traf man auf die Züge 12. Sf1, 12. Le2 oder 12. Db7:, und in all diesen Fällen erreichte Schwarz ein angenehmes Spiel. Übrigens ist auch der Zug mit dem Randbauern für Schwarz nicht sonderlich gefährlich.

12. ... Lh5 13. Db7: Tf6

In einer Partie Ligterink – Dvoretzky (Wijk aan Zee 1975) waren nach 13. ... Sa5 14. Da6 c5 15. Le2 Tb8 die Chancen ausgeglichen.

14. Db3 Tg6

Botwinnik (er kommentierte die Partien dieses Matchkampfes in seinem Buch) bezeichnete diesen Zug als den Hauptgrund der schwarzen Niederlage und schlug das scharfe 14. ... g5 vor. Allerdings ist es das Turmmanöver für sich allein genommen nicht, das zu einer Katastrophe für Schwarz führen muß.

15. Le2 Lh4?

Das ist der Grund für die schwarze Niederlage. Es geht auch nicht 15. ... Sf2: 16. Kf2: Lh4+ 17. Kf1 Le1: 18. Se1: Le2:+ 19. Ke2: De7+ 20. Kf1 Te8 21. Dd1 mit Gewinn für Weiß. Jedoch stand nach 15. ... Ld6 ein hartnäckiger Kampf bevor. Möglich wäre, zum Beispiel folgende Variante, die von O'Kelly angegeben wurde: 16. Se5 Se5: 17. Lh5: Tg2:+ 18. Kg2: Dg5+ 19. Kf1 Dh4 20. Se4: Dh3:+ 21. Kg1 de 22. de Le5: 23. f4 Dg3+ mit Remis.

16. Tf1 Lf3: 17. Sf3: Lf2:+ (eine nicht korrekte Operation – nicht so sehr dieses Opfer, nicht dieser Abtausch, aber nach dem 24. Zug verbleiben dem Nachziehenden nur noch fünf Minuten) **18. Tf2: Sf2: 19. Kf2: Dd6 20. Sg5! Tf8 21. Da3 Dd8 22. Lf4 h6 23. Sf3 Te8 24. Ld3 Te4 25. g3 Tf6 26. Dc5 g5 27. Sg5: hg 28. Lg5: Tee6 29. Te1 Dg8 30. h4 Tg6 31. Te6:.**

Schwarz überschritt die Zeit, obgleich er das ruhigen Gewissens tun konnte.

Es ist nun an der Zeit die nostalgischen Reminiszenzen zu beenden und wieder zurückzukehren zur Partie Karpow – Kasparow, welche zehn Jahre später als das eben dargelegte Beispiel gespielt wurde. –

9. Ld3–e2!

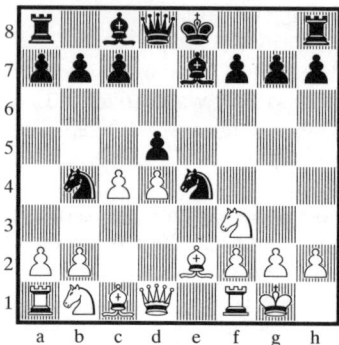

Eigentlich erweist sich erst dieser Zug als eigentliche Neuerung. Seine Idee ist augenscheinlich – den weißfeldrigen Läufer vor dem Abtausch zu bewahren. In der Partie Hübner – Smyslow aus dem vorerwähnten Matchkampf hatte nach 9. cd Sd3: 10. Dd3: Dd5: 11. Te1 Lf5 12. Sc3 (12. Se5 ist auch ungefährlich für Schwarz) 12. ... Sc3: 13. Dc3: Le6! 14. Dc7: Ld6 15. Dc2 0–0 Schwarz vollkommen ausreichende Kompensation für den Bauern erhalten. Der gegenwärtige Theoriestand zum Zug 9. cd wird später noch beleuchtet.

9. ... d5×c4

Eine interessante Möglichkeit ist 9. ... Le6 10. Sc3 0–0 (oder 9. ... 0–0 10. Sc3 Le6). Sie wird an einigen Partiebeispielen dargestellt.

10. Le2×c4   0–0
11. Sb1–c3

Man trifft auch die Zugfolge 11. Se5 Sc6 12. Sc6: bc 13. Sc3 Sd6 14. Lb3 Sf5 15. d5 c5 16. Te1 Sd4 17. Le3 mit Stellungsübergewicht von Weiß an (Sindik –

Janson, Italien, 1983). Die richtige Reaktion von Schwarz besteht im sofortigen 11. ... Sd6!. Nach 12. Lb3 Sf5 13. a3 Sd5 14. Sc3 Le6 15. Te1 c6 16. Lc2 Sc7 ist das Spiel ausgeglichen (Sindik – Siz, Baden-Baden 1985).

11. ...   Se4–d6
12. Lc4–b3   Le7–f6

Nach 12. ... Lg4 13. h3 Lh5 14. g4! Lg6 15. Se5 und weiterem f2–f4 ist Weiß klar im Vorteil, aber es verdient Beachtung der Zug 12. ... Kh8!.

In der Partie Mnazakanjan – Diaz, Varna, 1985) erhielt Schwarz nach 13. Se5 f6 14. Sf3 Lg4 15. h3 Lh5 16. Le6 Lf3: 17. gf De8 18. Lf4 f5 19. Kh2 Dg6 20. Lb3 Lg5 ein ernstzunehmende Initiative auf dem Königsflügel.

13. h2–h3

Später wurde die Partie Sokolow – Agzamow (52. Meisterschaft der UdSSR) gespielt, wobei Weiß noch kräftiger 13. Se5! spielte und nach 13. ... Sc6 (genauer ist 13. ... c5 14. Lf4 c4 15. Sc4: Sc4: 16. Lc4: Ld4: 17. Sb5; aber schlecht wäre 13. ... Sf5 14. Sf7:! Tf7: 15. Lf7:+ Kf7: 16. Db3+ oder 13. ... Le5: 14. de Sf5 15. Lf7:+!) 14. Lf4 Sf5 15. Sc6: bc 16. d5 c5 17. Sa4 La6 18. Te1 Le7 (besser 18. ... c4 19. Lc2 Sd6) 19. Tc1 Ld6 20. Lg3 mit großem Stellungsvorteil.

13. ...   Lc8–f5
14. Lc1–e3   Tf8–e8
15. a2–a3   Sb4–d3

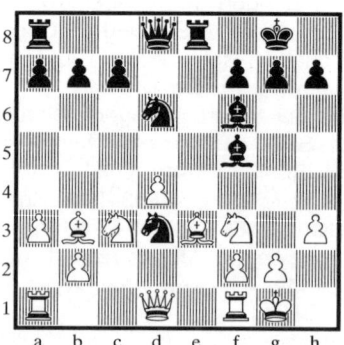

Ein pseudoaktiver Zug; sicherer war 15. ... Sc6.

| 16. | Ta1–b1 | c7–c5 |
| 17. | d4×c5 | Sd6–e4 |

Es geht nicht 17. ... Sb2: 18. Tb2: Lc3: wegen 19. cd! Lb2: 20. Lf7:+! Kf7: 21. Dd5+ mit unabwendbarem weißem Angriff.

| 18. | Lb3–c2! | Sd3×b2 |

Nach 18. ... Sg3 ist 19. fg Te3: 20. Dd2 Ld4 21. Sd4: Dd4: 22. Kh2 Lg6 23. Sd5! stark.

19.	Dd1×d8	Ta8×d8
20.	Tb1×b2	Lf6×c3
21.	Tb2×b7	Se4×c5
22.	Le3×c5	Lf5×c2
23.	Tb7×a7	

In der Bilanz hat Weiß einen Bauerngewinn zu verbuchen, aber, genau genommen wäre es besser gewesen, dieses Ergebnis auf anderem Wege mittels 23. Tc1 Td1+ (23. ... Le4 24. Ta7:) 24. Td1: Ld1: 25. Ta7: zu erreichen.

23.	...	Lc2–d1
24.	Ta7–e7	Te8×e7
25.	Lc5×e7	Td8–d3
26.	Sf3–g5	Lc3–b2
27.	Le7–b4	

Es drohte 27. ... Lc2, mit Rückgewinn des Bauern a3. Jetzt aber würde auf 27. ... Lc2 die Entgegnung 28. Te1! folgen.

27.	...	h7–h6
28.	Sg5–e4	f7–f5
29.	Se4–c5	Td3–d5
30.	Tf1–e1	f5–f4?

In Zeitnot macht Schwarz einen Verlustzug, unumgänglich war es, anstelle dessen 30. ... Kf7 oder 30. ... Lc2 zu spielen.

| 31. | a3–a4! | Td5–d4 |

Es geht nicht 31. ... Le5 32. a5 Ld6 33. a6 Lc5: 34. Lc5: Tc5: 35. Te8+ Kf7 36. a7.

| 32. | a4–a5 | Td4×b4 |

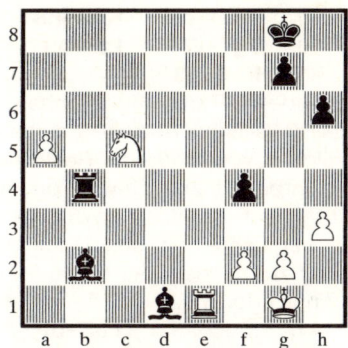

Ich nahm die historische Bedeutung, die diese Position haben konnte, während des Spiels nicht wahr. Indem Weiß den a-Bauern noch ein Feld nach vorne stößt, hätte er endgültig die Oberhand behalten: 33. a6! Lb3 (33. ... La4 34. a7 Lc6 35. Te6 Ld5 36. Td6; 33. ... Tb8 34. Td1: La3 35. Sb7!) 34. Sb3: Ta4 (34. ... Tb3: 35. Te8+ und 36. a7) 35. Sc5 Ta5 36. Te4! Kf7 37. Ta4! Ta4: 38. Sa4: Ld4 39. Sc3! und Schwarz verliert den Läufer.

Der Gewinn der Partie hätte auch den Gewinn des Wettkampfes bedeutet und zwar mit einem Endergebnis von 6:1.

Der Zweikampf wäre beendet gewesen, und die Schachgeschichte hätte eine ganz andere Wendung genommen...

33.	Te1×d1?	Lb2–d4
34.	Sc5–e6	Ld4–a7
35.	Td1–d7	

Auch 35. Sg7: Tb2 36. Sf5 Lf2:+ 37. Kf1 hätte kaum mehr gewonnen.

35.	...	Tb4–b1+
36.	Kg1–h2	La7×f2
37.	Se6×f4	Tb1–a1
38.	Sf4–e6	Ta1×a5

Schwarz erschwert sich noch sein Leben. Wie Großmeister Dorfman zeigte, führte folgendes zum Remis: 38. ... g5! 39. Tg7+ (39. Td5 Le1) 39. ... Kh8 40. Tg6 Kh7 41. Sf8+ Kh8 42. a6 (42. Th6:+ Kg7 43. Tg6+ Kf8: 44. Tf6+ Kg7 45. Tf2: Ta5:) 42. ... Lg1+! 43. Kg3 Ta3+ 44. Kg4 Ta4+!

73

39.	Td7×g7+	Kg8–h8
40.	Tg7–f7	Lf2–e3
41.	Kh2–g3	

Hier wurde die Partie abgebrochen, und in der häuslichen Analyse überzeugte ich mich davon, daß eine Realisierung des Mehrbauern zum Gewinn praktisch nicht möglich ist. Noch dreißig weitere Züge versuchte ich das Unmögliche möglich zu machen; der Versuch blieb allerdings erfolglos.

41.	...	Le3–d2
42.	Tf7–d7	Ld2–c3
43.	Kg3–f3	Kh8–g8
44.	Se6–f4	Ta5–f5
45.	Kf3–e4	Tf5–f7!
46.	Td7–d8+	

Mehr Gewinnchancen behielt man im Leichtfigurenendspiel: 46. Tf7: Kf7: 47. Kf5. Übrigens haben kürzlich die beiden damaligen Trainer Kasparows Dorfman und Wladimirow eine gemeinsame interessante Analyse publiziert, in welcher sie die Methode offenlegen, mit welcher sich Schwarz in diesem Endspiel erfolgreich verteidigt.

46.	...	Kg8–h7
47.	Td8–d3	Tf7–e7+
48.	Ke4–f3	Lc3–b2
49.	Td3–b3	Lb2–c1
50.	Sf4–d5	Te7–e5
51.	Sd5–f6+	Kh7–g6
52.	Sf6–e4	Te5–f5+
53.	Kf3–e2	Tf5–e5
54.	Tb3–b4	Te5–e7
55.	Tb4–c4	Te7–e8
56.	g2–g3	Lc1–b2
57.	Ke2–f3	Te8–e6
58.	Tc4–c5	Lb2–d4
59.	Tc5–d5	Ld4–e5
60.	Td5–b5	Le5–c7
61.	Tb5–c5	Lc7–b6
62.	Tc5–c8	Lb6–d4
63.	Tc8–g8+	Ld4–g7
64.	h3–h4	Te6–a6
65.	Kf3–f4	

Nach 65. h5+ Kh5: 66. Tg7: Ta3+ 67. Kf4 Tf3+ hätte Schwarz seinen Turm ewig zum Opfer angeboten.

65.	...	Ta6–a5
66.	Tg8–e8	Ta5–f5+
67.	Kf4–e3	Tf5–e5
68.	Te8–g8	Te5–f5
69.	Ke3–f4	Te7–f7+
70.	Kf4–g4	h6–h5+
71.	Kg4–h3	

Remis

Khalifman – Archipow
Moskau 1985

1.	e2–e4	e7–e5
2.	Sg1–f3	Sg8–f6
3.	Sf3×e5	d7–d6
4.	Se5–f3	Sf6×e4
5.	d2–d4	d6–d5
6.	Lf1–d3	Lf8–e7
7.	0–0	Sb8–c6
8.	c2–c4	

Nachdem er sich mit der vorausgegangenen Partie vertraut gemacht hat, könnte ein unbedarfter Leser jetzt vielleicht meinen, daß sie in der Lage war, die Schwarzspieler für lange Zeit davon abzuhalten, hier 8. ... Sb4 zu spielen angesichts der Erwiderung 9. Le2. Aber nichts dergleichen geschah! In allerkürzester Zeit hatte man sich anstelle des Zuges 9. ... dc, welchen Kasparow gemacht hat, etwas anderes ausgedacht.

8.	...	Sc6–b4
9.	Ld3–e2	Lc8–e6

Das ist hier die Neuerung. Wem ist sie aber zuzusprechen? Auf dem Moskauer Internationalen Turnier im Jahre 1985 brachte der Internationale Meister Archipow diesen Zug zweimal zur Anwendung und in den Anmerkungen zu seiner Partie gegen Zeschkowski im Jugoslawischen „Schach-Informator" steht das Zeichen N (Neuerung). Allerdings bereits im Monat davor in Linares spielte

Christiansen so gegen Ljubojević. Auf diese Art und Weise muß man schlußfolgern, daß die „wissenschaftliche Entdeckung" unabhängig voneinander gleichzeitig von zwei Schachmeistern gemacht worden ist.

10. Sb1–c3

Noch nicht ausprobiert wurde 10. c5!? mit der Absicht, Raum auf dem Damenflügel zu beherrschen – (11. a3 Sc6 12. b4); nach 10. ... Sc6 (10. ... a5 11. Se5) 11. Da4 a5 12. Se5 hat Weiß einen geringen Vorteil.

10. ... 0–0

11. Lc1–e3

Der Zug 11. cd wird im nachfolgenden noch betrachtet.

11. ... Le6–f5

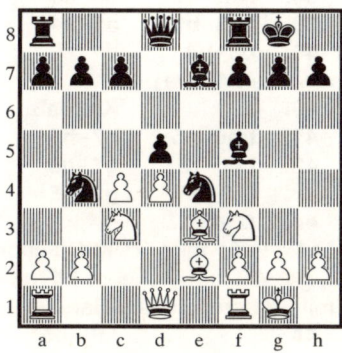

In allen drei Partien Archipows, welche hier in Erinnerung gebracht werden, begegnet uns gerade dieser Zug; von den anderen Möglichkeiten werden wir auch noch später sprechen. Jetzt hat Schwarz eine unangenehme Drohung geschaffen – 12. ... Sc3: 13. bc Sc2.

12. Dd1–b3

Iwanow spielte 12. a3 in seiner Partie gegen Archipow (Moskau 1985), und nach 12. ... Sc3: 13. bc Sc2 14. Ta2 Sa3: (14. ... Se3: 15. fe mit einem geringen Übergewicht für Weiß) 15. Ta3: La3: 16. c5 Lb2 17. Db3 Lc3: 18. Dc3: c6

19. Ta1 Te8 20. Ta3 Dc7 21. Sd2 b5 22. Ta6 war das Spiel als günstig für Weiß einzuschätzen. Übrigens merkte Iwanow an, daß 16. ... b5 17. Db3 Lc5: 18. dc c6 19. Sd4 Ld7 20. Lf4 a5 21. Ld6 Te8 zu unklarem Spiel führt.

12. ... c7–c6

Gegen Zeschkowski spielte Archipow im gleichen Turnier 12. ... dc 13. Lc4: a5 (genauer als 13. ... Sc3: 14. bc Sc2 15. Tad1 Se3: 16. fe mit Druck auf den Punkt f7) 14. a3 Sc3: 15. bc (nach 15. ab b5! 16. bc bc 17. Dc4: Le6 18. Db5 ab 19. Ta8: Da8: 20. cb Ld5 steht Schwarz besser) 15. ... a4 16. Db2 Sc2 17. Ta2 Se3: 18. fe Ld6 19. Db7: (richtig ist 19. Se5! Le6 20. Le6: fe) 19. ... Tb8 20. Dd5? (der Verlustzug, aber auch nach 20. Da6 Dd7 hätte Schwarz ein Übergewicht) 20. ... Ld3! 21. Dc6 (21. Ld3 Lh2:+, 21. Td1 c6! 22. Dc6: Tc8) 21. ... Lf1: 22. Kf1: Tb1+ usw.

Offenkundig überzeugte sich Archipow nach der Partie davon, daß trotz des glücklichen Ausgangs des Kampfes der Tausch auf c4 nicht alle Eröffnungsprobleme löst, um dann nach einigen Runden eine Verstärkung einzuführen, die darin bestand, daß er den Abtausch um einen Zug aufschob.

13. Ta1–c1

Zu Ausgleich führte 13. cd cd 14. Tac1 a5 15. a3 Sc3: 16. Tc3: a4 17. Dd1 Sc6, aber ernsthafte Aufmerksamkeit verdient die Fortsetzung 13. c5 Sc3: 14. bc Sc2 15. Tac1 Se3: 16. fe.

Der Abwartezug mit dem Turm überläßt Schwarz die Initiative.

13. ... d5×c4

Jetzt gewinnt dies an Stärke, da Schwarz das Vorstoßmanöver b7–b5 bereits vorbereitet hat.

14. Le2×c4 b7–b5!

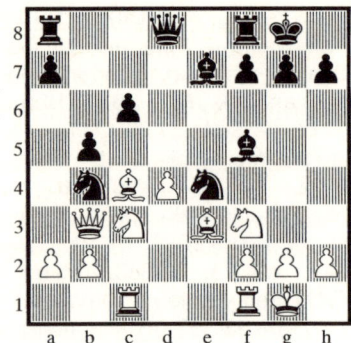

15. Lc4×f7+!?

Das zaghafte 15. Le2 führt hier zum Verlust eines Bauern: 15. ... Le6 16. Dd1 Sc3: 17. Tc3: La2: 18. b3 a5 nebst a5–a4, oder 17. bc Sa2: 18. Tc2 nebst b5–b4.

15. ... Tf8×f7
16. Sf3–e5 Sb4–d5

Zwar die einzige, aber wie man sagen kann, ausreichende Antwort.
Auf 16. ... De8 folgte 17. g4! Sc3: 18. bc usw.

17. Sc3×e4

Es versteht sich, daß Schwarz in der Variante 17. Sc6: Sec3:! 18. Sd8: Se2+ 19. Kh1 Sc1: ein materielles Übergewicht verbleibt.

17. ... Lf5×e4
18. Tc1×c6

Besser ist 18. Sf7: Kf7: und jetzt erst 19. Tc6:.

18. ... Dd8–e8!
19. Tc6–c1

Es geht nicht 19. Tfc1 wegen 19. ... Se3: 20. Sf7: Ld5!.

19. ... Le7–d6
20. Se5×f7 De8×f7
21. Tc1–c6 Ta8–d8

Auf dem Brett herrscht rein rechnerisch ein materielles Gleichgewicht, aber der schwarze Figurenknäuel ist ganz fest zusammengeschweißt.

22. Le3–g5 Sd5–f4!

Dies führt zwingend zu einer Serie von Abtauschvorgängen und zu einem gewonnenen Läuferendspiel.

23.	Db3×f7+	Kg8×f7
24.	Lg5×d8	Le4×c6
25.	Ld8–g5	Sf4×g2!
26.	d4–d5	Lc6×d5
27.	Tf1–d1	Kf7–e6
28.	Td1×d5	Ke6×d5
29.	Kg1×g2	Kd5–e4

Der Unterschied in der Aktivität der beiden Könige ist sehr groß, und dies entscheidet die Sache.

30.	Lg5–e3	a7–a6
31.	h2–h3	Ld6–e5
32.	b2–b3	Le5–d4
33.	Le3–g5	Ke4–d3
34.	Kg2–f3	Kd3–c2
35.	Lg5–e3	Ld4–f6
36.	Kf3–e4	Kc2–b2
37.	Ke4–d3	Kb2–a2
38.	Kd3–c2	a6–a5
39.	Le3–b6	a5–a4
40.	b3–b4	

Sofort verliert 40. ba b4.

40.	...	Ka2–a3
41.	Lb6–c5	h7–h5
42.	Lc5–f8	g7–g6
43.	Lf8–c5	g6–g5
44.	f2–f3	

Auf 44. Ld6 folgt der Durchbruch 44. ... g4! 45. hg h4 nebst h4–h3 und Le7 mit Eroberung des b-Bauern.

44.	...	Lf6–e5
45.	Lc5–e7	Le5–g3
46.	Le7–g5	Ka3–b4
47.	f3–f4	Kb4–c4
48.	f4–f5	Kc4–d5!
49.	Lg5–d8	Lg3–d6
50.	Ld8–h4	Kd5–e4
51.	f5–f6	Ke4–f5
52.	Kc2–c3	Kf5–e6
53.	Lh4–g5	b5–b4+
54.	Kc3–c4	b4–b3

Weiß gab auf.

Ljubojević – Karpow
Bugojno 1985

1.	e2–e4	e7–e5
2.	Sg1–f3	Sg8–f6
3.	Sf3×e5	d7–d6
4.	Se5–f3	Sf6×e4
5.	d2–d4	d6–d5
6.	Lf1–d3	Lf8–e7
7.	0–0	Sb8–c6
8.	c2–c4	Sc6–b4
9.	Ld3–e2	

Nach der 41. Partie unseres Weltmeisterschaftskampfes (eine so hohe Ziffer kann ja nur aus dem ersten Match stammen!) schien es, daß sich kein Anhänger dieser schwarzen Stellung mehr finden würde, der diese Variante als Nachziehender riskieren würde. Aber – wie wir sehen – die Theorie entwickelt sich stürmisch, und für Schwarz wurden verschiedene Gegenmittel gefunden. Letztendlich entschloß ich mich selbst, diese Variante mit Schwarz erneut zu wiederholen.

9.	...	0–0
10.	Sb1–c3	Lc8–e6
11.	Lc1–e3	Le7–f6

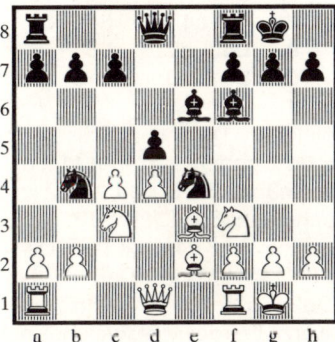

Erstmals begegnete man dieser Stellung in einer anderen Partie des jugoslawischen Großmeisters: Ljubojević – Christiansen (Linares, 1985). Nach 12. Tc1 c5 13. a3 cd 14. Sd4: Ld4: 15. Ld4: Sc3: 16. Tc3: Sc6 17. cd Sd4:

18. de fe (ungefährlich ist 18. ... Se6:, und Weiß hat nur einen minimalen Vorteil) 19. Ld3 Tf7 20. Dd2 Df6 21. Tfc1 erreichte Weiß einen merklichen Vorteil.

In der Partie gegen mich hat Ljubojević auf e4 geschlagen. Aber bevor wir damit fortfahren, möchte ich erwähnen, daß Weiß noch zwei Wege hat, wenngleich sie heute als gefahrlos für den Gegner gelten: 12. cd Sc3: 13. bc Sd5:, und Schwarz steht einfach besser; 12. a3 Sc3: 13. bc Sc6 14. cd Ld5:, und hier ist das Spiel ausgeglichen.

12.	Sc3×e4	d5×e4
13.	Sf3–e1	c7–c6
14.	Dd1–b3	Dd8–e7
15.	a2–a3	Sb4–a6
16.	Se1–c2	Tf8–d8

Mag sein, daß 16. ... Dd7 17. Tfd1 Sc7 mit der Drohung b7–b5 besser ist.

17.	Tf1–d1	Ta8–c8
18.	Db3–a4	c6–c5!

Schwarz läßt 19. b2–b4 mit Einengung des Damenflügels nicht zu.

19. Ta1–c1!

Im Falle von 19. d5 Ld7 20. Db3 Dd6 mit nachfolgendem Le5 hätte mir die schwarze Stellung sehr gefallen. Jetzt aber erneuert Weiß nach vollzogener Überdeckung des Bauern c4 die Drohung b2–b4.

19.	...	c5×d4
20.	Sc2×d4	Sa6–c5

Indem Schwarz einen Bauern opfert, bekommt er ein gewisses Gegenspiel. Unabhängig von den nachfolgenden Ereignissen muß man die Errungenschaften der Eröffnungsphase dem Konto von Weiß gutschreiben.

21. Da4×a7 Sc5–d3

Unzulänglich ist 21. ... Ld4: 22. Td4: Td4: 23. Ld4: Sd3 24. Tc2 mit weißem Stellungsvorteil.

22. Le2×d3

Gefährlich sieht der andere Abtausch aus: 22. Se6:. Jetzt wäre 22. ... Sc1: 23. Sd8: Se2:+ 24. Kf1 Td8: 25. Ke2: Td1: (25. ... Lb2: 26. Db7: usw.) 26. Kd1:

77

Dd7+ 27. Kc1 kaum gut. Allerdings hat nach 22. ... De6: 23. Tc2 (23. Ld3: ed 24. Db7: Tb8 mit gleichem Spiel) 23. ... b5! Schwarz hinreichende Gegenchancen.

22.	...	Lf6×d4
23.	Le3×d4	e4×d3
24.	Td1×d3	Tc8–c4

Schlecht ist 24. ... Ta8 wegen 25. Db6 Ta6 26. Db3 Tad6 27. Dc3.

25.	Tc1×c4	Le6×c4
26.	Td3–e3	De7–d6

Mag sein, daß es einen Versuch wert ware, 26. ... Dd7 zu spielen mit der Idee 27. h3 f6 28. Dc5 Le6 mit nachfolgendem Te8 und Df7.

27.	h2–h3	f7–f6
28.	Da7–c5	

Eine andere Möglichkeit ist 28. Lb6 Dd1+ 29. Kh2 Dd6+ 30. Tg3 Tb8.

28.	...	Dd6×c5

Man darf nicht 28. ... Dd4: 29. Te8+ Kf7 30. De7+ spielen.

29.	Ld4×c5	b7–b5
30.	Lc5–b4	

Zum Remis führte auch 30. b3 Lf7 31. a4 Td1+ 32. Kh2 ba 33. ba Ta1 34. La3 Ta2.

30.	...	h7–h5
31.	Te3–e7?	

Die ganze Partie über hat Weiß einen starken Druck auf die schwarze Position ausgeübt, und jetzt konnte er Initiative entwickeln mittels 31. Kh2 Td7 32. h4 mit der Drohung Kg3, f2–f3 und Kf4. Jetzt aber gelingt es mir endlich frei aufzuatmen.

31.	...	Td8–d1+
32.	Kg1–h2	Td1–c1

Aber nicht 32. ... Tf1 wegen 33. Le1!

33.	Lb4–c3	Tc1–c2
34.	Lc3–d4	

Nach 34. Kg3 folgt h5–h4+.

34.	...	Tc2–d2
35.	Te7–d7	Td2–d3

Möglich ist auch 35. ... h4 36. Td8+ Kh7 37. Lf6: Tf2:.

36.	h3–h4	Kg8–h7
37.	f2–f3	Kh7–g6
38.	Td7–d8	Kg6–f7

39.	Ld4–b6	Td3×d8
40.	Lb6×d8	Kf7–g6

Eine andere Alternative ist 40. ... f5 41. Kg3 g6 42. Kf4 Ke6.

41.	Kh2–g3	Kg6–f5
42.	Kg3–f2	Kf5–e5
43.	Kf2–e3	Lc4–b3
44.	Ld8–c7	Ke5–d5

Remis

Obgleich die Partie Remis endete, muß man zugestehen, daß Schwarz in ihr die Eröffnungsprobleme auch nicht annähernd zu lösen vermocht hat.

Karpow – Seirawan
Brüssel 1986

1.	e2–e4	e7–e5
2.	Sg1–f3	Sg8–f6
3.	Sf3×e5	d7–d6
4.	Se5–f3	Sf6×e4
5.	d2–d4	d6–d5
6.	Lf1–d3	Lf8–e7
7.	0–0	Sb8–c6
8.	c2–c4	Sc6–b4
9.	Ld3–e2	Lc8–e6
10.	Sb1–c3	0–0
11.	Lc1–e3	

Im gleichen Turnier in Brüssel spielte Ljubojević gegen Seirawan 11. cd. Nach 11. ... Sc3: 12. bc Sd5: 13. Dc2 (zu ausgeglichenem Spiel führt 13. Ld2 Sb6) 13. ... c5 14. c4 Sb4 15. De4 Dd7 16. dc? Lf5 17. Dd4 De6 18. Lb2 Lf6 19. Dd2 Lb2: 20. Db2: Sc2 erreichte Schwarz Übergewicht, welches er in einen vollen Zähler umzuwandeln vermochte. Als die Partie beendet war, wurde die Meinung geäußert, daß 16. Lb2 für Weiß besser sei. Ich möchte noch die Variante 11. Se4: de 12. Se1 mit beiderseitigen Chancen erwähnen.

11.	...	f7–f5!?

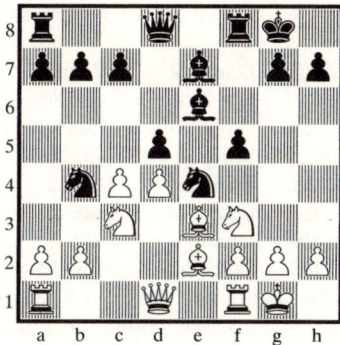

12.	**a2–a3**	**Se4×c3**
13.	**b2×c3**	**Sb4–c6**
14.	**Dd1–a4**	

Zu einem spannenden Kampf führte 14. cd Ld5: 15. c4 Lf3: 16. Lf3: f4 17. Ld5+ Kh8 18. Lc1 Lf6.

14.	**...**	**f5–f4**
15.	**Le3–d2**	**Kg8–h8**
16.	**Ta1–b1**	**Ta8–b8**
17.	**Tf1–e1**	**d5×c4**
18.	**Le2×c4**	**Le6–g4**
19.	**Lc4–e2**	

Eine interessante Idee, die dem Kopf des amerikanischen Champions entsprungen ist. Dank der energischen Vorwärtsbewegung des f-Bauern erhält Schwarz die Möglichkeit zu aktivem Gegenspiel auf dem Königsflügel.

Die Züge 11. ... Lf5 und 11. ... Lf6 wurden bereits zuvor eingehend erläutert Ganz neu, erstmals in der Partie Sokolow – Smyslow (Moskau, 1987) anzutreffen, ist die Erprobung noch einer weiteren Fortsetzung: 11. ... Sf6. Danach folgte 12. a3 Sc6 13. b3 Se4. Der Abtausch auf c3 ist bei einem auf b2 befindlichen weißen Bauern für Schwarz nicht gut, weil der Gegner sein Zentrum verstärken kann. Davon ist natürlich auch in den Kommentaren zur vorliegenden Partie die Rede. Jedoch dann, wenn der b-Bauer um ein Feld nach vorne gezogen worden ist und das Zurückschlagen b2×c3 somit unmöglich gemacht wurde, kehrt der schwarze Springer nach e4 zurück, um sich auf c3 zu tauschen. Übrigens ist es Weiß selbst, der den Springer schlägt, aber der Verlust von zwei Tempozügen erweist sich für Schwarz nicht als umsonst. 14. Se4: de 15. d5 ef 16. Lf3: Ld7 17. dc Lc6: 18. Lc6: bc 19. Df3 Dd3 20. Tab1 Dg6 21. a4 a5 22. Lf4 Ld6 23. Ld6: Dd6: 24. Tbd1 Db4 25. Td7 Tad8 26. Tc7: Db3: 27. Dc6:. Obgleich sich Smyslow im Endspiel gerettet hat, wird er wohl kaum sein Eröffnungs-

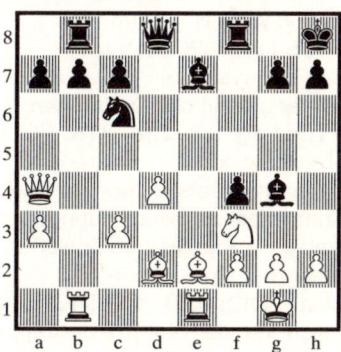

Ein wichtiger Augenblick. Indem ich ein wenig vorausgreife, will ich vorwegnehmend berichten, daß hier nach 19....Ld6 20. h3 Lh5 der weiße Turm ein ungewöhnliches Manöver verwirklicht hat: 21. Tb5! Le8 22. Dc2 a6 23. Tf5!. Der Turmtausch wurde vollzogen, die weißen Felder im Lager des Gegners wurden merklich geschwächt, und letztendlich konnte ich aus diesem Umstand Nutzen ziehen.

In kurzer Zeit fand Seirawan ein Mittel, um das schwarze Spiel etwas zu verbessern, und die Partie, in welcher dies geschah, verdient es, ganz wiedergegeben zu werden:

Rhode – Seirawan (Meisterschaft der USA, 1986): In der Diagrammstellung antwortet Schwarz mit 19. ... a6!.

Der Zug ist nicht kompliziert, aber jetzt wird klar, daß für den weißen Turm das

Feld b5 nicht zugänglich ist, und das ist von nicht geringer Wichtigkeit.

20. h3 Lh5 21. Sg5?

Konfrontiert mit einer unerwarteten Überraschung verliert Weiß den Faden. Nach 21. Tbd1 (interessant wäre der Versuch 21. Sh2) wäre ihm die Initiative noch immer zugefallen.

21. ... Le2:!

Dies ist bedeutend stärker als 21. ... Lg5: 22. Lh5: f3 23. Lg5: Dg5: 24. Lf3:! Tf3: (24. ... Sd4: 25. Dd4: Tf3: 26. Tb7: Tbf8 27. Tc7: Th3: 28. Dd6 Tg8 29. De6 mit der furchtbaren Drohung Dg8:+) 25. Dc6:! und Weiß ist klar im Vorteil.

22. Se6 Dd5 23. Te2: f3!

Indem Schwarz die Qualität opfert, schafft er gefährliche Drohungen.

24. Tee1 fg! 25. Sf8: Tf8: 26. Dd1 Df5!

Schwarz hat schon eine gewonnene Stellung, aber es bleibt dennoch interessant, die Partie bis zum Schluß zu verfolgen.

27. Kg2: Df2:+ 28. Kh1 Tf3

Um sich vor dem Matt zu retten, muß Weiß eine Figur hergeben.

29. Te3 Te3: 30. Le3: De3: 31. Dg4 g6! 32. Tf1

Es half nichts 32. Dc8+ Kg7 33. Tb7: Ld6 34. Tc7:+ Lc7: 35. Dc7:+ Se7.

32. ... Kg7 33. Tf3 De1 34. Kg2 La3: 35. Df4 De7 36. Te3 Df7 37. De4 Ld6 38. Te2 Se7! 39. Db7: Sd5 40. Sf2 Se3+

Weiß gab auf angesichts des effektvollen 41. Kg1 Lh2+! 42. Kh2 Df2:+ 43. Kh1 Dg2:+!

Doch jetzt ist es für mich an der Zeit, zurückzukehren zur weiteren Besprechung meiner Partie mit Seirawan.

19. ... Le7–d6

Ich erinnere noch einmal daran, daß hier 19. ... a6 richtig wäre.

20. h2–h3 Lg4–h5

Vielleicht besser wäre 20. ... Lf5?!.

21. Tb1–b5! Lh5–e8

Auf 21. ... Lg6 ist 22. c4 ganz unangenehm.

22. Da4–c2 a7–a6

Zu spät! Zum Vorteil von Weiß führt auch 22. ... Lg6 23. Ld3 Ld3: 24. Dd3: mit den Drohungen Th5 und Sg5.

23.	Tb5–f5!	Tf8×f5
24.	Dc2×f5	Le8–g6
25.	Df5–g4	Dd8–f6
26.	Le2–c4	Tb8–f8

Der Damentausch 26. ... Lf5 27. Dg5 Dg5: 28. Sg5: erleichtert die Situation nicht.

| 27. | a3–a4 | Lg6–a2 |
| 28. | Dg4–h5 | h7–h6 |

Auf 28. ... La4: entscheidet 29. Sg5 h6 30. Sf7+ Kh7 31. Te6!.

| 29. | Te1–e8! | Lc2–f5 |

Erneut ist der a-Bauer unantastbar wegen 30. Sg5!

| 30. | Lc4–d5! | Lf5–d7 |
| 31. | Te8×f8+ | Df6×f8 |

Auf 31. ... Lf8: folgt 32. Se5.

| 32. | Sf3–h4 | Ld7–e8 |
| 33. | Dh5–e2 | |

Auch ohne Türme ist es für den Gegner schwer, die weißen Felder zu verteidigen. Aber es lohnt sich nicht, sich zu beeilen. Jetzt würde Weiß nach 33. Sg6+ Lg6: 34. Dg6: Se7 einen Teil seiner Überlegenheit einbüßen.

33.	...	Sc6–d8
34.	De2–e4	Df8–e7
35.	Sh4–g6+	Le8×g6
36.	De4×g6	c7–c6

Strategisch ist die schwarze Stellung bereits hoffnungslos. Allerdings konnte man noch hartnäckigen Widerstand organisieren, und das Spiel dauerte noch einmal 40 Züge, also fast noch mal eine ganze Partie lang.

37.	Ld5–b3	b7–b5
38.	Kg1–f1	De7–f8
39.	Lb3–c2	Kh8–g8
40.	Lc2–b3+	Kg8–h8
41.	h3–h4	Sd8–b7
42.	c3–c4	Df8–g8

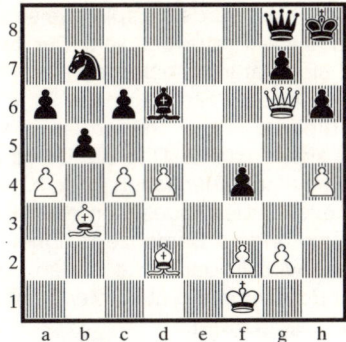

43. Dg6–d3

Dieser fehlerhafte Rückzug schlug sich zwar im Endergebnis nicht nieder, aber wegen ihm war ein ganzer Abend verpfuscht – vergeudet für die Weiterführrung der Partie, die nach 43. Lc2 mit der Drohung Lc3, d5 und Dh6:‡ schnell zu Ende gewesen wäre.

43.	...	Dg8–h7
44.	Kf1–e2	g7–g5
45.	c4–c5	

Besser wäre es gewesen, sofort die Damen abzutauschen.

45.	...	Ld6–c7
46.	a4×b5	a6×b5
47.	h4–h5	Lc7–a5
48.	Ld2–c1	

Und an dieser Stelle war 48. Dh7:‡ richtig mit einem leicht gewonnenen Endspiel. Jetzt demhingegen muß man für die Erzielung des Sieges schon eine kleine Studie schaffen.

| 48. | ... | Dh7–e7+ |
| 49. | Ke2–d1 | |

Nach 49. Kf3 g4+! könnte an elnen Sleg nur noch Schwarz denken: 50. Kg4: Dg5+ 51. Kf3 (51. Kh3 Dh5.‡) 51. ... Dh5:+ 52. g4 (52. Ke4 Dg6+, 52. Kf4: Dg5+) 52. ... Dh1+.

49.	...	De7–e1+
50.	Kd1–c2	De1×f2+
51.	Kc2–b1	Df2–g3
52.	Dd3×g3	f4×g3
53.	Kb1–c2	

Endlich sind die Damen getauscht; Schwarz freilich verbleibt mit einem Mehrbauern, aber das Leichtfiguren-endspiel ist für ihn perspektivlos.

53.	...	Kh8–g7
54.	d4–d5	Sb7×c5
55.	Lc1–b2+	Kg7–f8
56.	d5×c6	Sc5–a6
57.	Lb2–a3+	Kf8–e8
58.	Lb3–e6!	

Ein kunstvoller Kniff, um den König von den Bauern abzuschneiden.

| 58. | ... | La5–b4 |

Natürlich nicht 58. ... Sb4+ – 59. Lb4: Lb4: 60. c7.

59.	La3–b2	Lb4–f8
60.	Le6–d7+	Ke8–d8
61.	Lb2–e5	Sa6–b4+
62.	Kc2–d2	Sb4–d5
63.	Ld7–e6	Sd5–c7
64.	Le6–f7	Sc7–e8

Die letzte Chance bestand in 64. ... Sa6. Jetzt folgt die versprochene Studie.

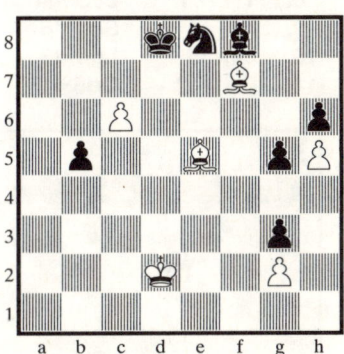

| 65. | Lf7×e8! | Kd8×e8 |
| 66. | Le5–f6! | |

Jetzt sperrt der andere Läufer den König vom Bauern ab. Nach 66. Lc7 Lc5! konnte sich Schwarz noch halten.

66.	...	g5–g4
67.	Kd2–c3	Lf8–d6
68.	Lf6–g7	Ld6–f4
69.	Kc3–b4	Ke8–d8
70.	Kb4×b5	Kd8–c7
71.	Kb5–c5	Lf4–e3+

72. Kc5–d5   Le3–f4
73. Lg7–f8

Schwarz ist jetzt vollkommen in Zugzwang.

73. ...   Kc7–b6
74. Lf8–d6   Lf4–g5
75. Ld6×g3

Schwarz gab auf.

Sax – Jusupow
Saloniki 1986

1.	e2–e4	e7–e5
2.	Sg1–f3	Sg8–f6
3.	Sf3×e5	d7–d6
4.	Se5–f3	Sf6×e4
5.	d2–d4	d6–d5
6.	Lf1–d3	Lf8–e7
7.	0–0	Sb8–c6
8.	Tf1–e1	Lc8–g4
9.	c2–c4	Se4–f6
10.	c4×d5	Lg4×f3
11.	Dd1×f3	Dd8×d5

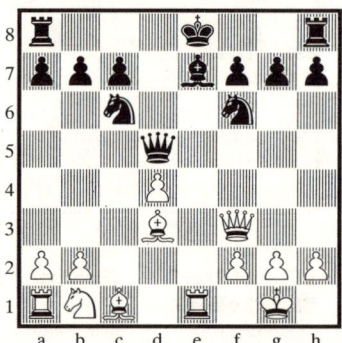

Mein erster Zweikampf gegen Kasparow dauerte sehr lange, ganze fünf Monate, und viele Eröffnungsvarianten und Ideen, die in diesem Kampf anzutreffen waren, wurden noch während des Marathonwettkampfes verbessert, zum Teil bei der Schacholympiade in Saloniki. So wurde beispielsweise dort auch diese Partie gespielt. Der Leser wird sich natürlich daran erinnern, daß die vorliegende Stellung in der 28. Wettkampfpartie vorgekommen ist, in welcher sich nach 12. Dh3 die Dinge alsbald zu einem friedlichen Ende hin entwickelten. Aber abgesehen davon gibt es auch andere Damenzüge. Einer von diesen wird in der vorliegenden Partie einer Bewährungsprobe unterzogen.

12. Df3–g3

Nicht selten begegnet man auch dem Abtausch auf d5. Wahrscheinlich verspricht er dem Weißen keine besonderen Errungenschaften: 12. Dd5: Sd5: 13. Sc3 0–0–0! (im Falle von 13. ... Sdb4 gelingt es Weiß, Vorteile zu erringen: 14. Le4 Sd4: 15. Le3 c5 16. Ld4:! cd 17. Sb5 Kf8 18. a3! Sc6 19. Tac1 d3 20. Ld3: Lf6 21. b4 g6 22. Le4, Popović – Kurajica, Jugoslawien, 1984; oder 15. ... Td8 16. Ld4: Td4: 17. a3 Sc6 18. Sb5 Td2 19. Sc7:+ Kd8 20. Sb5, Abramović – Rukavina, Jugoslawien, 1985) 14. Le4 Lb4 15. Ld2 Sf6 (zum Remis ausreichend ist auch 15. ... Sd4: 16. Sd5: Ld2: 17. Tad1 c6 18. Td2: cd 19. Td4:) 16. a3 Se4: 17. Te4: Lc3: 18. bc Sa5 mit vollem Ausgleich (Ehlwest – Michaltschischin, Lwow, 1984). In der Partie Lobron – Michaltschischin wählte Weiß den Schlagzug 16. Lc6: (anstelle von 16. a3), und nach 16. ... bc 17. a3 Td4:! 18. ab Te8! stand Schwarz sogar besser.

Bevor wir weiter voranschreiten, erinnere ich daran, daß der Zug 12. Dh3, welchen Kasparow in der 28. Matchpartie bevorzugte, erstmals anzutreffen war in der Partie Velimirović – Kurajica (Bela Cerkow 1984), in der Schwarz auf d4 mit der Dame nahm. Nach 12. ... Dd4: 13. Sc3 Td8 14. Lf5 h5 15. Dg3 Kf8 16. Le3 Db4 17. a3 Da5 führte dies zu ungefährem Ausgleich.

Erprobung verdient 14. Lb5!?. Wie dem auch sei, ich entschloß mich jedenfalls einer Überraschung vorzubeugen und selbst den weiteren Gang des Kampfes zu bestimmen, indem ich auf d4 mit dem Springer schlug, was Schwarz von allen Problemen befreit.

| 12. | ... | Dd5×d4 |
| 13. | Sb1−c3 | 0−0 |

Bis zu diesem Zeitpunkt lief alles analog zur Partie Hübner – Smyslow, welche als Stammpartie für den Abtausch auf f3 gilt. In jener Partie spielte Schwarz 13. ... Td8 und bis zum Erreichen eines Remis mußte er sich noch sehr abmühen. Dank der sofortigen Rochade gleicht Schwarz nicht nur das Spiel aus, sondern erhält auch alsbald die Initiative.

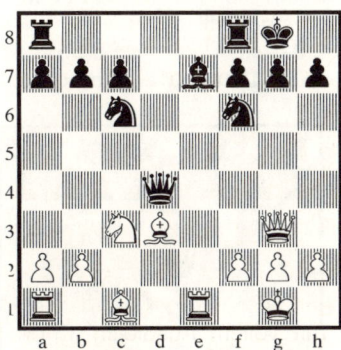

| 14. | Sc3−b5 | Dd4−g4 |

Erprobung verdient auch 14. ... Db4. In der Partie Abramović – Kurajica (Jugoslawien, 1984) folgte in dieser Position eine vorzeitige Remisvereinbarung.

| 15. | Dg3×g4 | |

Kaum gut wäre 15. Dc7: wegen Lc5! mit schwarzem Angriff, aber nach 15. Sc7: Tad8 16. Dg4: Sg4: 17. Le2 ist das Spiel ausgeglichen.

| 15. | ... | Sf6×g4 |
| 16. | Ld3−f5 | |

Und jetzt ist 17. Le2 besser, aber 17. Sc7: Lc5! ist ganz gefährlich.

16.	...	Sg4−f6
17.	Sb5×c7	Ta8−d8
18.	Lc1−e3	

Man darf nicht 18. Sb5 spielen wegen 18. ... Td5.

| 18. | ... | a7−a6 |

Ein genauer Zug; nach 18. ... Ld6 19. Sb5 Lh2:+ 20. Kh2: Td5 21. Sa7: steht Weiß besser.

| 19. | Ta1−c1 | |

Ein Fehler, nach dem Schwarz die Überlegenheit an sich bringt. Richtig war 19. Ted1 Ld6 20. Lb6 Le5 21. Td8: Td8: 22. Sa6:, und das Gleichgewicht läßt sich noch aufrechterhalten.

| 19. | ... | Le7−b4! |
| 20. | Te1−f1 | |

Nach 20. Ted1 folgt 20. ... La5!.

| 20. | ... | Sc6−d4! |

Auf 20. ... La5 würde Weiß mit 21. Sa6: Se7 22. Lc5! Sf5: 23. Lf8: fortsetzen.

21.	Tc1−c4	Sd4×f5
22.	Tc4×b4	Td8−d7
23.	Tf1−c1	

Es verliert 23. Lf4 wegen 23. ... Tc8 24. Tb7: Sd5 25. Le5 Sc7: 26. Tc1 Se8!.

23.	...	Tf8−c8
24.	Tb4−c4	Tc8−d8
25.	h2−h3	Sf5×e3
26.	f2×e3	Kg8−f8
27.	e3−e4	Kf8−e7
28.	Tc4−b4	Td7−d1+
29.	Tc1×d1	Td8×d1+
30.	Kg1−f2	Ke7−d6
31.	e4−e5+	

In Zeitnot begeht Weiß einen weiteren entscheidenden Fehler. Das Endspiel war unangenehm für ihn, aber nach 31. Ke2 konnte man noch hartnäckigen Widerstand leisten.

31.	...	Kd6×e5
32.	Sc7−a8	b7−b5
33.	a2−a4	Sf6−d5
34.	Tb4−b3	b5×a4
35.	Tb3−b7	Td1−b1
36.	Kf2−f3	a4−a3

Weiß gab auf.

Beljawski – Smyslow
Reggio Emilia 1986/1987

1.	e2–e4	e7–e5
2.	Sg1–f3	Sg8–f6
3.	Sf3×e5	d7–d6
4.	Se5–f3	Sf6×e4
5.	d2–d4	d6–d5
6.	Lf1–d3	Sb8–c6
7.	0–0	Lf8–e7
8.	c2–c4	Sc6–b4

Es scheint, daß jetzt der gegebene Moment gekommen ist, daran zu erinnern, daß in der 48. Partie des Wettkampfes Kasparow – Karpow der Zug 8. ... Sf6 gewählt wurde, und das allerneueste Beispielmaterial zu diesem Thema vorzustellen:

Ljubojević – Schüssler (New York 1985): 9. Sc3 0–0 10. Te1 dc 11. Lc4: Lg4 12. Le3 Lf3: 13. Df3: Sd4: 14. Ld4: Dd4: 15. Te7: Dc4: 16. Db7: c6 17. Db3 Db3: 18. ab Tfe8 19. Te8:+ Te8: 20. Kf1 mit besserem Endspiel für Weiß.

Kudrin – Wolff (Meisterschaft der USA, 1985): 9. Sc3 0–0 10. cd Sd5: 11. Te1 Le6 12. a3 Lf6 13. Le4 Sde7? (nach e7 gehört nicht dieser Springer, 13. ... Sce7! ergab gleiches Spiel) 14. Lg5! Lg5: 15. Sg5: Lf5 (und jetzt war 15. ... h6 richtig) 16. d5 Le4: 17. Te4: Sb8 18. Dh5 h6 19. Tae1 Sd5 20. Sf7: Sf6 21. Sh6+ Kh7 22. Dh3 Schwarz gab auf.

Fedorowicz – Kogan (Meisterschaft der USA, 1985): 9. h3 0–0 10. Sc3 dc 11. Lc4: Sa5 12. Ld3 Le6 13. Te1 c5!? (eine Neuerung im Vergleich zur 48. Matchpartie) 14. Le3 c4 15. Lc2 Sd5 mit Ausgleich.

Zum letzten Partiebeispiel gibt es einen Verbesserungsvorschlag von Christiansen: 14. Lg5! h6 15. Lh4, um dann auf 15. ... c4 mit 16. Lf6: Lf6: 17. Le4 zu antworten mit etwas Initiative im Zentrum. Wie dem auch sei, wir sehen, daß auch der Zug 8. ... Sf6 weiterhin seine vollkommene Lebensfähigkeit behält, gewisse Mißerfolge auf der „höchsten

Ebene" konnten den Glauben der Anhänger der Russischen Partie in ihn nicht erschüttern.

Kehren wir jetzt zurück zur Theoriediskussion, die mit der 41. Matchpartie begonnen wurde. Sie dient uns quasi als Bezugspunkt in unserer Besprechung des „Russischen Themenkomplexes".

9. c4×d5

Dieses Schlagen, das den Abtausch des weißfeldrigen Läufers gestattet, war – wie bereits angemerkt wurde – bereits vor der 41. Matchpartie bekannt, und es tauchte auch nach meiner ersten Auseinandersetzung mit Kasparow öfter wieder auf. Dabei wurde aber der Ruf der Variante als für Schwarz ungefährlich wie mir scheint bis jetzt noch nicht wiederhergestellt.

9.	...	Sb4×d3
10.	Dd1×d3	Dd8×d5

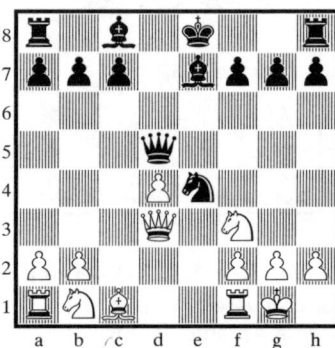

Diese Position ist seit mindestens zwanzig Jahren bekannt, so daß es gar nicht möglich ist, sie von allen Seiten zu durchleuchten. Wie stets, so interessiert uns auch diesmal vor allem das neueste Partien- und Beispielmaterial.

11. Tf1–e1 Lc8–f5

Bevor wir den Zug Beljawskis auf dem Brett ausführen möchten, wollen wir daran erinnern, daß in den vergangenen Jahren die Weißspieler ausschließlich die Zugfolge 12. Sc3 Sc3: 13. Dc3: gewählt haben. Wir führen zwei bedeut-

same Partien an, die mit dieser Position gespielt wurden. Zunächst wenden wir uns nochmals dem schon erwähnten Kandidaten-Viertelfinalkampf zu:
Dr. Hübner – Smyslow (Velden, 1983):
13. ... Le6
Der sich anbietende Zug 13. ... c6 ist schon längst widerlegt worden mittels eines sehr effektvollen Gegenmittels: 14. Lh6!! Tg8 (14. ... gh 15. Te5 Dd7 16. Tae1 Le6 17. d5! cd 18. Te6: fe 19. Dh8:+ Lf8 20. Df6 usw.; 14. ... Le4 15. Lg7: Tg8 16. Te4:! De4: 17. Te1 De1:+ 18. De1: Tg7: 19. De5) 15. Te5 Dd7 16. Tae1 Le6 17. Sg5! 0–0–0 18. Sf7:!, und Weiß gewann (Browne – Bisguier, USA-Meisterschaft, 1974).
14. Dc7: Ld6 15. Dc2 0–0 16. Ld2 Lf5! 17. Db3 Db3: 18. ab f6 19. Lc3 Kf7.
Der weiße Mehrbauer ist nicht fühlbar, zumal Schwarz über ein aktives Läufer-paar verfügt. Die Partie endete Remis.
Van der Wiel – Short (Biel, 1985):
13. ... Le6 14. Te5
Vielleicht stärker als das Nehmen auf c7, aber auch das war noch nicht gefährlich für Schwarz.
14. ... Dc6 (auch nach 14. ... Dd7 15. Lg5 f6 16. Te3 fg 17. Tae1 0–0 18. Te6: Lf6 hat Schwarz eine feste Stellung).
15. De1 (im Falle von 15. Dc6: bc wird eine gewisse Schwäche der schwarzen Bauernformation durch das Läuferpaar kompensiert).
15. ... 0–0–0 16. Lg5 Lg5: 17. Tg5: Ld5 18. Se5 Db6 (ein normales Spiel hat Schwarz nach 18. ... Dh6 19. Tg3 f6).
19. Tg7: Thg8 20. Tg3 Db2: (wäre es nicht besser gewesen, den Bauern auf d4 zu nehmen?!).
21. Td1 Tg3: 22. hg La2:? (Nach Te8 mußte Schwarz nicht verlieren. Nach dem Nehmen des Bauern a2 wird der Läufer praktisch vom Kampfge-schehen ausgeschlossen und die Dro-hungen von Weiß werden alsbald in

höchstem Maße gefährlich. Im Prinzip könnte man schon jetzt den Schluß-punkt unter die Partie setzen, aber der Epilog wurde noch sehr pikant, so daß es sich lohnt, sie zu Ende anzusehen.
23. Da5 Kb8 24. Sd3 Db3 25. Tc1 b6 26. De5 Tc8 27. Sf4 Db2 28. Tc6 Kb7 29. Kh2 Df2: 30. Sd3 Dd2 31. De4 Kb8 32. Se5 Td8 33. Sd7+! Kc8

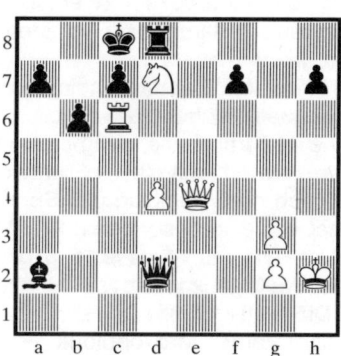

34. Td6!!
Ein studienartiger Schluß: 34. ... Td7: 35. Da8‡; 34. ... cd 35. Dc6‡.
Weiß hat sehr hübsch gewonnen, aber das bedeutet nichts im Lichte der Eröff-nungsbetrachtung...
Jetzt wollen wir nach dem zeitweiligen Abschweifen vom Hauptthema wieder zur eigentlichen Partie zurückkehren.
    12.   Sf3–e5!?

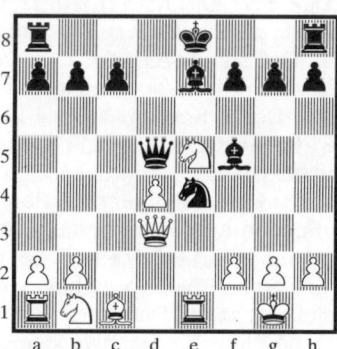

Auch dieser Zug ist der Theorie schon lange bekannt; ihm sind tatsächlich einige Zeilen der Erwähnung zugekommen (ich habe hier konkret die Enzyklopädie der Schacheröffnungen im Auge). Auf 12. ... f6 ist die Empfehlung von Paul Keres angeführt – 13. Df3 mit etwas besserer Stellung für Weiß, aber in Klammern ist angemerkt, daß im Falle von 12. ... Lh4? 13. g3 Sg3: der Zug 14. Df3! die Partie sofort entscheidet (Zuidema – Barendregt, Amsterdam, 1966).

Allerdings lohnt es sich beim Vorstoß f7–f6 ausführlicher zu verweilen. Die Sache ist nämlich die, daß Schwarz auf 12. ... f6 13. Df3 mit 13. ... g6! antwortet, und nach dem Rückzug des Springers e5 hat er keine besonderen Probleme. Und im Falle von 14. g4 fe 15. gf gf sähe es für Weiß ganz und gar schlecht aus (16. Df5: Tg8+ 17. Kf1 Dc4+).

In der Partie Makropolous – Toth (Budwa, 1981) folgte 13. Sc3 Sc3: 14. Df5: Sb5 15. Dh5+ g6 16. Dh3 fe 17. Te5: Dd4: 18. De6 Dd1+ 19. Te1 Dd7 20. Lg5, und die Chancen waren ausgeglichen.

Eine Neuerung wurde präsentiert in der Partie de Firmian – Plaskett (Kopenhagen, 1985): 15. Dg4. Nach 15. ... Sd4: 16. Sd3 jagte Schwarz einem Qualitätsgewinn nach – 16. ... Sc2? und fiel schließlich schnell einem Mattangriff zum Opfer: 17. Sb4! Sb4: 18. Db4: c5 19. Dg4 Kf7 20. Lh6! gh (20. ... Thg8 21. Tad1 gh 22. Dg8:+) 21. Tad1 h5 (21. ... Dc6 22. Te7:+! Ke7: 23. Dg7:+ Ke6 24. Te1+ mit Vernichtung) 22. De2 Df5 23. De7:+ Kg6 24. Td7 h4 25. h3 Tag8 26. Te4 Kh5 27. Df7+ Tg6 28. Td5. Schwarz gab auf.

Bei seiner Kommentierung der Partie für den Schach-Informator schlug de Firmian 16. ... Kf7 17. Te7+ Ke7: 18. Dg7: mit unklarem Spiel vor. Aber, wie es scheint, ist doch hier durchaus alles klar! Eine Partie der Nachwuchsmeister

Ulybin – Serper (Sotschi, 1986) dauerte danach nur noch ganze sieben Züge: 18. ... Df7 19. Dg4 Tad8 20. b3 Dg6 21. Dg6: hg 22. La3+ Kf7 23. Se1 Th5 24. Lb2 Se6 25. Sf3 Thd5, und Weiß gab auf.

Folglich ist also das Opfer 17. Te7:+ als inkorrekt anzusehen und daraus ergibt sich, daß die gesamte Variante für Schwarz ungefährlich ist. Vielleicht, man könnte jedenfalls die Schlußfolgerung daraus ziehen, ist also die Entgegnung 12. ... f6 gegen den weißen Zug 12. Se5 vollkommen ausreichend für den Ausgleich. Nun was aber hat Beljawski sich dann ausgerechnet, als er den Springer nach e5 gezogen hat, und warum hat Smyslow sich der Antwort f7–f6 enthalten?

Vermutlich wird erst die Zukunft eine Antwort auf diese Fragen geben können.

12. ...   g7–g6

Man muß dazu anmerken, daß die Auswahl an Zügen hier nicht groß ist. Unzureichend ist, nach Meinung Archipows, 12. ... 0–0–0 wegen 13. Df3 (13. Sc3? De5:) 13. ... g6 14. g4 Lh4 15. Sc3 (15. Sd3 Sf2: 16. Dd5: Sh3+ 17. Kg2 Td5: 18. gf Le1: 19. Te1: Te8 mit schwarzem Vorteil) 15. ... Sc3: 16. bc Le6 17. Dd5: Ld5: 18. g5 mit weißem Übergewicht. Und nach 12. ... Sd6 13. Sc3! Da5 (13. ... De5: 14. de Ld3: 15. ed cd 16. Sd5) 14. De3 (oder 14. Df3) gerät Schwarz unter mächtigen Druck. Wenn man nach dem schnellen Waffenstillstand urteilen will, der in der Partie eingetreten ist, könnte man die Schlußfolgerung ziehen, daß die Neuerung g7–g6, die Smyslow gebracht hat, erfolgversprechend erscheint.

Freilich mußte Schwarz vor Zustandekommen des Remis noch einige Barrieren überwinden, so daß durchaus der Zug des Nachbarbauern zuverlässiger sein könnte.

13.   Dd3–f3

Es geht nicht 13. g4 wegen des Einschlags 13. ... Sf2:!. Und warum nicht 13. Sc3? Auf den ersten Blick ist der Einschub des Zugpaares Sf3–e5 und g7–g6 im Vergleich zu den vorherigen Partien eher zu Gunsten von Weiß.
In der Tat – nach 13. Sc3 Sc3: 14. Dc3: wäre 14. ... Le5 schlecht wegen 15. Lh6! 0–0–0 16. Sf7:! Lf7: 17. Te7: mit einem weißen Mehrbauern bei besserer Stellung. Es verliert auch 14. ... c6 wegen 15. Sc4! und gegen die Drohung 16. Se3 und 17. d5 gibt es keine ausreichende Verteidigung. Richtig ist 14.... 0–0–0 mit gutem Spiel für Schwarz, weil 15. Sg6: nicht geht wegen 15. ... hg 16. Te7: Dd6! mit gleichzeitigem Angriff gegen den Turm und gegen den Bauern h2.
Es scheint, daß nach dem Damenzug, den Beljawski gewählt hat, die Initiative von Weiß durchaus gefährlich ist. Aber Smyslow rettet seinen Bauern kaltblütig.

| **13.** | **...** | **Dd5×d4** |
| **14.** | **Sb1–c3** | **Dd4×e5** |

Schwarz sammelt auf, was ihm in die Finger kommt. Das Material wird später zurückgewonnen, aber dabei entvölkert sich das Brett vollends.

15. Lc1–f4

Im Falle von 15. Se4: kann Schwarz entschlüpfen – 15. ... 0–0.

| **15.** | **...** | **De5–a5** |
| **16.** | **b2–b4** | |

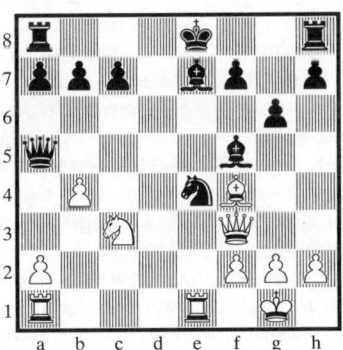

Nach 16. Se4: bliebe wieder Zeit für 16. ... 0–0 (17. Sg3 Le6). Vermutlich

rechnete Beljawski auch mit dem Vorwärtsrücken des b-Bauern, als er Dd3–f3 spielte. Wenn jetzt 16. ... Db4: (16. ... Db6), dann entscheidet sofort 17. Sd5!. Dieser Satz des Springers ins Zentrum folgt auch auf den Wegzug der Dame nach a6. Die nachfolgenden Varianten verdienten Aufmerksamkeit.
16. ... Da6 17. Sd5! Ld8! (etwas anderes geht nicht) 18. g4! (zum Vorteil von Schwarz ist 18. Te4:+ Le4: 19. De4:+ De6 20. Dd4 0–0 21. Lh6 f6 22. Lf8: Kf8: 23. Dd2 Kg7 24. Te1 Dd7). Jetzt hat Schwarz drei Möglichkeiten, aber alle anderen ändern wenig:
1) 18. ... c6. Verstellt den Weg der Dame nach e6, was von Weiß unmittelbar ausgenutzt wird: 19. Te4:+ Le4: 20. De4:+ Kd7 (20. ... Kf8 21. Lh6+ Kg8 22. De8‡) 21. Td1 mit Vernichtung;
2) 18. ... Le6 19. De4: 0–0 20. Lh6 Te8 (20. ... Ld5: 21. Dd5: mit Qualitätsgewinn) 21. De5;
3) 18. ... 0–0 19. gf gf (19. ... Sf6 20. Lh6) 20. Kh1 mit unabwendbarem Angriff.
Und dennoch besitzt Schwarz eine einzige, aber ausreichende Verteidigung.

| **16.** | **...** | **Da5–a3!** |
| **17.** | **Sc3–d5** | |

Jetzt ist dieser Springereinfall mit Damentausch verbunden. Aber 17. Se4: Df3: hätte sogar zu einem schwarzen Übergewicht im Endspiel geführt; kaum hätte es sich wohl gelohnt, auf 18. Sf6+ Kf8 19. Lh6‡ zu rechnen.

17.	**...**	**Da3×f3**
18.	**g2×f3**	**Le7–d8!**
19.	**f3×e4**	

Weiß verbleibt nur der Stolz darauf, daß er innerhalb von fünf Zügen einen Angriff mit einer Figur weniger führte.

19.	**...**	**Lf5–e6**
20.	**Sd5×c7+**	**Ld8×c7**
21.	**Lf4×c7**	**f7–f6**
22.	**a2–a3**	**Ta8–c8**
23.	**Ta1–c1**	**Ke8–f7**

Remis

Eine kurze Schlacht, aber kein fades „Großmeisterremis".

Kasparow – Karpow
Wettkampf um die
Weltmeisterschaft
15. Partie
Moskau 1985

1.	e2–e4	e7–e5
2.	Sg1–f3	Sg8–f6
3.	Sf3×e5	d7–d6
4.	Se5–f3	Sf6×e4
5.	d2–d4	

Nicht selten begegnet man auch einer anderen Zugfolge – 5. c4. Eine Erwiderung von prinzipieller Bedeutung darauf wurde von Makaritschew vorgeschlagen – 5. ... Sc6!. Jetzt ist nach 6. d4 die Entgegnung 6. ... d5 gut, zum Beispiel 7. Sc3 Lb4 8. Dc2 De7+ 9. Le3 Lg5 10. Dc1 Sc3: 11. bc La3 12. Dd2 Sb4! mit entscheidendem schwarzen Stellungsübergewicht (Kupreitschik – Michaltschischin, Kuibyschew, 1986). Im Falle von 6. Sc3 ist es leicht, das Spiel auszugleichen: 6. ... Sc3: 7. dc Lf5 8. Sd4 Sd4: 9. Dd4: De7 10. Le2 De4 (Tschiburdanidse – Agsamow, Frunse 1986). Und nach 6. Le2 Le7 7. 0–0 0–0 8. d4 Sf6! arbeiten die Figuren von Schwarz im Zentrum erfolgreich zusammen. Nachfolgend gleich zwei Beispiele, die ebenfalls dem internationalen Turnier in Frunse entstammen:
9. h3 Te8 10. Lf4 (auf 10. Sc3 hatte Makaritschew 10. ... Sd4:! 11. Sd4: Ld4: 12. Dd4: Sc3: 13. Dc3: Le2: vorbereitet) 10. ... Lf5 11. Te1 Dd7 12. Sa3 Lh3: 13. gh Dh3:. 14. Le3 Sg3: mit schwarzem Angriff (Tschiburdanidse – Makaritschew);
9. Le3 (9. d5 Se7 10. Ld3 Lf5 11. Te1 Sc5 und 9. Ld3 Lf5 10. Te1 Te8 führt jeweils auch zu gutem Spiel für Schwarz) 9. ... Te8 10. Sbd2 Lf5! 11. Sb3 d5! 12. Te1 dc 13. Lc4: Sd6 14. Le2 Sb4, und Schwarz ist im Vorteil (Kupreitschik – Makaritschew).

5.	...	d6–d5
6.	Lf1–d3	Sb8–c6

In jüngster Zeit wächst wiederum das Interesse an den älteren Fortsetzungen 6. ... Ld6 und 6. ... Sd7. In der Spielpraxis auf Weltklasseniveau sind diese Züge jedoch bis heute nicht in Erscheinung getreten, so daß wir diese Züge in unserem Buch beiseite lassen möchten. Zur Erreichung einer kompakten Darbietung des Materials muß man offensichtlich auf die Einbeziehung derartiger Partien und Varianten verzichten.

7.	0–0	Lc8–g4

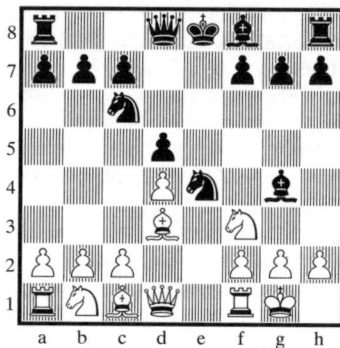

Jetzt wollen wir also zur Betrachtung des anderen beliebten Plans in der Russischen Verteidigung übergehen, der mit dem unmittelbaren Vorrücken des weißfeldrigen Läufers nach g4 verbunden ist, wobei der schwarzfeldrige Läufer im Augenblick noch an seinem Standplatz belassen wird. Man könnte den Eindruck haben, daß der Unterschied nicht so sehr groß ist, aber nicht minder erhält das Spiel im Laufe der Zeit einen vollkommen anderen Charakter. Indem er das Tempo für den Läuferzug nach e7 eingespart hat, kann Schwarz einen ernsthaften Druck gegen das Feld d4 schaffen, aber damit im Zusammenhang verbleibt der schwarze König im Zentrum und kann zum Objekt gegnerischer Angriffe werden. Demzufolge hat die gegebene Variante für Schwarz gleichermaßen ihre Vorzüge und ihre Nachteile. Interessant ist, daß die Diagrammstellung in der Ausgabe „Enzyklopädie der Schacheröffnungen" (1981) nicht einmal untersucht wird...

8. c2–c4   Se4–f6
9. Sb1–c3

Schwarz hat Druck gegen den Bauern d4 erzeugt. Um einer schnellen Figurenentwicklung willen entschließt sich Kasparow dazu, diesen Bauern sofort herzugeben. Die Idee ist zwar nicht neu, aber ziemlich gefährlich für Schwarz. Über den Zug 9. cd werden wir im nachfolgenden Verlauf noch sprechen. Es ist offenkundig, daß nach 9. Te1+ Le7 mit Zugumstellung eine Position aus der 28. Wettkampfpartie erreicht werden konnte. Wie Sie sich erinnern werden, führte dort 10. cd Lf3: 11. Df3: Dd5: 12. Dh3 Sd4: 13. Sc3 Dd7 14. Dd7:+ Kd7: zu einem schnellen Remisschluß. Es versteht sich von selbst, daß eine solche Bilanz dem Schwarzspieler ganz gelegen ist, und deshalb entschloß sich Kasparow nach 46minütigem Nachdenken zur Wahl eines anderen Zuges, wobei er das Resümmee zog, daß es sich nicht lohnt, das Schachgebot voreilig zu geben, sondern daß es wohl besser sei, es für die Zukunft aufzusparen.

9. ...   Lg4×f3

Andere Fortsetzungen könnten für Schwarz ernsthafte Schwierigkeiten nach sich ziehen: 9. ... Le7 10. cd Sd5: 11. Le4; 9. ... Sd4: 10. De1+ (jetzt paßt das Schachgebot bestens ins Konzept!) 10. ... Le7 (10. ... Se6 11. Se5) 11. Sd4: dc 12. Sf5 cd 13. Sg7:+ Kf8 14. Lh6 Kg8 15. f3 mit einer starken weißen Initiative.

10. Dd1×f3   Sc6×d4
11. Tf1–e1+

Nach diesem Schachgebot kehrt das Spiel wieder in ausgefahrene Geleise zurück und das wahrlich nur nach einem Zug! Interessante Fortsetzungen wie 11. De3+ und 11. Dh3 werden im folgenden noch gründlich untersucht.

11. ...   Lf8–e7

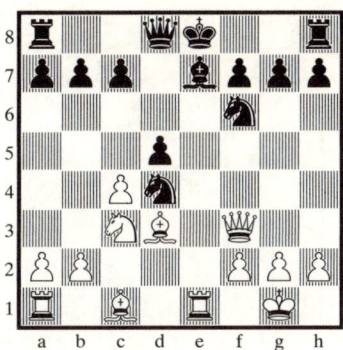

12. Df3–d1!?

In der Partie Lobron – Karpow (Hannover, 1983) geschah 12. Dg3 dc 13. Lc4: (es verliert 13. Dg7: wegen 13. ... Sf3+ 14. Kh1 Tg8 15. Df6: Se1:) 13. ... 0–0 14. Lg5 Ld6 (14. ... Sc2 15. Te7:!) 15. Dh4 h6! 16. Lf6: Df6: 17. Df6: gf 18. Te4 c5 19. Th4 Kg7 20. Se4 Le7 21. Sg3 f5 22. Th3 Ld6 23. f4 b5 24. Ld3 c4 25. Lf5: Tfe8. Letztendlich wurde der Bauer zurückgewonnen, aber der positionelle Vorteil von Schwarz ist groß, und der Nachziehende führte die Partie leicht zum Sieg.

Das Manöver mit der Dame nach d1 ist zweifelsfrei eine Verstärkung, aber, wie sich alsbald herausstellt, nicht allzu sehr gefährlich für Schwarz.

12. ...   Sd4–e6!

Auf diese Art gelingt es, die Position zu vereinfachen. Nach 12. ... dc 13. Lc4: 0–0 (13. ... c5 14. Da4+) 14. Te7: De7: 15. Dd4: befindet sich Schwarz bereits am Rande einer Niederlage, und das Übergewicht verbleibt auf der Seite von Weiß auch als Konsequenz von 12. ... 0–0 13. cd.

13. c4×d5   Sf6×d5
14. Ld3–b5+   c7–c6
15. Sc3×d5   c6×b5

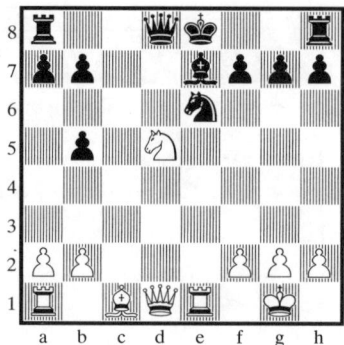

Die Spannung hat sich entladen. Bei Weiß ist ein mächtiger Zentralspringer verblieben, bei Schwarz ein verdoppelter Mehrbauer. Das eine kompensiert das andere, und es steht ein schneller Waffenstillstand bevor.

16. Dd1–b3

Verlockend sieht 16. Lf4 aus, was der schwarzen Rochade hinderlich ist: 16. ... 0–0 (16. ... Ld6 17. Ld6: Dd6: 18. Sf6+ Ke7 19. Sd5+ Kf8 20. Df3, und der schwarze König ist im Zentrum steckengeblieben; auf 16. ... Tc8 ist 17. Le5! unangenehm) 17. Se7:+ De7: 18. Ld6. Allein die mutige Fortsetzung 16. ... Sf4: 17. Te7:+ Kf8 18. Te5 Dd6! läßt Schwarz jedweder Unannehmlichkeit entkommen, zum Beispiel: 19. Tf5 Td8 20. Tf4: Dd5: etc.

16. ... 0–0

Für die Verteidigung des Bauern war keine Zeit: 16. ... a6 17. Le3 0–0 18. Tad1 mit vollkommenem Druckspiel.

17. Sd5×e7+

Auf 17. Db5: ist 17. ... Lc5 gut.

17. ... Dd8×e7
18. Db3×b5 a7–a6

Dies ist genauer als sofort 18. ... Tfd8 19. Le3 Dd7 20. Dd7: Td7: 21. Tad1.

19. Db5–b3 Tf8–d8
20. Lc1–e3 Ta8–c8!

Zum Ausgleich führt auch 20. ... b5.

21. Ta1–c1 h7–h6

22. h2–h3 Se6–d4
Remis

Nach 23. Ld4: Tc1: 24. Tc1: Td4: werden die Streitkräfte-Reserven beider Seiten vollends aufgezehrt.

Kasparow – Karpow
Revanche-Wettkampf um die Weltmeisterschaft
6. Partie
London 1986

1.	e2–e4	e7–e5
2.	Sg1–f3	Sg8–f6
3.	Sf3×e5	d7–d6
4.	Se5–f3	Sf6×e4
5.	d2–d4	d6–d5
6.	Lf1–d3	Sb8–c6
7.	0–0	Lc8–g4
8.	c2–c4	Sg8–f6
9.	Sb1–c3	Lg4×f3
10.	Dd1×f3	Sc6×d4
11.	Df3–e3+	

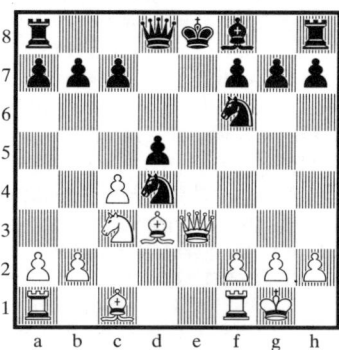

Bis zu diesem Zeitpunkt wurde, wie wir uns sicher erinnern, die 15. Partie unseres vorausgehenden Wettkampfes zuggetreu wiederholt. Doch jetzt hat Kasparow soeben seine häusliche Vorbereitung präsentiert. Aber das Damenschach auf e3 wurde bereits ein

90

Jahr zuvor vorgeschlagen, so daß diese „Überraschung" für mich nicht gar so unerwartet sein konnte.

| 11. | ... | Sd4–e6 |
| 12. | c4×d5 | Sf6×d5 |

Im Falle von 12. ... Lc5 ist möglich 13. Df3 Sd4 14. Te1+ Kf8 15. Df4 Sd5: 16. Sd5: Dd5: 17. Dc7: Se6 18. Dg3 Td8 19. Td1 h5 20. h4 mit weißer Überlegenheit.

13.	Sc3×d5	Dd8×d5
14.	Ld3–e4	Dd5–b5
15.	a2–a4	

Auf 15. Df3? antwortet Schwarz mit 15. ... Sd4.

| 15. | ... | Db5–a6 |

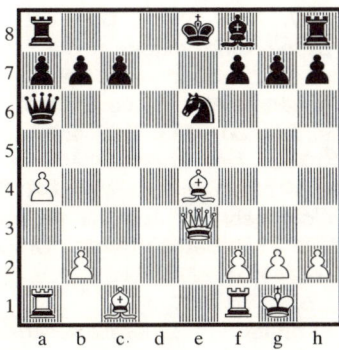

Weiß hat den Vorzug des Läuferpaares und die Initiative als Gegenwert für einen Bauern. Um den Bauern b7 nicht zu verlieren, ist Schwarz fernerhin dazu gezwungen, den einzig möglichen Deckungszug auszuführen und die Dame an den Rand des Brettes zu stellen. In der Partie Iwantschuk – Serper (Sotschi, 1986), welche man als Quelle für diese Idee bezeichnen kann, führte der Versuch 15. ... Dc5 nach 16. Lb7: Tb8 17. b4! Db6 18. Db6: cb zu einem schlechteren Endspiel für Schwarz: 19. Lc6+ Kd8 20. Td1 Kc7 21. b5 Td8 22. Td8: Sd8: 23. Ld5 Se6 24. Le6: fe 25. Lf4, und Weiß konnte seinen Vorteil zur Geltung bringen und die Partie gewinnen.

So gesehen ist als Neuerung in unserer Begegnung durchaus nicht das Damenschachgebot auf e3 zu sehen, sondern namentlich der Wegzug der schwarzen Dame auf das Feld a6.

| 16. | Tf1–d1 | |

Sofortiges 16. b4 ergibt nichts – 16. ... Lb4: 17. Tb1 Lc5 18. Df3 c6 19. Tb7: 0–0. Die Varianten, die auftreten nach 16. Df3 Tb8 (16. ... Sc5? 17. b4 Se4: 18. De4:+ Le7 19. Te1 De6 20. Lg5) werden wieder in Erinnerung gebracht werden, wenn von anderen Partien die Rede ist. Die Fortsetzung 16. Ld3 Db6 ist für Schwarz nicht gefährlich.

| 16. | ... | Lf8–e7 |

Diese Partie untersuchten viele Theoretiker und Kommentatoren (Dlugy, Makaritschew, Nunn, Timman und so weiter), aber, ich glaube, daß eine wirklich erschöpfende Analyse ohne Computer nicht gelingt.

Interessante Varianten entstehen im Falle von 16. ... Lc5 17. Df3 c6 18. Td7!?

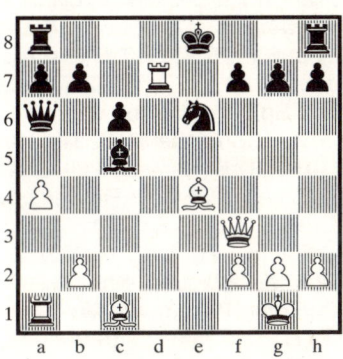

Das Turmopfer darf man nicht annehmen: 18. ... Kd7:? 19. Df7:+ Le7 20. Lf5 c5 (nicht besser ist auch 20. ... De2 21. Le3 oder 20. ... Dc4 21. Lg5 The8 22. Td1+ Kc7 23. Le7:) 21. Lg5 Dd6 22. Le6:+ De6: 23. Td1+.

Schwarz muß unbedingt mit kühlem Kopf seine Entwicklung abschließen, also: 18. ... 0–0 19. Ld3 (19. b4 Ld4) 19. ... Db6 (aber nicht 19. ... Da5 20. Ld2!

Db6 21. b4 Ld4 22. a5 oder 19. ... b5
20. b4 Lb4: 21. De4) 20. a5 Db4 21. Ld2
Dh4 (schlecht ist 21. ... Db2: 22. Lc3 Db3
23. Dh5 g6 24. Lg6:) 22. g3 Df6 (22. ... Dh3
23. Lf5) 23. Df6: gf, und es ist bei
Schwarz alles in Ordnung. Man darf
nicht spielen 24. Tb7: Tfd8 25. Tb3 Sd4
26. Tc3 Lb4 usw.

17. b2–b4

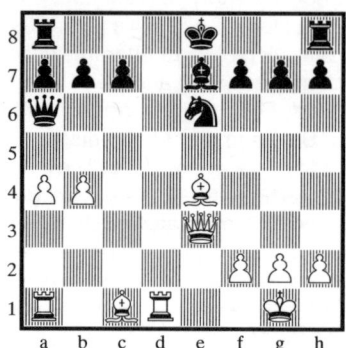

Weiß bietet noch ein weiteres Bauernopfer an, doch dessen Annahme wäre
allzu gefährlich: 17. ... Lb4: 18. Df3 c6
(18. ... Sc5 19. Td4) 19. Td7 0–0 20. Dh3
g6 (20. ... h6 21. Lh6:) 21. Lg6:! hg
22. Lb2 Sg7 23. Dh6 mit unausweichlichem Matt. Ein anderer Weg ist 18. Lb2
0–0 19. Dh3 g6 (19. ... Sg5 20. Dg4 Dh6
21. Lc1! Le7 22. h4 mit Figurengewinn;
19. ... f5 20. Lf5: Sg5 21. Db3+ Kh8
22. Td7 usw.) 20. Ld3! h5 (20. ... Sg5
21. Dh6 f6 22. Ld5 Kh8 23. Dg5:!)
21. Dh5:! gh 22. Tg3+ mit Matt.

17. ... 0–0
18. De3–h3

Auf 18. b5 hat Schwarz einen starken
Zwischenzug 18. ... Tad8!, und der
Nachziehende übernimmt die Initiative,
Die nämliche Antwort folgt auch auf
18. Df3.

18. ... g7–g6

Schlecht wäre 18. ... h6 19. Df5 g6
20. De5 oder 20. Df3 mit den Drohungen
Lb7: und Lh6:.

19. Lc1–b2

Auch andere Fortsetzungen bringen
keinen Erfolg: 19. b5 Tad8! 20. Te1
(20. Lh6 Td1:+ 21. Td1: Da4:) 20. ... Db6;
19. Dc3 Sg5! 20. Lg5: (20. Lb2 Lf6!)
20. ... Lg5: 21. Dc7: (21. a5 De6)
21. ... Tab8, und Weiß hat allenfalls
einen symbolischen positionellen Vorteil. Das Manöver mit dem Springer
nach g5 ist in der zweiten Variante die
einzige Verteidigung für Schwarz. In der
Partie Asejew – Iwantschuk (Irkutsk,
1986) versuchte Schwarz schärfer zu
spielen: 19. Dc3 c5?!. Nach 20. Lb2 Sd4
21. Ld3 Db6 22. a5 Dc7 23. bc Lc5:
24. Lf1 Tfd8 25. Ta4 geriet er in eine
tödliche Fesselung: 25. ... Tac8
26. Tad4: usw.

19. ... Da6–c4!

Die Dame kehrt wieder in die Freiheit
zurück, und die Leiden des Nachziehenden gehen damit zu Ende. Es geht nicht
19. ... Sf4 20. De3! De2 (20. ... Lg5
21. Kh1) 21. Dd4 f6 22. Lf3!. Wie bereits
zuvor darf man auch diesmal den Bauern nicht nehmen: 19. ... Lb4: wegen
20. Ld3! mit der tödlichen Drohung
21. Dh7:+ Kh7: 22. Th3+.

20. Td1–d7

Weiß konnte den Bauern zurückgewin-
nen – 20. Lb7:, aber nach 20. ... Tad8
hat er überhaupt nichts. Natürlich mußte
man beim Zug der Dame nach c4 auch
mit 20. Ld5 rechnen, aber Schwarz verfügt über einen wichtigen Tempozug:
20. ... Dc2, welcher ihm zumindest gleiches Spiel verspricht: 21. Le5 (21. Tab1
Tad8) 21. ... Tad8 22. Tac1 (22. Td3 Lg5
23. Tad1 c6 24. De6: Td5:!; 22. Tdc1
Dd2! 23. Le6: fe 24. De6:+ Tf7)
22. ... Dc1:! 23. Tc1: Td5:.

20. ... Ta8–e8!

Dies ist zwar der einzige Zug, aber er
bringt die weiße Angriffsglut vollends
zum Erlöschen. Wie gewöhnlich, so ist
auch hier der Bauer b4 unantastbar:
20. ... Db4: (20. ... De4: 21. Dc3 f6
22. Te7: oder 21. ... Sd4 22. Te1! Df4
23. Td4: Df6 24. Te7: De7: 25. Te4! mit

Gewinnstellung) 21. Lg6: Sg5 (21. ... fg 22. De6: Tf7 23. Lf6! Te8 24. Te1) 22. Lh7:+ Sh7: 23. La3! Dh4 24. Le7: Dh3: 25. gh Tfc8 26. Ta3.

21. Le4–d5

Jetzt muß bereits Weiß Genauigkeit an den Tag legen. Im Falle von 21. Lb7: Db4: 22. La3 Da4: 23. Le7: Te7: 24. Dc3 c5! 25. Lb2 Sd4 26. Ta4: Se2+ 27. Kf1 Sc3: 28. Lc3: Tb7: bleibt er mit leeren Händen zurück.

21. ... Dc4×b4

22. Lb2–c3

Falls 22. La3, dann 22. ... Dd4, und nach 22. Le5 ist die Entgegnung 22. ... Lf6! 23. Lf6: Sf4 stark.

22. ... Se6–f4!

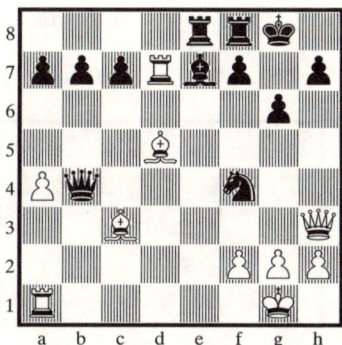

Jetzt vertauschen sich angesichts der Drohungen Sh3+, Dc3: und Se2+ die Rollen. Der Angriff von Weiß ist erstickt, und nach einem Generalabtausch erhält Schwarz das bessere Endspiel. Im übrigen ist der Remisausgang unvermeidlich geworden.

23.	Lc3×b4	Sf4×h3+
24.	g2×h3	Le7×b4
25.	Td7×c7	b7–b6

Vielleicht war 25. ... Te5 etwas stärker mit Überführung des Turmes nach f5 und mit Druck gegen f2.

26.	Tc7×a7	Kg8–g7
27.	Ta7–d7	Te8–d8

Auf 27. ... Te5 verteidigt sich Weiß mittels 28. Ta2! Tf5 29. Tb2 Lc5 30. Tc2! (mit der Absicht a4–a5) 30. ... Tc8 31. Le6!

28.	Td7×d8	Tf8×d8
29.	Ta1–d1	Lb4–d6
30.	Td1–d3	h7–h5
31.	Kg1–f1	Td8–d7
32.	Kf1–g2	Ld6–c5
33.	Kg2–f1	h5–h4
34.	Ld5–c4	Td7–e7
35.	Td3–f3	Lc5–d6
36.	Kf1–g2	Te7–c7
37.	Lc4–b3	f7–f5
38.	Tf3–d3	Ld6–c5
39.	Td3–c3	Kg7–f6
40.	Tc3–c4	g6–g5
41.	Tc4–c2	Kf6–e5
42.	Lb3–c4	

Remis

Timman – Jusupow
Tilburg 1986

1.	e2–e4	e7–e5
2.	Sg1–f3	Sg8–f6
3.	Sf3×e5	d7–d6
4.	Se5–f3	Sf6×e4
5.	d2–d4	d6–d5
6.	Lf1–d3	Sb8–c6
7.	0–0	Lc8–g4
8.	c2–c4	Se4–f6
9.	c4×d5	

Wenn die Fortsetzung 9. Sc3 Lf3: 10. Df3: Sd4: – wie wir gesehen haben – zu scharfen taktischen Verwicklungen führt, so ist der Abtausch auf d5 als die positionelle Lösung des Stellungsproblems zu bezeichnen. Noch einige wichtige Beispiele mit dem Zug 9. Sc3 werden in den Anmerkungen zur nachfolgenden Partie aufgeführt.

9.	...	Lg4×f3
10.	Dd1×f3	Dd8×d5
11.	Df3–e2+	

Eine Neuerung, die von Jusupow speziell für das Kandidatenhalbfinale vorbereitet wurde. Nach 11. Te1+ Le7 entsteht ganz genau die gleiche Stellung, welche bereits aus der 28. Matchpartie unseres ersten Zusammentreffens mit Kasparow bekannt ist (12. Dh3 Sd4: 13. Sc3 Dd7 14. Dd7:+ Kd7: mit schnellem Remis).

| 11. | ... | Lf8−e7 |
| 12. | Ld3−b5 | Dd5−d6! |

Das Nehmen des Bauern − 12. ... Dd4: − ist allzu riskant. Weiß spielt 13. Sc3 mit ernstzunehmender Initiative.

13. Sb1−c3

Es versteht sich von selbst, daß 13. Te1 0−0 14. Lc6: bc 15. De7: nicht geht angesichts von 15. ... Tfe8 mit schwarzer Gewinnstellung.

| 13. | ... | 0−0 |
| 14. | Lb5×c6+ | b7×c6 |

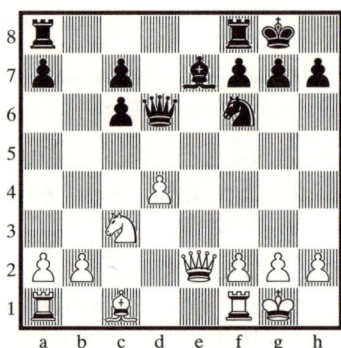

15. Lc1−e3

Weiß verstärkt seinen Bauern d4, indem er hofft, später die Verwundbarkeit des gegnerischen Doppelbauern auf der c-Linie ausnutzen zu können. Zu dieser Stellung werden wir nach der Partie noch einmal zurückkehren!

| 15. | ... | Sf6−d5 |
| 16. | Ta1−c1 | Tf8−e8 |

Die andere halboffene Linie besetzte Plaskett in seinen beiden folgenden Partien: 16. ... Tab8 17. b3 Se3: 18. De3: Tfd8 19. Tfd1 c5 (19. ... Lf8 20. g3 mit

starkem Druck gegen die schwarze Stellung, Mestel − Plaskett, London, 1986; 19. ... Lf6 20. Se4 Ld4: 21. Sd6: Le3: 22. fe Td6: 23. Td6: cd 24. Tc6: Td8 25. Tc7 mit guten Chancen auf einen Sieg im Turmendspiel) 20. d5 Lf8 21. Se4. Weiß hat unbestrittenen Vorteil (Short − Plaskett, London, 1986).

17. Sc3×d5!

Eine nichtstandardmäßige Entscheidung. Schwarz erhält jetzt die Möglichkeit zur Auflösung seines Doppelbauern, aber nach 17. ... cd 18. Dc2 und nachfolgendem 19. Dc6 hat der Nachziehende keinerlei Gegenspiel. Auf den unerwarteten weißen Zug hält aber Schwarz ebenfalls eine unerwartete Antwort bereit.

17.	...	Dd6×d5!
18.	De2−c4	Le7−d6
19.	b2−b3	

Auf 19. Dc6: wäre 19. ... Da2: gefolgt.

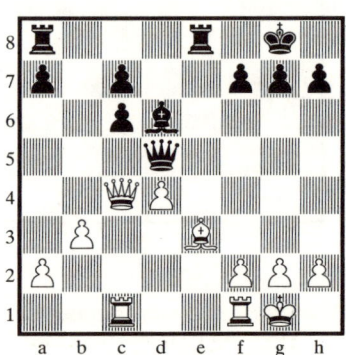

| 19. | ... | Te8−e6 |
| 20. | g2−g3 | |

Der Bauer war noch tabu: 20. Dc6:? Lh2:+.

| 20. | ... | Dd5−f5 |

Genau dieses positionelle Bauernopfer hat Jusupows Trainer, IM Dvoretzky, mit dem Bauernopfer im Marshall-Angriff verglichen. Geringes materielles Übergewicht des Gegners wird ausgeglichen durch die schwarze Figurenaktivität. Im Falle von 20. ... Tae8 würde Weiß selbstverständlich nicht den Bauern nehmen, sondern sich beschränken auf das ruhige 21. Dd5: cd 22. Tc6. Aufmerksamkeit verdient auch der Zug 20. ... Dh5.

21. Dc4–c2

Nach 21. Dc6: Tae8 22. d5 Te4 23. Lc5 h5 hat Schwarz hinreichende Kompensation für den Bauern. Durch den Zwischenzug vertreibt Timman die gegnerische Dame von dem günstigen Feld f5.

21.	...	Df5–h5
22.	Dc2×c6	Ta8–e8
23.	Dc6–g2	Te6–e4
24.	Tf1–e1	Dh5–f5

Nutzlos wäre 24. ... Lb4 wegen 25. Ld2!, mit Ausnutzung der Schwäche der Grundreihe. Allerdings wäre es der Mühe wert, den von Timman angestrebten Turmtausch zu verhindern mittels 24. ... Da5! 24. a4 h5 oder 25. Te2 Df5 mit nachfolgendem h7–h5. In diesem Fall wäre Weiß bereits zu äußerster Genauigkeit gezwungen, um Unannehmlichkeiten vorzubeugen.

25.	Le3–d2	h7–h5
26.	f2–f3	Te4×e1+
27.	Tc1×e1	Te8×e1+
28.	Ld2×e1	Df5–d3
29.	Dg2–f2	Ld6–a3!

Und jetzt ist der Mehrbauer kaum fühlbar.

30.	Kg1–g2	La3–c1
31.	Df2–f1	Dd3×d4
32.	Df1–e2	

Gefährlicher für Schwarz ist 32. Lf2 Le3 (32. ... Db2 33. Db5!) 33. De2 Lf2: 34. Df2:, was den Übergang in ein Bauernendspiel erzwingt – 34. ... Db6 35. Db6: ab. Freilich, wie der Sekundant von Großmeister Timman, der schwedische Großmeister Andersson ausführte, hat Weiß auch in diesem Endspiel keine Aussichten auf den Sieg: 36. Kf2 Kf8 37. Ke3 Ke7 38. Kf4 Kd6!.

32.	...	Dd4–b2
33.	De2×b2	Lc1×b2
34.	g3–g4	g7–g6

Aber nicht 34. ... hg 35. fg.

35.	g4×h5	g6×h5

Im Läuferendspiel stellt die Schwäche der schwarzen Bauern am Damenflügel einen bestimmten Vorteil für Weiß sicher, wenngleich dieser zum Gewinn nicht ausreichen wird. Indem Timman aber im vorausgegangenen Zug noch den Abtausch eines weiteren Bauernpaares gestattet hat, erleichtert er die Aufgabe des Nachziehenden vollends.

36.	Kg2–g3	Lb2–e5+
37.	Kg3–h4	Le5–h2
38.	Kh4×h5	Lh2–d6
39.	Kh5–g5	Kg8–f8
40.	Kg5–f5	Kf8–e8
41.	Le1–c3	c7–c6
42.	Lc3–e5	Ld6–e7
43.	Le5–d4	

Remis

Das interessante positionsbetonte Spiel von Weiß in Verbindung mit dem gegnerischen Doppelbauern auf der c-Linie und dem Tausch auf d5 ließ sich in der vorliegenden Partie nicht zum Gewinn realisieren. Verstärkungen bereitete der junge englische Großmeister Nigel Short vor. Wollen wir also zurückkehren zum Diagramm nach dem 14. Zug von Schwarz und uns ein weiteres Beispiel dazu betrachten:

Short – Olafsson (Reykjavik, 1987): 15. Td1! (Ersichtlicherweise ein nachdrücklicheres Mittel zur Deckung des d-Bauern verglichen mit 15. Le3). 15. ... Tfe8 16. Df3 Sd5 17. Sd5: Dd5: 18. Dd5:. In diesem Fall tauscht Weiß die Damen gerne ab. 18. ... cd 19. Lf4 c6? Wie nicht verwunderlich ist dies bereits der entscheidende Fehler von Schwarz. Ein einziger passiver Zug bringt Schwarz in eine kritische Lage. Stattdessen verdient Aufmerksamkeit das aktive 19. ... Lf6 – 20. Lc7: Te4 oder auch 19. ... Tac8 20. Lc7: Te4 oder 19. ... Tac8 – 20. Tac1 c5 oder sogar 19. ... Ld6. Jetzt aber realisiert Short seinen positionellen Vorteil zum Gewinn.

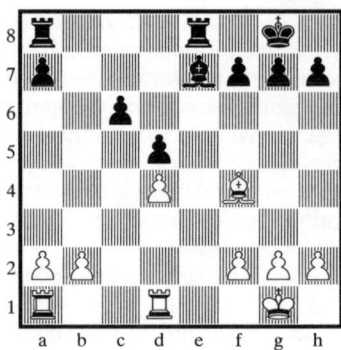

20. Tac1 Tac8 21. Kf1 f6 22. Td3 Kf7
23. f3 Lf8 24. Tb3 h5 25. h4 Te6 26. a4
Ke8 27. Te1 Te1:+ 28. Ke1: c5 29. dc
Lc5: 30. Tb7 Ld4 31. Kd2 Lb6 32. b4!
Tc4 33. Ld6 g5 34. a5 Lg1 35. hg fg
36. b5 Ta4 37. a6 Ta2+ 38. Kd3 Kd8
39. Lb8 Ta3+ 40. Kc2 Ta5? 41. Lc7+,
und Schwarz gab auf.

Kupreitschik – Jusupow
Minsk 1987

1.	e2–e4	e7–e5
2.	Sg1–f3	Sg8–f6
3.	Sf3×e5	d7–d6
4.	Se5–f3	Sf6×e4
5.	d2–d4	d6–d5
6.	Lf1–d3	Sb8–c6
7.	0–0	Lc8–g4
8.	c2–c4	Se4–f6
9.	Sb1–c3	

Also sind wir wieder zurückgekehrt zu
der scharfen und mitreißenden Variante
in Verbindung mit dem Bauernopfer.
Die vorliegende Partie wurde in der 54.
Landesmeisterschaft gespielt und stellt
– wie man sagen könnte – das letzte
Wort bis zum heutigen Tage dar in der
theoretischen und praktischen Erforschung dieser Variante.

9.	...	Lg4×f3
10.	Dd1×f3	Sc6×d4

Bevor wir die Neuerung Kupreitschiks
auf dem Brett vorführen wollen, rufen
wir uns diejenigen Informationen ins Gedächtnis zurück, die bereits bis zum
Zeitpunkt dieser Partie über diese Variante bekannt waren:
Nach 11. Te1+ Le7 12. Dd1 kommen wir
wiederum zu einer Position aus der 15.
Weltmeisterschafts-Matchpartie, die
mit Remis endete, und nach 11. Te1+
Le7 12. Dg3 dc 13. Lc4: 0–0 14. Lg5 Ld6
erreichen wir die Partie Lobron – Karpow, in welcher Schwarz auch keinerlei
Schwierigkeiten hatte.
Kaum erfolgreich dürfte sofortiges
11. Dg3 sein, denn dann folgt 11. ... Se6,
und Schwarz verbucht nachfolgend
einen Tempogewinn dank des Zuges
Lf8–d6.
Der Überraschungszug 11. De3+ ist,
wie wir uns erinnern, mir in der sechsten
Partie von Kasparow serviert worden,
und nach 11. ... Se6 12. cd Sd5: 13. Sd5:
Dd5: 14. Le4 Db5 15. a4 Da6 16. Td1
Le7 17. b4!? 0–0 18. Dh3 g6 konnte
Schwarz den gegnerischen Angriff zurückschlagen und in einer starken eigenen Position Remis erzwingen.
Der Versuch einer Verstärkung dieser
Variante für Weiß wurde vorgenommen
in der Partie Timman – Jusupow (Hilversum, Match 1986). Anstelle von 17. b4
spielte Weiß 17. Df3. Die Partie dauerte
nicht lange. 17. ... Td8 18. Ld3 (nicht
viel ergibt auch der Abtausch auf d8)
18. ... Da5! (jetzt verliert 19. Db7: wegen
19. ... Td3:!, und daher befreit der
erzwungene Damenzug auf ein rück-
wärtiges Feld den Schwarzen von jegli-
chen Problemen) 19. Ld2 Lb4 20. Le3
(20. Lb5+ c6 21. Lc6:+ bc 22. Dc6:+ Kf8
23. Lb4:+ Db4: 24. Td8:+ Sd8: 25. Dd5
Db8! oder 25. Dd7 Db7 26. Td1 Dd7:
27. Td7: Ke8 28. Ta7: h5 und Schwarz
hat Vorteile) 20. ... 0–0 21. Db7: Sc5
22. Lc5: Lc5: 23. Db5 Remis.
Weiß erreichte also einen friedlichen
Ausgang, aber dabei blieb es noch

nicht. In einer weiteren Partie (Howell – Iwantschuk, Groningen 1986/1987) hat Schwarz wie es scheint ein probates Mittel gefunden, selbst um die Initiative zu kämpfen, was wir uns ansehen wollen:

17. ... Tb8

Anstelle von 17. ... Td8. Der Bauer wird verteidigt, und Weiß ist gezwungen darüber nachzudenken, wie er das investierte Material wieder zurückholen kann.

18. b4

Eine Empfehlung Jusupows, aber Iwantschuk zeigt, daß der Vorstoß des b-Bauern dem Weißen auch in dieser Situation nichts Zählbares einbringt.

18. ... 0–0 19. Td7 Tbd8! 20. Lb7:

Auf 20. Te7: wäre gefolgt: 20. ... Dd6 21. La3 De7: 22. b5 Sc5 23. Lh7:+ Kh7: 24. Dh5+ Kg8 25. Lc5: Df6! mit schwarzem Vorteil.

20. ... Dc4 21. Td8:

Und jetzt wäre nach 21. Te7: die Antwort 21. ... Dc3!! stark gewesen.

21. ... Td8: 22. Le3 Db4: 23. Le4

Nach 23. La7: c5 befindet sich der Läufer in einer nicht beneidenswerten Situation.

23. ... Lc5 24. Lc5: Dc5: 25. h4 Dd4 26. Te1 Da4:

Die technische Phase erledigt Iwantschuk einfach und überzeugend.

27. h5 Sg5 28. Df5 Se4: 29. Te4: Dd1+ 30. Kh2 g6! 31. hg hg 32. Dg5 Td5 33. Df6 Dh5+ 34. Th4 Dh4:+!, und Weiß gab auf.

Somit kann man also die Schlußfolgerung ziehen, daß 11. De3+ für Schwarz in keinster Weise gefährlich ist, ebensowenig wie 11. Te1+.

Noch einen weiteren Versuch, nachzuweisen, daß das Bauernopfer vollkommen begründet ist, unternimmt hier Kupreitschik und das ausgerechnet gegen einen der besten Kenner der Russischen Partie.

11. Df3–h3!!

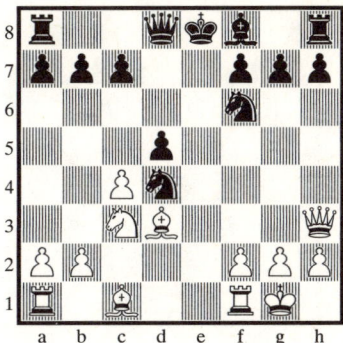

Schwarz hat ein Tempo eingespart für den Zug Lf8–e7, und Weiß dementsprechend für Tf1–e1+!

11. ... d5×c4

Kaum gut für Schwarz ist wohl 11. ... c6 12. Te1+ Le7 13. Lg5 Se6 14. Lf6: Lf6: 15. cd cd 16. Lf5 oder 13. ... dc 14. Lf6: gf 15. Lc4: mit mehr als ausreichender Kompensation für den Bauern.

Nach 11. ... Le7 12. Lg5 dc 13. Lc4: erreichen wir mit Zugumstellung eine Position aus der in Betrachtung befindlichen Partie, aber im Falle von 11. ... Le7 12. Te1 dc 13. Lc4: 0–0 entsteht ein scharfes Spiel, bei welchem es schwierig ist, der einen oder anderen Seite den Vorzug zu geben.

Stärker ist allerdings 11. ... Le7 12. cd Sd5: 13. Te1 Se6 14. Lg6! Sdf4 15. Lf4: Sf4: 16. Lf7:+ Kf7: 17. Df5+. Weiß gewinnt den investierten Bauern zurück und übernimmt die Initiative im Zentrum.

12. Ld3×c4 Lf8–e7

Ein Damentausch unter bequemen Begleitumständen läßt sich nicht erreichen, man sehe – 12. ... Dd7 13. Te1+ Le7 (13. Kd8 14. Dd7:+ Kd7: 15. Td1 c5 16. Lf7: gewinnt den Bauern zurück unter Erhaltung des Läuferpaars) 14. Dd7:+ Sd7: 15. Sd5 Se6 16. Te6:!, und Weiß behält die Oberhand.

13. Lc1–g5 0–0
14. Ta1–d1 c7–c5
15. Tf1–e1

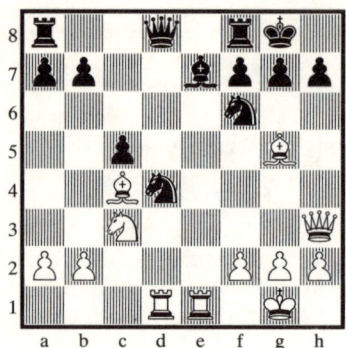

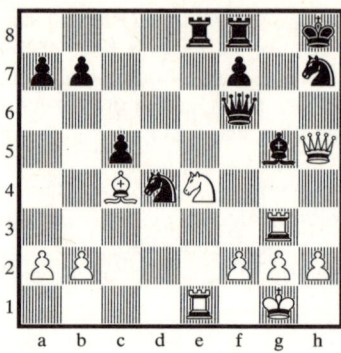

Gefährlich für Schwarz ist jetzt 15....Te8
16. Lb5 (16. Ld3 Dc8 17. Dh4 h6
18. Lh6: Sf5) 16. ... Sb5: 17. Td8: Ld8:
18. Te8:+ Se8: 19. Ld8: Td8: 20. Kf1. Bei
ungefährem materiellem Gleichstand
liegt der Vorteil bei Weiß, der über die
bewegliche Dame verfügt.

15.   ...   h7–h6
16.   Lg5×h6!?

Das Opfer des Läufers bietet sich an,
aber einer Prüfung bedarf auch der taktische Einschlag: 16. Te7:!. Nach
16. ... hg (16. ... De7: 17. Sd5 usw.) 17.
Tb7: sind die weißen Chancen besser.

16.   ...   g7×h6
17.   Dh3×h6   Sf6–h7
18.   Td1–d3   Le7–g5
19.   Dh6–h5

Nach 19. Tg3 Sf5 20. Dg6+ Sg7 ist es
nicht so leicht, die schwarze Festung zu
stürmen.

19.   ...   Dd8–f6
20.   Td3–g3

Es sieht so aus, als sei 20. Th3! Dg7
21. f4 Lf4: 22. Sd5 Lg5 23. Se7+ Le7:
24. Te7: noch stärker.

20.   ...   Ta8–e8

Jetzt konnte Schwarz genauer spielen –
20. ... Sf5. Nach 21. Se4 Dg7 22. Tg4
(22. Tg5: Sg5: 23. Sg5: Sd6!) 22. ... Sh6!
23. Tg3 Sf5 läge eine etwaige Zugwiederholung im Ermessen der beiden
Spieler und könnte ein Remis ergeben.

21.   Sc3–e4   Kg8–h8

Jusupow meint, daß dies der entscheidende Fehler war, und in der Tat war
21. ... Kg7! richtig. Die Partiesituation ist
aber derart angespannt, daß gerade in
einem solchen scharfen Kampf gewisse
Ungenauigkeiten praktisch unvermeidlich sind.

22.   h2–h4   Te8×e4

Nicht besser ist auch 22. ... Dh6 (g6)
23. Tg5: oder 22. ... Lh4: 23. Sf6: Te1:+
24. Kh2.

23.   Te1×e4   Lg5–f4
24.   Tg3–g4   Lf4–h6

Nichts rettet 24. ... Ld6 25. Td4: cd
26. Ld3. Eine Figur hat Schwarz zwar
mehr, aber alle seine Streitkräfte sind
verstreut und unkoordiniert.

25.   Dh5×c5   Sd4–c6
26.   Dc5–h5   Df6–d6
27.   Lc4×f7   Dd6–d1+
28.   Kg1–h2   Dd1–d6+
29.   f2–f4   Dd6–c7
30.   Lf7–b3   Dc7–d6
31.   Te4–e8   Lh6×f4+
32.   g2–g3   Lf4×g3+
33.   Kh2–h3

Schwarz hat hier die Zeit überschritten,
doch gab es keine Rettung vor dem
Matt mehr.

Ich glaube aber trotz alledem, daß noch
lange nicht alle Geheimnisse dieser Variante (bzw. der Russischen Partie) ge-
lüftet sind!

Schottische Partie

Timman – Karpow
London 1984

Drei Großmeisterbegegnungen im Haupttext und mehr als ein Dutzend Beispiele in den Anmerkungen, – selbst hätte ich nicht geglaubt, daß die altehrwürdige Schottische Partie eine solch große „Ernte" beschert an Partien, die in unseren Tagen, d.h. im Zeitraum zwischen 1984 und 1987 gespielt wurden. Das Beispielmaterial ist ziemlich ergiebig, es bietet dem Leser die Möglichkeit, sich in einige neue und interessante Varianten hineinzudenken, die sich von ihrem Charakter her durchaus auch als Eröffnungsüberraschung eignen. Aber besondere Umwälzungen, das muß man freilich zugestehen, haben sich in der Entwicklung der vorliegenden Eröffnung im Laufe der letzten Jahre nicht vollzogen. Im großen und ganzen hat die Schottische Partie ihre Reputation als eine für Schwarz sichere Eröffnung beibehalten.

Meine Begegnungen mit dem holländischen Großmeister tragen oft den Charakter einer eröffnungstheoretischen Diskussion. In diesem Falle entschloß sich Timman dazu, mich schon vom allerersten Moment an zu überraschen, indem er eine seltene Eröffnung wählte.

1.	e2–e4	e7–e5
2.	Sg1–f3	Sb8–c6
3.	d2–d4	e5×d4
4.	Sf3×d4	Sg8–f6
5.	Sd4×c6	b7×c6
6.	e4–e5	

Die weiter verbreitete Fortsetzung lautet hier 6. Ld3, aber auch der Zug mit dem e-Bauern ist gut bekannt.

6.	...	Dd8–e7

Timman ist einer der wenigen zeitgenössischen Spitzengroßmeister, der sich von Zeit zu Zeit dieser alten Eröffnung bedient. Im nämlichen Jahre spielte er in Bugojno eine interessante Partie gegen Smyslow in der Variante mit 4. ... Lc5 5. Sf5!. Diese Partie wird nachstehend noch angeführt.

Zunächst möchte ich bemerken, daß in der Textstellung Kortschnoi im gleichen Jahre gegen Timman mit 6. ... Se4 fortgesetzt hat (anstelle des Damenzuges nach e7) und, daß Weiß danach einen neuen Zug präsentiert hat: 7. Le3 (früher spielte man 7. Df3). Freilich war das Spiel nach 7. ... d5 8. ed cd 9. Ld3 Sf6 10. 0–0 Le7 11. c4 0–0 12. Sc3 Le6 13. Te1 d5 14. cd Sd5: 15. Sd5: Ld5: ins Gleichgewicht gebracht (Sarajewo, 1984).

7.	Dd1–e2	Sf6–d5
8.	c2–c4	Lc8–a6
9.	De2–e4	

Gefahrlos für Schwarz wäre 9. Sd2 Sb4 (aber nicht 9. ... Sf4 10. De4 Sg6 11. f4 0–0–0 12. g3 d5 13. cd Lf1: 14. Tf1: cd 15. Da4 mit besserem Spiel für Weiß) 10. Sf3 c5 11. a3 Sc6.

9.	...	Sd5–b6

Hier konnte ich, wie man zu sagen pflegt, stillschweigend einen Remisvorschlag unterbreiten mittels 9. ... Sf6 10. De2 Sd5, aber, wie ich mich erinnere war ich an diesem Abend in kämpferischer Stimmung.
Übrigens verdient auch der Zug 9. ...f5!? Aufmerksamkeit.

10.	Sb1–d2	

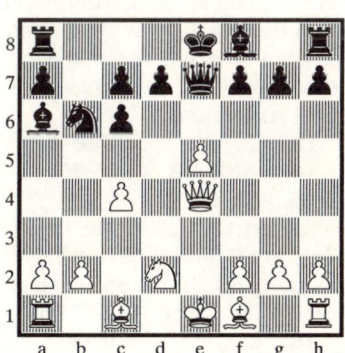

Eine Neuerung! (Die Eröffnungsstandardwerke erwähnen lediglich 10. Sc3 mit Ausgleich), aber sie erweist sich als nicht sonderlich glücklich.

| 10. | ... | 0–0–0 |
| 11. | c4–c5 | |

Weiß öffnet das Spiel im Glauben, daß sich der feindliche König danach unbehaglich fühlen wird. Letztendlich erweist es sich aber, daß sein eigener König noch viel stärkeren Unbequemlichkeiten ausgesetzt ist.

Interessant ist, daß nach Ablauf eines Jahres in Amsterdam der holländische Großmeister gegen mich wiederum diese Eröffnung wählte und in der gegebenen Position, die durch eine andere Zugfolge zustanden gekommen war – 9. ... Sf6 10. De2 Sd5 11. Sd2 0–0–0 12. De4 Sb6 – den anderen Bauern nach vorne zog – 13. a4. In dieser Stellung servierte ich dann aber eine Neuerung: 13. ... d5!. Nach 14. cd Lf1: 15. d6 Ld6:! 16. Sf1: Te6 17. f4 g5 geriet Weiß aber wiederum in eine schlimme Gefahrensituation. Um die Wahrheit zu sagen: obwohl ich einen beträchtlichen Vorteil besaß, ließ ich ihn in Zeitnot wieder aus der Hand gleiten und die Partie endete mit Remis. Diese Partie wird komplett nachfolgend noch zur Sprache kommen.

11.	...	La6×f1
12.	c5×b6	Lf1–a6
13.	b6×a7	

Die Initiative befindet sich bereits in den Händen des Nachziehenden, aber vielleicht wäre es einen Versuch wert, den anderen Bauern zu schlagen, also 13. bc!? zu spielen.

13.	...	Kc8–b7
14.	Sd2–b3	f7–f6!
15.	f2–f4	

Im Falle von 15. Ld2 führte 15. ... De5: 16. De5: fe 17. 0–0–0 d5 zum Vorteil von Schwarz, und falls 18. Sa5+ geschieht, dann folgt 18. ... Kb6 19. b4 Lb5!.

| 15. | ... | f6×e5 |

| 16. | f4×e5 | Td8–e8! |
| 17. | Lc1–f4 | De7–h4+! |

Beträchtlich stärker als der andere Schachangriff mit der Dame: 17. ...Db4+ 18. Db4: Lb4:+ 19. Kd1 Thf8, und Schwarz steht höchstens minimal besser.

18.	g2–g3	Dh4–h5
19.	Ta1–c1	Kb7–a8!
20.	h2–h4	d7–d5!

Keene empfahl 20. ... Ld6?! 21. Tc5 Le5: 22. Le5: (22. Te5: Te5: 23. Le5: Te8) 22. ... d5 23. g4 Te5: 24. gh Te4+ 25. Kd1. Auch jetzt ist die Stellung von Schwarz zu bevorzugen, aber der Schlag im Zentrum ist beträchtlich energischer.

| 21. | De4–e3 | |

Nach 21. Dc2 ist sowohl 21. ... c5 gut, als auch 21. ... Te5: 22. Le5: De5: 23. Kf2 (23. Kd1 Dh5!) 23. Ld6.

21.	...	g7–g5!
22.	Lf4×g5	Lf8–b4+
23.	Ke1–f2	Th8–f8+
24.	Kf2–g2	

| 24. | ... | Te8×e5! |

Als ich meinen Turm opferte, war mein Partner, wie es schien, ein wenig verwundert – er hatte wohl gemeint, daß die Stellung von Weiß nur etwas schlechter sei.

100

| 25. | De3×e5 | Dh5–f3+ |
| 26. | Kg2–h2 | Df3–f2+ |

Weiß gab auf.

Nach 27. Kh3 macht sich im Nachhinein die Hinterhältigkeit des schwarzen Königs bemerkbar, indem er im 19. Zug den Rückweg für seinen Läufer freimachte: 27. ... Lc8+ 28. g4 Tf3 matt!

Timman – Karpow
Amsterdam 1984

1.	e2–e4	e7–e5
2.	Sg1–f3	Sb8–c6
3.	d2–d4	e5×d4
4.	Sf3×d4	Sg8–f6
5.	Sd4×c6	b7×c6
6.	e4–e5	Dd8–e7
7.	Dd1–e2	Sf6–d5
8.	c2–c4	Lc8–a6
9.	De2–e4	Sd5–f6
10.	De4–e2	Sf6–d5
11.	Sb1–d2	

Weiß ist es also, der der Zugwiederholung ausweicht. Die Stellung ist uns ja schon aus der vorangegangenen Partie vertraut.

Man begegnet auch dem Zug 11. b3 (ohne Einschub der Zugwiederholung De4–e2–e4 / Sf6–d5–f6). Hier ist das neueste und aktuellste Beispiel dazu: 11. ... 0–0–0 12. Db2 Sb6 13. Le2 Te8 14. Lf4 g5 15. Lg3 Lg7 16. Sc3 f5 17. f4 gf 18. Lf4: Le5: 19. Le5: De5: 20. 0–0 (20. 0–0–0 d5!) 20. ... Dd4 mit schwarzem Stellungsübergewicht (Ljubojević – Seirawan, Wijk aan Zee, 1986). Hort

schlägt 12. Lb2 vor (anstelle von 12. Db2) 12. ... Dg5 13. Sd2 Sf4 (schlechter ist 13. ...f6 14. h4) 14. De3 Sg2:+ (14. ...Dg2: 15. Da7:) 15. Lg2: Dg2: 14. 0–0–0 c5! mit verwickeltem Kampf.

| 11. | ... | 0–0–0 |

In der Partie Oll – Kalinin (UdSSR, 1986) ist der Springer weggezogen, und nach 11. ... Sb4 12. Sf3 c5 13. a3 Sc6 14. Ld2 0–0–0! 15. Lc3 hat Schwarz, wie auch in der kommentierten Partie, das Manöver d7–d5! zur Anwendung gebracht! Der Damentausch 16. ed Td6:! 17. De7: Le7: 18. Le2 Te6 führte zu ungefährem Ausgleich. Mir aber gelang es, mehr zu erreichen.

| 12. | De2–e4 | Sd5–b6 |
| 13. | a2–a4?! | d7–d5! |

Weiß hatte eine Überraschung vorbereitet (der Vorzug des Bauern »a« anstelle des Bauern »c«.), aber nun ist er selbst auf eine Neuerung getroffen. Der Gegenschlag im Zentrum sieht sehr verlockend aus. Das zurückhaltende 13. ... Kb7 ist kürzlich in einer Partie Handoko – Kovačević (Zagreb / Rjeka, 1985) vorgekommen. Nach 14. a5 Sc8 15. b4! Kb8 16. Le2 f6 17. f4 fe 18. fe Te8 19. Sf3 De6 20. c5 Le2: 21. De2: d6 22. Tb1 de 23. Da6 Dg6 24. Tb2 Le7 25. 0–0 Thf8 26. Se5: Tf1:+ 27. Df1: De6 28. Lf4 hatte Weiß offensichtlichen Vorteil.

In der Partiestellung hat Weiß nun aber keine Zeit, um den Springer b6 zu verjagen, und der Marsch des a-Bauern ist vor dem entscheidenden Schritt entkräftet und entwertet.

14.	c4×d5	La6×f1
15.	d5–d6	Td8×d6!
16.	Sd2×f1	

Es versteht sich von selbst, daß der Turm unantastbar ist: 16. ed De4:+ 17. Se4: Lg2:, und eine andere Variante des Schlagens des Springers ist auch nicht besser: 16. Kf1: Td5; 16. Tf1: Td5, mit der Idee f7–f6.

| 16. | ... | Td6–e6! |

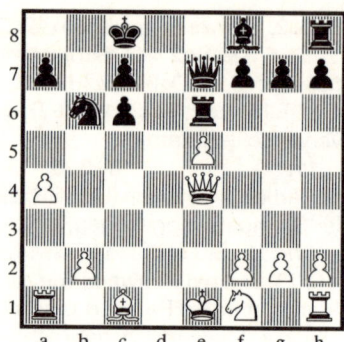

Den e-Bauern muß man unbedingt frontal angreifen. Im Falle von 16. ... Td5 17. f4 g5 (17. ... Dd7 18. Le3) hätte Weiß mittels 18. Se3 ein entscheidendes Tempo gewonnen.

17. f2–f4   g7–g5
18. g2–g3   De7–b4+

Der Damentausch ist das einfachste Mittel, um die positionellen Errungenschaften zu sichern. Zu scharfem Spiel führte 18. ... gf 19. gf f6 (es geht nicht 19. ... Dh4+ 20. Sg3 Sd5 21. Ld2 Lh6 22. 0–0 Tg8 23. Ta3) 20. Sg3 fe 21. f5.

19. De4×b4

Auf 19. Sd2 ist 19. ... gf 20. gf Tg8 gut.

19. ...   Le7×b4+
20. Lc1–d2

Ein Wegzug des Königs würde die Einschätzung der Stellung nicht verändern, da auch 20. Kf2 f6 21. ef Tf6: 22. Kg2 Te8!, bzw. 20. Kd1 gf 21. gf f6 für Schwarz günstig ist.

20. ...   Lb4×d2+
21. Sf1×d2   g5×f4
22. g3×f4   Sb6–d5

Nach 22. ... f6 ist 23. Se4 fe 24. f5! interessant.

23. 0–0

Ich denke, daß es nicht der Mühe wert war, den König aus dem Zentrum zu bringen, sicherer ist das einfache 23. Tf1.

23. ...   Th8–g8+
24. Kg1–h1   Tg8–g4
25. Sd2–b3

Nach der Partie merkte Timman an, daß 25. Sc4 besser sei, aber auch dann erhält Schwarz nach 25. ... f6 (zu ausgeglichenem Spiel führt 25. ... Sf4: 26. Se3 Th4 27. Sf5 oder 25. ... Tf4: 26. Tf4: Sf4: 27. Tf1 Sd3 28. Tf7:) 26. f5 Te8 27. b3 fe 28. f6 e4 29. f7 Tf8 30. Se5 Tg5 31. Sc6: Kd7 seinen klaren Vorteil.

25. ...   Sd5×f4

Im Falle von 25. ... Tf4: 26. Tf4: Sf4: 27. Tf1 Sd3 28. Tf7: Te5: liegt das Stellungsübergewicht bei Schwarz, doch hat Weiß die Verteidigung 27. Sd4 Te5: 28. Sc6: mit Doppelangriff – auf den Turm und den Bauern a7.

26. Ta1–e1

Schlecht für Weiß wäre 26. Sd4 Teg6.

26. ...   Te6–g6

Natürlich ist es eine große Verführung eine Mattidee aufzuzeigen: 26. ... Th6, Tg2 und Thh2: ≠, aber nach 27. Te3 Tg2 (27. ... Tgh4 28. Tf2) 28. h3 Sd5 29. Td3 kann sich Weiß verteidigen.

27. Tf1–f3   h7–h5
28. Sb3–d4

Aber nicht 28. h3 Tg3 29. Tf4: Th3:≠. Schlecht ist auch 29. Tef1 Se6.

28. ...   Sf4–d5

Schlechter wäre 28. ... h4 29. Sf5 mit der Drohung 30. Se7+ oder 30. Se3.

29. Te1–d1   Tg4–e4
30. Sd4–b3

Auf 30. Sc6: beabsichtigte ich zu antworten mit 30. ... Tc6: 31. Td5: Tc2, und auf 30. Tf7: mit 30. ... Se3.

30. ...   Te4–e2
31. Td1–g1

Weiß findet das einzige Mittel der Verteidigung. Nach 31. Tf7: entscheidet 31. ... Tgg2.

31. ...   Te2×e5

Von diesem Moment an begann sich bei mir der Mangel an Bedenkzeit bemerkbar zu machen. Wesentlich stärker war 31. ... Tg1:+ 32. Kg1: Tb2: 33. Sc5 Tc2! 34. e6 f6.

32. Tf3×f7   Tg6×g1+
33. Kh1×g1   Sd5–b4

Möglicherweise noch stärker war hier
33. ... Te1+ 34. Kg2 (34. Tf1 Tf1:+
35. Kf1: Se3+ 36. Ke2 Sc4) 34. ... Tb1
35. Sc5 Tb2:+ 36. Kg3 Kd8.

34. Tf7–h7   Sb4–d3

Noch ein weiterer Fehler in Zeitnot.
Nach 34. ... Kb7 würde sich Weiß kaum
noch retten können.

| 35. | Sb3–d4 | Kc8–b7 |
| 36. | b2–b3 | a7–a5 |

Exakter war 36. ... a6!.

37.	Th7–h6	Sd3–b4
38.	Kg1–f2	Te5–e4
39.	Sd4–e6	Kb7–b6
40.	Kf2–f3	Te4–e1
41.	h2–h4	Sb4–d5
42.	Se6–d4	Te1–e3+
43.	Kf3–f2	Te3–c3
44.	Th6×h5	Tc3–d3

Aufmerksamkeit verdiente 44. ... Kc5
45. Se6+ Kb4.

| 45. | Sd4–f3 | Td3×b3 |
| 46. | Th5–f5 | Tb7–b4? |

Dies gibt die Initiative endgültig aus der
Hand, welche man mittels 46. ... Kc5
noch bewahren konnte.

47. h4–h5   Kb6–c5

Jetzt ist bereits der Nachziehende gezwungen, Genauigkeit zu beweisen, um
das Stellungsgleichgewicht aufrechtzu-
erhalten: 47. ... Ta4: 48. h6 Te4 49. Tf8
usw.

| 48. | h5–h6 | Tb4–b8 |
| 49. | Tf5–h5 | |

An dieser Stelle begeht Weiß eine
Unterlassungssünde. Ich fürchtete die
Fortsetzung 49. h7 Th8 50. Tf7 mit der
Drohung Sf3–e5–g6 mehr.

49.	...	Tb8–h8
50.	h6–h7	Kc5–b4
51.	Th5–h6	Sd5–f6!

Dies führt zum absoluten Stellungsaus-
gleich, man darf nicht 51. ... Ka4:? spielen wegen 52. Sg5 nebst Sf7.

52.	Th6×f6	Th8×h7
53.	Tf6–f4+	Kb4–a3
54.	Kf2–e2	Th7–d7
55.	Sf3–d2	Td7–d8

| 56. | Tf4–c4 | Td8–b8 |
| 57. | Tc4–c1 | Tb8–b4 |

Remis

Timman – Smyslow
Bugojno 1984

1.	e2–e4	e7–e5
2.	Sg1–f3	Sb8–c6
3.	d2–d4	e5×d4
4.	Sf3×d4	Lf8–c5

Neben 4. ... Sf6 und 4. ... Dh4 ist dieser
Angriff auf den Springer eine der populärsten Fortsetzungen in dieser Stellung.

5. Sd4–f5

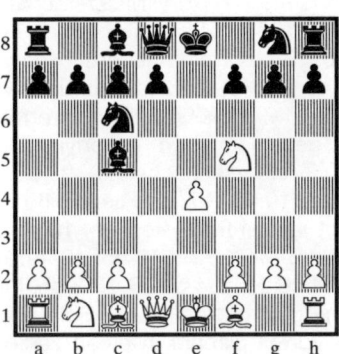

Und jetzt hatte der Anziehende einige
Möglichkeiten zur Verfügung.
Neben dem Ausfall des Springers nach
f5 wird auch 5. Le3, 5. Sb3 und 5. Sc6:
häufiger gespielt.
Alle diese Züge versprechen dem Weißen aber nicht den ganz großen Wurf.
Wir bieten für jeden dieser Alternativ-
züge ein Beispiel aus der allerneuesten
Meisterpraxis.
Sweschnikow – Geller (Sotschi, 1976):
5. Le3 Df6 6. c3 Sge7 7. g3 (wenig versprechen auch die anderen theoretisch

erprobten Fortsetzungen wie – 7. Sc2, 7. Lb5, 7. Lc4) 7. ... d5 8. Lg2 de 9. Sb5 Le3: 10. Sc7:+ Kf8 11. 0–0 Tb8 12. fe De5: 13. Db3 f5 14. Sb5 Remis.

Der Fortsetzung 5. Sb3 begegnet man in der Spielpraxis der vergangenen Jahre häufiger, aber, wie auch früher, gerät Schwarz hierdurch in keinerlei Verlegenheit.

Pasman – Unzicker (Beer-Shewa, 1984): 5. ... Lb6 6. Sc3 Sge7 7. a4 a6 8. De2. (Eine Neuerung, die Züge 8. a5 und 8. Lg5 sind Versuche, die man früher schon erprobt hat.) 8. ... 0–0 9. Lg5 d6 10. Sd5 La7 11. 0–0–0 Le6 12. Sf6+?! – Ein Springeropfer, das man annehmen kann – 12. ... gf 13. Lf6: h6 14. e5 Kh7 15. ed cd 16. Dh5 Tg8 17. Ld3 Tg6 18. Lg6: fg 19. De2 Lb3: 20. cb Dd7 21. The1 Tc8! 22. Lc3 d5, und vom weißen Angriff ist nicht eine Spur mehr übrig.

Prandstetter – Hort (Meisterschaft der CSSR, 1984): 5. ... Lb6 6. a4 a6 7. Sc3 Sf6 8. g3. Noch eine Neuerung, die Züge 8. Le2 und 8. Lg5 rechtfertigten sich nicht. 8. ... d6 9. Lg2 (es wäre erforderlich gewesen, den prophylaktischen Zug 9. h3 einzuschalten) 9. ... Lg4! 10. Lf3 (10. f3 Ld7, und der weiße König bleibt im Zentrum stecken) 10. ... Se5! 11. Lg4: Sfg4: 12. 0–0 h5! 13. Sd5 La7 14. h4 c6 15. Sf4 g5 16. Sh3 gh. Indem er energisch angreift, setzt Schwarz seinen Vorteil alsbald in einen zählbaren Erfolg um. 17. Lg5 Dd7 18. Lh4: Sg6 19. Df3 S4e5 20. Df5 Sh4: 21. Dd7:+ Kd7: 22. gh Tag8+ 23. Kh1 Tg4 24. f3 Th4: 25. Kh2 Tg8 26. Tad1 Lg1+!. Weiß gab auf, denn Matt ist unausweichlich.

Hübner – Spasski (Linares, 1985): 5. ... Lb4+ 6. c3 Le7 7. f4 d6 8. Ld3 Lh4+. Der allgegenwärtige schwarze Läufer erzwingt den Vorzug des Bauern, bald des einen am Damenflügel, bald desjenigen hier am Königsflügel. 9. g3 Lf6 10. Le3 h5 11. h3 g5 12. Dd2 gf 13. gf Sge7 14. Sa3 Lh4+ 15. Lf2 Sg6 16. Kd1. Remis.

Zuletzt noch ein Beispiel zu 5. Sc6: – 5. ... Df6 6. f4 Dc6: 7. Sc3 Sf6 8. Lb5 De6 9. De2 0–0 10. e5 Sd5 11. Se4 Le7 12. 0–0 f5 13. ef Sf6: 14. Sf6:. All dies begegnete uns in der Partie Larsen – Brink-Klaussen (Kopenhagen, 1979). Der dänische Großmeister empfiehlt hier 14. ... Df6: 15. Dc4 d5! 16. Dd5: Le6 mit hinreichender Kompensation für den Bauern.

5. ...   g7–g6

In einer späteren Partie Timman – Böhm (Niederlande, 1985) brachte der Nachziehende den neuen Zug 5. ... d6 zur Anwendung. Natürlich kann man das nicht als eine echte Neuerung bezeichnen, denn das Opfer des Bauern g7 empfahl bereits der erste Schachweltmeister Wilhelm Steinitz. Er gab dazu folgende Varianten an: 5. ... d5 6. Sg7:+ Kf8 7. Sh5 Dh4 8. Sg3 Sf6 9. Le2 Se5 10. h3 Tg8 mit besserem Spiel für Schwarz.

Es läßt sich nicht erklären, warum die Schwarzspieler in den Partien, die in jüngster Zeit gespielt worden sind, sich jeweils des Manövers d7–d5 enthalten haben. Vielleicht hat jedes Mal die vage Befürchtung bestanden, in irgendeine vorbereitete Falle zu geraten?

Wie dem auch sei – die Partie Timman – Böhm nahm folgenden weiteren Fortgang:

5. ... d6 6. Sg7:+

Man kann dem Risiko entfliehen, indem man den Springer nach e3 oder g3 zurückzieht, aber in diesem Fall will sich Weiß damit nicht abfinden.

6. ... Kf8 7. Sh5

(7. Sf5 Lf5: 8. ef Dh4 mit nachfolgendem Te8 und mit schwarzer Initiative)

7. ... Dh4 8. Sg3 Sf6 9. Le2 Se5

Jetzt wollen wir die entstandene Stellung einmal vergleichen mit derjenigen, welche sich als Resultat der Empfehlung des Weltmeisters Steinitz ergibt. Der Unterschied besteht lediglich darin, daß in dieser Partie der schwarze d-Bauer nicht auf d5 steht, sondern auf d6.

Aber in beiden Fällen hat Schwarz seine Trümpfe in der Hand.

10. b4

Es ist interessant, daß im gleichen Jahr in der Partie gegen Handoko (Zagreb/Rjeka, 1985) Timman die schottische Partie als Schwarzer spielte, und daß dort nach 10. f3 Seg4 11. fg Se4: 12. Dd5! f5 13. Tf1 Sf6 14. Tf5: Weiß die Oberhand gewonnen hat. Richtig wäre 10. ... Tg8 oder 10. ... Sh5, und es passiert nichts.

10. ... Lb4: 11. c3 Lc5 12. La3 Se4 13. Lc5: Sc5:.

Die Stellung von Schwarz ist angenehmer, wenngleich die Partie mit Remis endete in einem weit fortgeschrittenen Endspiel.

6.	Sf5−e3	Sg8−f6
7.	Sb1−c3	0−0
8.	Lf1−d3	Tf8−e8
9.	0−0	Sc6−e5
10.	Kg1−h1	d7−d6
11.	Ld3−e2	Se5−c6

In einer späteren Partie Handoko − Smejkal (Zagreb/Rjeka, 1985) spielte Schwarz genauer: 11. ... Sed7!, und nach 12. f3 a6 13. a3 Sf8 14. b4 La7 15. Lc4 c6 16. Dd3 Le6 17. Le6: Se6: hielten sich die Chancen der beiden Seiten die Waage.

12.	f2−f3	Sc6−d4

Vorsichtiger ist 12. ... a6. Im nämlichen Turnier in Bugojno endete die Begegnung Timman − Gligorić schnell: 12. ... a6 13. Ld2 Sd4 14. Ld3 c6 15. f4 Sb5 Remis.

13.	Le2−c4	

Weiß hat den Punkt f7 ins Visier genommen, aber nach 13. ... Le6 wäre es kaum möglich gewesen, aus diesem Angriff Nutzen zu ziehen.

13.	...	a7−a5?

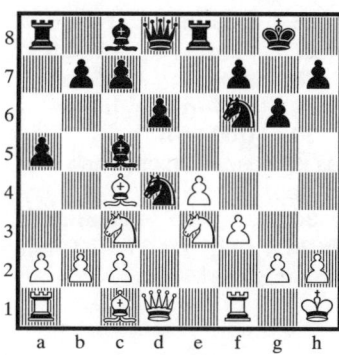

14. Se3−g4!

Mit diesem unerwarteten Manöver ergreift Weiß die Initiative. Die ganze Sache ist die, daß der schwarzfeldrige Läufer des Gegners seinen angestammten Platz nicht einnehmen kann. Der Eindruck ist der, als ob in der Diagrammstellung ein Druckfehler wäre, und er sich auf g7 befinden müßte.

14.	...	Lc8−e6

Die Öffnung der f-Linie ist nicht nach dem Geschmack des Nachziehenden: 14. ... Sg4: 15. fg Le6 (15. ... Se6 16. Df3) 16. Sd5.

15.	Lc1−g5	

Die dunklen Felder im Lager des Exweltmeisters stechen ins Auge, und Schwarz ist schon gezwungen, sich von seiner Dame zu trennen.

15.	...	Sf6×g4
16.	Lg5×d8	Sg4−e3
17.	Dd1−c1	Le6×c4
18.	Dc1×e3	Sd4×c2
19.	De3−d2	Sc2×a1
20.	Ld8−f6!	

Das ungefähre materielle Gleichgewicht hat Schwarz zwar aufrechterhalten, doch jetzt zwingt ihn die Drohung Dh6 zu einer unangenehmen Vereinfachung.

20.	...	Te8−e6
21.	Tf1×a1	Te6×f6
22.	b2−b3	Lc4−e6
23.	Sc3−a4!	Lc5−a3
24.	Dd2−c3	Tf6−f4
25.	g2−g3	La3−b4

26.	Dc3–d3	Tf4–f6
27.	a2–a3	b7–b5
28.	a3×b4	a5×b4
29.	Kh1–g2	b5×a4
30.	Dd3–d4!	

Ja, es ist beschwerlich, ohne die Dame zu spielen.

30.	...	Le6×b3

Nach 30. ... Kg7 ist 31. Ta4: am allerstärksten.

31.	Dd4×f6	a4–a3
32.	Df6–d4	c7–c5
33.	Dd4×d6	Ta8–c8
34.	Dd6–d2	Lb3–e6
35.	f3–f4	h7–h6
36.	g2–g4!	Le6×g4
37.	f4–f5!	Tc8–e8
38.	Dd2×h6	g6×f5
39.	h2–h3	

Schwarz gab auf.

Italienische Partie

Karpow – Jusupow
Bugojno 1986

Eine bescheidene, aber giftige Variante der Italienischen Partie, die mit dem Zug d2–d3 verbunden ist, kommt von Zeit zu Zeit bei den bedeutendsten Turnieren zur Anwendung. Mich interessierte diese Idee bereits anläßlich der Vorbereitung auf das Weltmeisterschaftsmatch in Meran, wo die Variante dann auch tatsächlich zweimal auftauchte. Obgleich beide Partien mit Remis endeten, war Weiß dennoch, besonders in der ersten der beiden, im Besitz der klar dominierenden Rolle. Und nun nach Ablauf von fünf Jahren gelang es mir schließlich, mit der Italienischen Partie einen wirklich gefährlichen Gegner zu überwältigen.

    1.   e2–e4   e7–e5
    2.   Sg1–f3   Sb8–c6
    3.   Lf1–c4

Der Zug 3. Lb5 führt in einer Auseinandersetzung gegen Jusupow unweigerlich zur offenen Variante der Spanischen Partie, aber nicht immer ist man in der Stimmung für diese Variante.

Die grundlegende Idee des Zuges 3. Lc4 ist hier letztendlich die Erreichung eines der Schemata der Spanischen Partie (wird doch der spanische Läufer auch häufig auf der Diagonale a2–g8 zum Einsatz gebracht nach der Überführung Lf1–b5–a4–b3), aber unter gleichzeitiger Vermeidung der scharfen Varianten der Offenen Spanischen Partie.

    3.   ...   Lf8–c5

Von der Italienischen Partie spricht man in aller Regel nur im Zusammenhang mit diesem Zug. Freilich gäbe es auch noch eine andere denkbare Zugfolge – 3. ... Sf6 4. d3 (Weiß verzichtet auf das klassische 4. Sg5) 4. ... Lc5 5. c3 d6 usw. In diesem Falle spricht man jedoch von der Zweispringerverteidigung.

Die Variante ist vergleichsweise neu, wodurch sich eine gewisse terminologische Ungereimtheit erklären ließe.

    4.   c2–c3   Sg8–f6
    5.   d2–d3

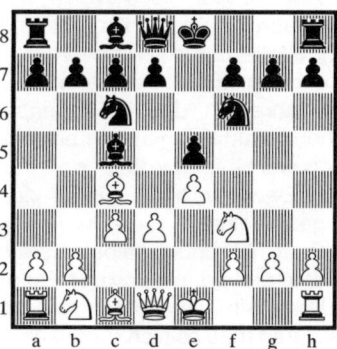

Die von der Theorie empfohlene Fortsetzung lautet hier an sich d2–d4. Die Italienische Partie ist annähernd 500 Jahre lang bekannt, und stets bestand das grundlegende Ziel des Weißen in der Bildung eines Bauernzentrums mittels c2–c3 und d2–d4. Obgleich es heute bereits bekannt ist, daß Schwarz diesen Plan erfolgreich bekämpfen kann mittels Sg8–f6, so ist dennoch 5. d4 als der objektiv stärkere Zug anzusehen im Vergleich zu 5. d3.

Warum also spielt man jetzt in den 80er Jahren unseres Jahrhunderts den Zug 5. d3 an dieser Stelle? – Vor allem dank der Verstärkungen der sowjetischen Großmeister Dolmatow und Makaritschew hat der Zug keinen geringen Popularitätszuwachs erfahren.

Dies könnte sich folgendermaßen erklären lassen: Der altüberlieferte Vorstoß d2–d4 führt einerseits zu einer scharfen Spielsituation und andererseits zu einer schnellen Entladung und Vereinfachung. Im Ergebnis erweist sich in der kritischen Situation der Partie stets derjenige der Partner als erfolgreich, der eine größere Anzahl an Varianten im Gedächtnis gespeichert hat.

Im Falle von d2–d3 entstehen stabile Bauernketten (wie auch in der Spanischen Partie), und der Kunstfertigkeit der beiden Spieler im Bereich des positionellen Manövrierens fällt ein größeres Gewicht zu. Auf diese Weise erklären sich nach meinem Dafürhalten die Gründe, die dafür verantwortlich sind, daß der Zug d2–d3, welcher noch in den 70er Jahren in den Eröffnungshandbüchern praktisch gänzlich beiseite gelassen wurde, neuerdings den traditionellen Bauernvorstoß d2–d4 zu verdrängen beginnt.

Die Rede ist dabei selbstverständlich immer in erster Linie von der Ebene der Großmeisterturniere (unter den Schachamateuren mag es sich durchaus etwas anders darstellen).

Ungeachtet der hier zum Ausdruck gebrachten Erwägung darf man natürlich in keiner Weise folgern, daß die klassischen Varianten der Italienischen Partie damit endgültig beiseitegelegt wären. Wir wollen als Beispiel für die klassische Behandlung der Italienischen Partie mit 5. d4 den einzigen derartigen „Italiener" anführen, der in der Ausgabe Nr. 42 des „Schach-Informators" veröffentlicht wurde.

Seczy – Heinrich (Fernpartie, 1986): 5. d4 ed 6. cd Lb4+ 7. Sc3 (der hauptsächliche Zug; die andere, ältere Fortsetzung lautet 7. Ld2) 7. ... Se4: (zu einer für Schwarz schwierigen Stellung führt 7. ... d5, das bemerkenswerte Beispiel: Steinitz – Bardeleben, Hastings 1985, endete bekanntlich mit einer glänzenden Kombination mit einem auf der siebenten Reihe sich ständig zum Opfer anbietenden und nicht zu schlagenden Turm. So ziemlich jedem Schachfreund dürfte dieses überaus berühmte Beispiel vertraut sein.) 8. 0–0 Lc3: 9. d5 Lf6 10. Te1 Se7 11. Te4: d6 12. Lg5 Lg5: 13. Sg5: h6 14. De2 hg 15. Te1 Le6 16. de f6.

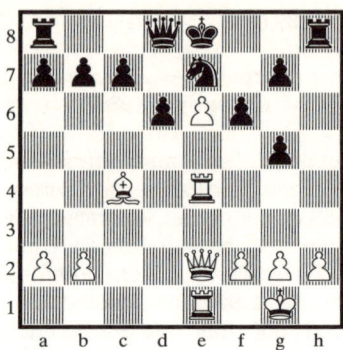

Diese Stellung wurde in der Theorie bisher als günstig für Schwarz eingeschätzt. Allerdings folgte jetzt 17. Te3! d5 18. Th3!, und es zeigte sich, daß die Stellung des schwarzen Königs gar nicht so unzugänglich ist. 18. ... Tf8 (in dem nämlichen Fernschachturnier schlug Taschnadyi gegen Seczy 18. ... Th3:, und nach 19. gh g6 20. Df3 f5 21. Dc3 d4 22. Db3 b6 23. Db5+ Kf8 24. De5 Kg8 25. Df6 hatte Weiß deutliches Übergewicht) 19. Ld3 Dd6 20. Dh5+ Kd8 21. Df7 Te8 22. De8:+ Ke8: 23. Th8+ Sg8 24. Tg8:+ Ke7 25. Ta8: Db4 26. Kf1 Db2: 27. Lg6. Schwarz gab auf.

Wie Sie sehen, begegnen uns Neuerungen in der Italienischen Partie auf Schritt und Tritt....

Aber jetzt ist es an der Zeit, zurückzukehren zu dem moderneren d2–d3.

5.	...	d7–d6
6.	0–0	0–0
7.	Tf1–e1	

Mehrmals wiederkehrend begegnete man in den letzten Jahren auch dem Zug 7. b4, doch diesen nebenrangigen Seitenpfad möchte ich – schon des begrenzten Platzes wegen – aus der näheren Betrachtung ausschließen.

Nach 7. Sbd2 a6 8. Lb3 La7 entsteht eine Position der achten Partie des Weltmeisterschaftskampfes in Meran. In ihr ging es dann folgendermaßen weiter: 9. h3 Le6 10. Le2 d5 11. Te1 de 12. de Sh5 13. Sf1 Dd1: 14. Td1: Tad8

15. Le3 f6 16. La7: Sa7: 17. Se3.
Weiß erhielt einen nicht unbeträchtlichen positionellen Vorteil, der sich im Endspiel hätte als entscheidend erweisen können. Ich fand jedoch den studienartigen Gewinnweg nicht, und es gelang dem Nachziehenden schließlich noch, den rettenden Remishafen zu erreichen.

7.	**...**	**a7–a6**
8.	**Lc4–b3**	**Lc5–a7**

Und dies ist nun eine Stellung aus der zehnten Partie des WM-Matchkampfes in Meran. Nach 9. Sbd2 Le6 10. Sf1 Lb3: 11. Db3: Dc8 12. Sg3 Te8 13. h3 Tb8 14. Le3 De6 15. De6: fe spielte die Verdoppelung der schwarzen Bauern keine Rolle und bald folgte eine Remisvereinbarung.

Möglicherweise noch stärker war aber 9. ... Sg4 – 10. Te2 Kh8 11. h3 Sh6 12. Sf1 f5 13. Lg5 (nicht gut ist 13. Lh6: gh 14. ef Lf5: 15. Ld5 Dd7 16. Kh2 Se7 17. Lb7: Tab8 18. Le4 Sg6 19. Td2 Sf4 20. Lf5: Tf5: 21. Sg3 Tg8 22. Sg1 Tfg5 23. d4 e4 mit schwarzem Übergewicht in der Partie Iwanow – Glek, Borschomi, 1984; gut für Schwarz ist auch 15. ... Se7 16. Lb7: Tb8 17. Le4 Le4: 18. Te4: Tb2: 19. d4 Da8 20. Tg4 e4 21. S3d2 d5 22. Da4 Sg6 23. Tb1 Tb1: 24. Sb1: Db7 25. Db3 Db3: 26. ab c5, Gipslis – Podgajez, Kiew, 1985; freilich verdient im zweiten Partiebeispiel die Fortsetzung 21. Dc1 Tb6 22. Dh6: Sf5 23. Dg5 cf 24. Sg3 Dd8 25. Dd8: Td8: 26. Sf5: Tf8 mit unklarem Spiel Aufmerksamkeit) 13. ... De8 14. d4 fe 15. Te4: Lf5 16. Th4 Sf7 17. Le3 De7 18. Sg3 Lg6 19. Lc2 Lc2: 20. Dc2: g6 21. Se4 ed 22. Lg5 Sg5: 23. Seg5: d3 24. Dd2 h5, und wiederum liegt das Stellungsübergewicht auf Seiten des Nachziehenden (Small – Hawelko, 25. Schacholympiade).

Also lohnt es sich nicht, den gegnerischen Springer nach g4 vordringen zu lassen.

9.	**h2–h3**	**h7–h6**

Nach 9. ... Sh5 10. Lg5 sind die Chancen für Weiß besser. In der Partie Dschindschischaschwili – Kortschnoi (Chicago, 1982) folgte: 9. ... De7 10. Sbd2 Le6 11. Sf1 Tad8 12. Sg3 d5 13. De2 Kh8 14. ed Ld5: 15. d4 Tfe8 16. Se5: Se5: 17. de Lb3: 18. Lg5 Td5 19. ab Te5:, und die Chancen hatten sich ausgeglichen.

10.	**Sb1–d2**	**Sf6–h5**
11.	**Sd2–f1**	**Dd8–f6**
12.	**Lc1–e3**	

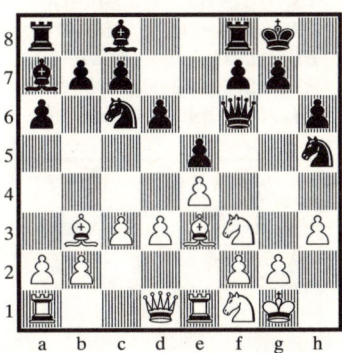

12.	**...**	**Sh5–f4**

Wenn man den Springer schon nach f4 stellen will, dann besser nach dem Abtausch auf e3. 12. ... Le3: 13. Se3: Sf4 hätte ungefähren Ausgleich ergeben.

Eine wesentliche Verstärkung präsentierte Jusupow in seiner Partie gegen Hawelko (Dubai, 1986): 12. ... Le6 13. Le6: fe 14. La7: Ta7: 15. Se3 Taa8 16. a4 Sf4 17. Kh2 Tad8 18. Tf1 d5. Als Ergebnis des verhaltenen Spiels von Weiß ist die Initiative bereits auf die Seite des Gegners übergegangen. Nach 19. ed (19. Dc2 Sd3: 20. Dd3: Df4+ 21. Kg1 de) 19. ... ed 20. d4 e4 21. Se1 Se7 22. g3 Stg6 23. f4 ef 24. Sf3: Sf5 25. Se5 (unumgänglich war 25. Sf5: Df5: 26. Dd2) führte Schwarz eine günstige Tauschoperation durch: 25. ... Se3:! 26. Tf6 Sd1: 27. Tf8:+ Tf8: 28. Td1: Se5: 29. de c6. Das Turmendspiel ist klar zu Gunsten des Nachziehenden.

13.	**Le3×a7**	**Ta8×a7**

14.	Kg1–h2	Sc6–e7
15.	Sf1–e3	Ta7–a8
16.	a2–a4!	

Weiß hat die unangenehme Drohung 17. a5 geschaffen.

16.	...	Lc8–e6
17.	Lb3×e6	f7×e6

Und jetzt wäre 17. ... Se6: genauer gewesen, denn nach dem Schlagen mit dem Bauern steht Weiß besser.

18.	Sf3–g1	Ta8–d8
19.	g2–g3	Sf4–g6
20.	Te1–f1	d6–d5
21.	Dd1–e2	Se7–c6
22.	Se3–g2	Tf8–f7
23.	h3–h4	Td8–f8

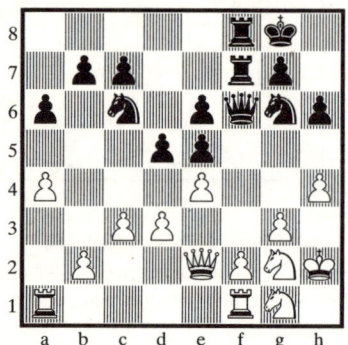

Zum Vorteil von Weiß ist auch die Zugfolge 23. ... Tfd7 24. Tad1 (möglich ist auch 24. Sf3 Tf7 25. Sge1 mit der Drohung h4–h5 und Sf3–h4) 24. ... de 25. De4: Df5 26. Se3.

24.	Ta1–d1	

Ein anderer Weg bestand in 24. b4.

24.	...	Sg6–e7
25.	h4–h5	

Vielleicht war 25. f4! für Schwarz gefährlicher.

25.	...	g7–g6
26.	Sg1–h3	

Nach 26. hg Sg6: 27. Dh5 Dg5! geht die Initiative bereits auf Schwarz über.

26.	...	Df6–f3
27.	De2×f3	Tf7×f3
28.	h5×g6	Se7×g6

29.	Sg2–e3	d5–d4

Es war unumgänglich 29. ... Td8!? zu spielen.

30.	Se3–c2	Tf3–f7

Auch nach 30. ... dc 31. bc Td8 32. Se1 (aber nicht 32. Se3 Tf7 33. Td2 Tfd7) 32. ... Tf7 33. f4 behält Weiß die Überlegenheit.

31.	c3×d4!	

Dies stellt ein merklich besseres Endspiel sicher. Freilich ist es bis zum Sieg noch ein weiter Weg.

31.	...	Sc6×d4

Oder 31. ... ed 32. f4 Sge5 33. Sf2 h5 34. Kg2.

32.	Sc2×d4	e5×d4
33.	f2–f4	c7–c5

Nach 33. ... Se5 wäre 34. Sf2! gefolgt.

34.	a4–a5	b7–b6

Es ändert nichts an der Sache, wenn 34... Se5 35. Sf2 Sc6 36. Tc1 Sa5: 37. Tc5: gespielt würde.

35.	a5×b6	Tf7–b7
36.	Td1–c1	Tb7×b6
37.	Tc1×c5	

Noch kräftiger ist 37. Tf2 Tc8 38. Tfc2 Tb5 39. Sf2.

37.	...	Tb6×b2+
38.	Tf1–f2	Tb2×f2+

Ganz schlecht ist 38. ... Tfb8 wegen 39. Ta5.

39.	Sh3×f2	Tf8–a8
40.	Tc5–a5	

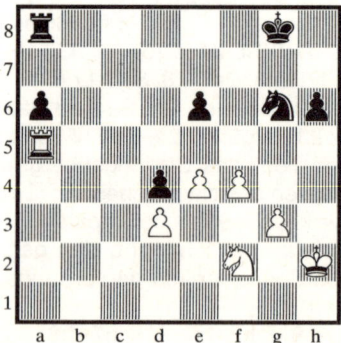

Im Falle von 40. Sg4 a5 41. f5 ef 42. ef Sf6! spitzt sich die Lage zu. Das Endspiel ist ziemlich interessant und theoretisch wichtig und – obgleich es im engeren Sinne nicht zum Thema dieses Buches gehört –, ist es einer Betrachtung wert.

| 40. | ... | Sg6–e7 |
| 41. | Sf2–g4 | Se7–c6 |

Wenn 41. ... Kg7, dann 42. Se5. – Man darf den Springer nicht nach e5 lassen.

| 42. | Ta5–c5! |

Unzureichend ist 42. Ta4 a5 43. Sh6:+ Kg7 44. Sg4 Sb8 (mit der Drohung 45. ... Tb4 46. Ta3 a4 und Sa7–b5) 45. Tc4 Sb4.

| 42. | ... | Sc6–e7 |

Die anderen verbliebenen Fortsetzungsmöglichkeiten können überhaupt nicht gefallen: 42. ... Sb4 43. Tc7! a5 44. Sh6:+ Kf8 45. g4 Sd3: 46. Kg3 mit der Drohung g5–g6; 43. ... Sd3: 44. Kh3 a5 45. Sf6+ Kf8 46. Kg4 mit der erheiternden Idee Kh5–g6 und Tf7‡.

| 43. | Tc5–c7! |

Nicht so klar ist 43. Sh6:+ Kf8 44. Ta5 Sc6 45. Tg5 Ke7.

| 43. | ... | Kg8–f8 |
| 44. | Sg4–e5! | a6–a5 |

Auf 44. ... h5 entscheidet 45. f5.

45.	g3–g4	a5–a4
46.	f4–f5	e6×f5
47.	g4×f5	Se7×f5

Oder 47. ... a3 48. f6 a2 49. Te7: a1D 50. Sg6+ Kg8 51. Tg7‡.

48.	e4×f5	Ta8–a5
49.	Tc7–c5!	Ta5×c5
50.	Se5–d7+	Kf8–e7
51.	Sd7×c5	a4–a3
52.	Kh2–g3	Ke7–d6
53.	Sc5–b3	Kd6–e5
54.	Kg3–g4	h6–h5+

Auch die Fortsetzung 54. ... a2 55. Sa1 Kf6 56. Kf4 h5 57. Sc2 h4 58. Kg4 h3 59. Kh3: Kf5: 60. Kg3 vermag nichts mehr zu retten.

| 55. | Kg4–g5 | h5–h4 |
| 56. | f5–f6 | Ke5–e6 |

Der Widerstand des Nachziehenden ist gebrochen: 56. ... h3 57. f7 h2 58. f8D h1D 59. De7+ Kd5 60. Db7+.

57.	Kg5–g6	h4–h3
58.	f6–f7	h3–h2
59.	f7–f8D	h2–h1D
60.	Sb3–c5+	Ke6–e5
61.	Df8–b8+	

Schwarz gab auf.

Vierspringerspiel

Polowodin – Zeitlin
Leningrad 1985

Bei der Auswahl des Materials für eines der vorausgehenden Kapitel, nämlich das Kapitel „Schottische Partie", stieß ich auf eine ergötzliche Partie, in der diese Eröffnung in einer Mischform mit dem Vierspringerspiel verwendet wurde. Über diese Partie berichtete ihr Sieger sehr interessantes und ich entschloß mich, sie in das Buch einzubeziehen.

Natürlich ist es so, daß sich wenig geändert hat in den vergangenen Jahrzehnten in der altehrwürdigen Eröffnung des Vierspringerspiels, doch verdient dieses spezielle Beispiel seine Aufnahme in das Werk.

1.	e2–e4	e7–e5
2.	Sg1–f3	Sb8–c6
3.	Sb1–c3	Sg8–f6
4.	d2–d4	

Vollends charakteristisch für das Vierspringerspiel wäre jetzt der Zug 4. Lb5. Für Schachfreunde, die schnellstens den Remishafen ansteuern möchten, gibt es dann ein gut bekanntes Mittel: 4. ... Sd4 5. Sd4: ed 6. e5 dc 7. ef Df6: (nach 7. ... cd+ 8. Ld2: Df6: 9. 0–0 Le7 10. Te1 erhielte der Weiße für den Bauern eine gefährliche Initiative) 8. dc De5+ 9. De2 De2:+ 10. Le2:, und man ist mit dem halben Punkt quasi schon daheim.

Selbstverständlich beabsichtige ich nicht, dem Leser eine solche Methode der Partiebeendigung anzuempfehlen. Darüberhinaus gibt die Fortsetzung 5. La4 (anstelle von 5. Sd4:) dem Weißspieler laut weitergehender Analysen durchaus einen gewissen Vorteil. Die zuverlässigste Methode nach 4. Lb5 ist, und auch das wissen die Theoriewerke schon seit langem, die symmetrische Methode der Entwicklung 4. ... Lb4, wo-

nach etwa 5. 0–0 0–0 6. d3 d6 7. Lg5 Lc3: 8. bc De7 eine gleichwertige Stellung ergibt.

Ich erinnere mich bei dieser Gelegenheit an eine ältere Partie: 8. ... Ld7 9. d4 h6 10. Lh4 Te8 11. Te1 a6 12. Ld3 Lg4 und auf dem Brett war ein vollkommenes Gleichgewicht (Urzica – Karpow, Stockholm, Juniorenweltmeisterschaft 1969).

4. ... e5×d4

Eine selbständige Bedeutung kommt der Entgegnung 4. ... Lb4 zu. Zuerst wählte sie bereits Morphy im Match gegen Paulsen (New York, 1857). Die spätere und modernere Theorie zitiert als das stärkste 5. Se5:! Se4: (nach 5. ... De7 oder 5. ... 0–0 führt Weiß den Plan Dd3, Ld2 und 0–0–0 mit andauernder Initiative durch) 6. Dg4 Sc3: 7. Dg7: Tf8 8. a3! Jetzt erwähnt Polowodin als Antwort auf den extravaganten Zug 8. ... Sd4: folgende hübsche Variante: 9. ab Sc2:+ 10. Kd2 Sa1: 11. Kc3: a5! 12. Lc4! De7 13. Te1 d5 14. Lb5+ c6 15. Sc6:! De1:+ 16. Ld2. Eine ergötzliche Situation ist entstanden! Der weiße König ist in die Mitte des Brettes geraten unter dem Feuer der feindlichen Figuren, und dennoch ist Schwarz machtlos: 16. ... De4 17. Sb8+! Kd8 18. Df8:+ Kc7 19. Dc5+ Kb8 20. Dd6+ Ka7 21. Le3+ De3: 22. fe. Der Rauch hat sich verzogen und Weiß geht schließlich mit einem gewonnenen Endspiel aus dem Schlachtgeschehen hervor.

Etwas sicherer ist 8. ... La5. Aber auch nach 9. Sc6: dc 10. De5+ De7 11. De7:+ Ke7: 12. Ld2 Lf5! 13. bc Lc2: 14. c4! Ld2:+ 15. Kd2: Lf5 16. Ld3 Ld3: 17. The1+ Kf6 18. Kd3: sind in einem Doppelturmendspiel die Perspektiven allein auf der Seite von Weiß.

5. Sc3–d5!?

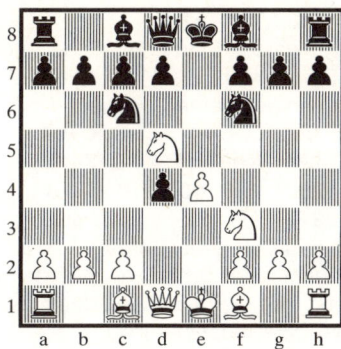

Nach 5. Sd4: Lb4 entsteht eine klassische Standardposition der Schottischen Partie. Aber der Partiezug mit dem Springer in das Zentrum verleiht dem Spiel einen ganz anderen, einen gambitartigen Charakter. Genauer gesagt: Auf dem Brett wird eine Variante des Belgrader Gambits gespielt. Ich erinnere mich, daß dieser Zug in den 40er Jahren bei einem Turnier in Jugoslawien das Licht der Welt erblickte. Es ist freilich nicht nach jedermanns Geschmack, vom Anfang der Partie an um der Initiative willen ein Bauernopfer zu bringen, und irgendwie wurde das Gambit daher auch nicht sonderlich populär. Nichtsdestoweniger entsteht hier ein ziemlich lebhaftes und verlockendes Spiel und ich denke, daß jeder Anhänger stürmischer Verwicklungen es in Betracht ziehen sollte, diese Variante in sein Repertoire aufzunehmen.

5. ...   Lf8–e7

Ein echtes Gambitspiel entsteht etwa im Falle von 5. ... Se4:? 6. De2 f5 7. Sg5!? (weniger Erfolgschancen bietet 7. Lf4 d6 8. 0–0–0 Se7 9. Se7: Le7: 10. g4 c5 11. Lh3 fg 12. Dc4: d5 13. De5 0–0 14. Thg1 Lf6 15. Dh5 gf – und von einem weißen Angriff ist nicht mehr eine Spur zu sehen, aber das materielle Gleichgewicht hat er nicht vollständig wiederherzustellen vermocht, Hartoch – Timman, Leuwarden, 1978) 7. ... d3! 8. cd Sd4 9. Dh5+ g6 10. Dh4 c6 11. de

cd 12. ed Lg7! (auf 12. ... Da5+ hat Weiß zwei hinreichend starke Fortsetzungen – 13. Kd1 und 13. Ld2 mit verwickeltem Spiel) 13. Kd1! (in Eröffnungswerken kann man als Empfehlungen finden: 13. Lc4, 13. Dg3 und 13. Dh3, welche jeweils sorgfältiger Analyse bedürften) 13. ... h6 14. Sf3 Dh4: 15. Sh4: Kf7 16. Le3 f4 17. Ld4: Ld4: 18. Ld3 d6 19. Sg6: Tg8 20. Sf4: Lb2: 21. Tb1 Le5 22. Tb4! (Polowodin – Hazai, Nalenczow, 1980). Weiß hat ein merklich besseres Endspiel.

In einer früheren Partie Polowodin – Zeitlin (Leningrad, 1979) treffen wir auf die Fortsetzung 5. ... Sd5:. Danach geschah: 6. ed Lb4+ 7. Ld2 De7+ 8. De2 Ld2:+ 9. Kd2:! De2:+ 10. Le2: Sb4 11. The1 0–0 12. d6 c5 13. Lc4 b5 14. Lb5: Tb8 15. Lc4 La6 16. Se5! Lc4: 17. Sc4: Sc6 18. Te7! Se7: 19. de Tfe8 20. Te1 Tb6 21. Sb6: ab 22. b4! d6 23. a4!, und Schwarz stellte alsbald den Widerstand ein.

Was soll man noch von den anderen Verzweigungen des Belgrader Gambits zur Ergänzung anführen? Eine weniger erforschte Antwort lautet 5. ... Sb4, und fast gar nicht angewandt wird die Entgegnung 5. ... Lb4.

6. Lc1–f4   d7–d6

Es schien, als müsse der Bauer c7 verteidigt werden, denn 6. ... Sd5: 7. ed Lb4+ 8. Ld2 führt mit Zugumstellung zur Position, die in der Variante nach 5. ... Sd5: entsteht. Nichtsdestoweniger wurde auch 6. ... 0–0!? erprobt: 7. Lc7: De8 8. Sf6+: Lf6: 9. De2 Dc6 10. e5 Le7 11. a3 b6 12. 0–0–0 Lb7 13. Kb1 Tac8 14. Ld6 Ld6: 15. ed Dd6: 16. De4 mit mehr als hinreichender Kompensation für den geopferten Bauern (Polowodin – Lerner, Belzi, 1979).

7. Sf3×d4   0–0

Häufiger trifft man auf 7. ... Sd5: 8. ed Sd4: 9. Dd4: 0–0 10. 0–0–0 Lf6 11. Dd2. Der Bauer d5 erlaubt es Weiß, in der Perspektive einigen Vorteil zu erreichen.

8. Sd4–b5! Sf6×d5

Kaum könnte 8. ... Se4: gefallen wegen 9. Sbc7: Tb8 10. Le2! mit großem Vorteil für Weiß.

9. e4×d5 Sc6–e5

Es funktioniert nicht der taktische Trick 9. ... Lg5?! wegen 10. Lg5: Dg5: 11. Dd2 Te8+ (oder 11. ... De7+ 12. Le2 Se5 13. 0–0–0 – Weiß steht klar besser) 12. Kd1! Lg4 13. f3 Te3 14. dc! Tae8 15. cb Tf3: 16. Le2 mit Gewinn für Weiß (Bellon – Pomar, Las Palmas, 1975).

10. Lf1–e2 Se5–g6

Wenn es Weiß gelingt, die Mobilisierung seiner Kräfte abzuschließen und die offene e-Linie in Besitz zu nehmen, dann wird er zweifellos in Vorteil sein. Von der entgegengesetzten Seite aus erscheint es notwendig, hinreichend aktive Maßnahmen zu ergreifen, um die Ausführung des erwähnten Planes zu verhindern. Man begegnete an dieser Stelle auch dem Zug 10. ... c6 – 11. Sc3 Sg6 (11. ... Db6 12. Tb1!) 12. Lg3 c5 13. 0–0 Lh4 14. Dd2 Lg3: 15. hg Te8 16. a4, und Weiß hat mehr Raum bei besserer Verteilung seiner Kräfte (Bragin – Fokin, Sotschi, 1975).

11. Lf4–g3 Le7–f6

Möglicherweise besser war 11. ... f5 12. f3 f4 13. Lf2 Lh4.

12. c2–c3 Lc8–d7
13. 0–0 h7–h5!?

Das freiere Spiel garantiert dem Weißen einen stabilen Druck. Mit dem Angriffsvorstoß des Randbauern versucht Schwarz sich ein Gegenspiel auf dem Königsflügel zu verschaffen.

14. h2–h3 h5–h4
15. Lg3–h2 Tf8–e8
16. Dd1–d2

Weiß führt seinen Plan methodisch durch. Der Abtausch der Schwerfiguren auf den Zentrallinien befreit den Schwarzen nicht von den Schwierigkeiten.

16. ... Lf6–g5
17. f2–f4 Lg5–f6

18. Ta1–e1

Die schwarzen Figuren sind gebunden. Die Dame stört die Kontaktaufnahme zwischen den beiden Türmen.

18. ... Sg6–e7
19. Kg1–h1 Se7–f5
20. Le2–d3 Te8×e1
21. Tf1×e1 a7–a6

Weiß kann ohne etwas dabei zu riskieren den Kampf fortsetzen. Mit der Zeit erweist sich die Schwäche des ehedem drohenden Bauern auf h4.

22. Sb5–a3 g7–g6
23. Sa3–c2 Lf6–g7
24. Ld3×f5 Ld7×f5
25. Lh2–g1

Der Läufer stürzt sich nun mit großer Kraft in das Kampfgeschehen. Der Abtausch 25. ... Lc2: 26. Dc2: würde den Schwarzen zu einer rein passiven Verteidigung verurteilen.

25. ... Dd8–d7
26. Lg1–f2! Lg7–f6

Der Ausfall 26. ... Da4 gewährt dem Weißen nach 27. Sd4 Da2: 28. Sf5: gf 29. Lh4: mit nachfolgendem Te1–e3–g3 einen starken Angriff, dennoch bestand darin noch die letzte Chance für Schwarz.

27. Sf3–d4 Ta8–f8

Das Endspiel nach 27. ... Te8 28. Te8: De8: 29. Sf5: gf 30. De1! ist für Schwarz hoffnungslos.

28. Sd4–f3 Dd7–d8
29. Sf3–g5!

Der Bauer h4 ist eingekreist, aber das ist es nicht allein.

29. ... Lf6×g5
30. f4×g5 Tf8–e8
31. Lf2–d4!

Die Bloßlegung der langen Diagonale entscheidet das Schicksal der Partie.

31. ... Lf5–e4
32. c3–c4

Aber nicht 32. f4? Lg2:+ 33. Kg2: Te1: 34. Dh4: Te5!.

32. ... c7–c5
33. Ld4–c3 Dd8–d7

34.	Kh1–g1	b7–b5		38.	Kg1×g2	Te1–e2+
35.	Dd2–f4	b5–b4		39.	Kg2–g1	
36.	Lc3–f6	Le4×g2				
37.	Df4×h4	Te8×e1+		**Schwarz gab auf.**		

Immer der richtige Zug
mit Schachbüchern aus dem Walter Rau Verlag · Düsseldorf

Garri Kasparow
Garri Kasparow lehrt Schach
– Schachschule –

in 24 Lektionen
152 Seiten, Diagramme,
Broschur
ISBN 3-7919-0265-2
DM 24,80

Garri Kasparow, jüngster Weltmeister in der Schachgeschichte, besitzt auch außerordentliche schachdidaktische Fähigkeiten. **Mit großem Einfühlungsvermögen wendet er sich hier an den Kreis der Hobbyschachspieler und macht sie mit den wichtigsten Grundsätzen der Schachstrategie vertraut.** In 24 leicht faßbar geschriebenen Lektionen bringt er – systematisch und zugleich behutsam – dem Leser die Leitlinien seines Schachverständnisses nahe. Die Auswahl der Partie- und Diagrammbeispiele orientiert sich dabei stets am Lernziel. Immer steht die Anschaulichkeit und Verständlichkeit im Vordergrund.
Jeder Leser wird einen wichtigen Schritt hinein in die Geheimnisse des Schachspiels gehen, so daß ihm Großmeisterpartien nicht mehr so unergründlich und unbegreifbar erscheinen wie vorher.

Viktor Kortschnoi
**Meine besten Kämpfe
1952-1988**

144 Seiten, viele Diagramme
Broschur, 3. überarbeitete und
ergänzte Neuausgabe
mit 12 neuen Partien
von Kortschnoi kommentiert
ISBN 3-7919-0177-X
DM 24,00

Kortschnoi läßt sich seinem Spieltypus nach in kein Schema einordnen. Er meidet ausgefahrene Geleise. Schachspielen ist für ihn ein schöpferischer Vorgang. Großmeisterliche Routine ist ihm ein Greuel. Selbst mit den schwarzen Steinen weiß er sein Spiel mit einem Tropfen Gift zu „würzen". Kortschnoi ist ein Schachgrübler und -künstler. Jede Partie fordert ihn von neuem, und in ihrem ganzen Verlauf, zum Einsatz aller geistigen Kräfte. Sein Kampfgeist ist unbändig. Kortschnois Meisterpartien nachzuspielen ist ein künstlerischer Hochgenuß. Selbstverständlich bedarf es dabei des gründlichen, verständnisvollen und verständlichen Kommentars. Wer könnte seine geheimsten Ideen und Spekulationen besser interpretieren als er selbst!

WALTER RAU VERLAG

Ludek Pachmann
**Entscheidungspartien
Baden-Baden 1870
bis Reykjavik WM 1972**

2. völlig neubearbeitete
Auflage

156 Seiten, 164 Diagramme
und Tabellen, Broschur
ISBN 3-7919-0121-4
DM 24,80

Der Autor hat die bedeutendsten Schachereignisse von Baden-Baden 1870 bis zum Match um die Weltmeisterschaft 1972 in Reykjavik daraufhin durchmustert, wie die Großen spielerisch und psychologisch mit dieser Belastung zurechtgekommen sind.
Pachmanns reiche eigene Erfahrung, seine schachgeschichtlichen Kenntnisse und die enge Verbindung und Freundschaft mit seinen Großmeisterkollegen machen ihn zum berufenen Interpreten des Themas.
Es geht in den 64 ausführlich kommentierten „Entscheidungspartien" um die schwerste Aufgabe für einen Turnierspieler in der internationalen Arena: eine Partie gewinnen zu müssen!

Immer der richtige Zug
mit Schachbüchern aus dem Walter Rau Verlag · Düsseldorf

Dr. Paul Schmidt
Schachmeister denken
4. neubearbeitete Auflage

80 Seiten, 37 Diagramme
Broschur, 5. Auflage 1985
ISBN 3-7919-0101-X
DM 19,80

Ein ausgezeichnetes Buch für den fortgeschrittenen Spieler. Der Autor, 1941 Meister von Deutschland und im gleichen Jahr geteilter Sieger mit Aljechin in Krakau, zeigt den logischen Gedankengang, der erforderlich wird, einen guten Plan oder Zug zu finden.

José R. Capablanca
Letzte Schachlektionen
Autorisierte Übersetzung aus dem Englischen von Dr. W. Lauterbach

62 Seiten, 40 Diagramme, Broschur, 3. Auflage 1985
ISBN 3-7919-0111-7
DM 12,80

Capablanca war einer der bedeutendsten Endspielkünstler

WALTER RAU VERLAG

auf dem Schachbrett. Der ehemalige Weltmeister bedauerte es sehr, daß selbst gute Spieler in elementaren Endspielen versagen. Dies gilt auch uneingeschränkt für die heutige Zeit. Seine Lektionen helfen diesen Übelstand abzubauen. Ein wichtiges Buch für jedermann.

Henrich Kasparjan
Zauber des Endspiels

136 Seiten, 250 Diagramme, Broschur, 2. Auflage 1985
ISBN 3-7919-0156-7
DM 24,80

In dieser Sammlung sind die Studien des Autors aufgenommen, die in der Periode 1928–1969 – insgesamt 250 Stück – verfaßt wurden.

„Zu bemerken ist hier, daß die Werke vieler Meister der Komposition mit gewissen Mängeln behaftet sind, die ihren Grund darin haben, daß ihre Verfasser keine hinreichende Stärke im praktischen Spiel aufweisen. Das Schaffen nur sehr weniger Komponisten war frei von diesem Fehler. Zu diesem auserlesenen Kreis muß auch H. Kasparjan gezählt werden. **Seine Stärke, Erfahrung und Kunst in der Analyse, die ihm als Turnierkämpfer eigen ist, wendet H. Kasparjan auf seine Studien an,** denen er dadurch eine hohe Vollkommenheit der Form und des Inhalts sowie große Partienähe verleiht. Diese Eigenart des Schaffens des Komponisten Kasparjan macht seine Erzeugnisse besonders populär in weitesten Kreisen der Schachspieler." (M. Botwinnik)

Nach diesen Hinweisen mögen nun die Juwelen der Schachkunst, die dieses Buch aneinanderreiht, für sich sprechen und dem Leser viele Stunden ungetrübten geistigen Genusses vermitteln!

Emanuel Lasker
Gesunder Menschenverstand im Schach
In der deutschen Ausgabe von 1924 bearbeitet von Dr. W. Lauterbach

6. Auflage 1986, 64 Seiten, 54 Diagramme
Broschur
ISBN 3-7919-0104-4
DM 12,80

Laskers erstes Schachbuch, welches er kurze Zeit nach der Erringung der Weltmeisterschaft schrieb. Es ist aufgebaut anhand von einzelnen Vorlesungen. Lasker wollte damit Schüler heranbilden, die das Vermögen haben, selbst zu denken und Kritik zu üben. Sein „Gesunder Menschenverstand" ist eine Kriegserklärung gegen den Dogmatismus und die Anbetung theoretischer Varianten.

Richard Réti
Die neuen Ideen im Schachspiel
In der deutschen Ausgabe von 1922 bearbeitet von Dr. W. Lauterbach

56 Seiten, viele Diagramme
Broschur, 3. Auflage 1985
ISBN 3-7919-0109-5
DM 12,80

Das weltweit bekanntgewordene Buch erhebt keinen Anspruch darauf, als Lehrbuch eingestuft zu werden. Dazu fehlt die Systematik. Jeder Artikel steht einzeln, zusammen führen sie aber in den Gedankenkreis einer Schachgeneration, die für viele junge Schachspieler im Lehrprozess unentbehrlich sind. Erweiterte und überarbeitete Auflage.

Jeder Artikel steht einzeln, zusammen führen sie aber in den Gedankenkreis einer Schachgeneration, der für viele Schachspieler im Lernprozeß unentbehrlich ist.

Stuttgarter Nachrichten